A Study of
Metaphysics

形而上学研究

王 路 著

清华大学出版社
北京

内 容 简 介

本书通过分析亚里士多德、康德、黑格尔、胡塞尔、海德格尔、弗雷格等哲学家关于形而上学的相关论述，将形而上学的面貌展现出来，并揭示它的性质和意义：第一，形而上学是关于认识本身的认识；第二，形而上学与语言相关，与逻辑相关；第三，哲学就是形而上学，与加字哲学相区别，即形而上学是先验的，加字哲学是经验的。哲学的本质是逻辑，重要的哲学（形而上学）问题要借助逻辑的理论和方法来探讨，这种研究是中国思想文化中较为欠缺的东西。本书的读者对象为高校哲学学科教学科研人员、人文学科本科生及研究生等，本书也适用于对人文学科感兴趣的非专业的广大哲学爱好者阅读。

图书在版编目（CIP）数据

形而上学研究 / 王路著.— 北京：清华大学出版社，2024.4
ISBN 978-7-302-66065-1

Ⅰ.①形…　Ⅱ.①王…　Ⅲ.①形而上学—研究　Ⅳ.①B081.1

中国国家版本馆CIP数据核字(2024)第072040号

责任编辑： 梁　斐
封面设计： 傅瑞学
责任校对： 欧　洋
责任印制： 刘海龙

出版发行： 清华大学出版社
　　　　　网　　　址：https://www.tup.com.cn, https://www.wqxuetang.com
　　　　　地　　　址：北京清华大学学研大厦 A 座　　　　邮　　编：100084
　　　　　社 总 机：010-83470000　　　　　　　　　　邮　　购：010-62786544
　　　　　投稿与读者服务：010-62776969, c-service@tup.tsinghua.edu.cn
　　　　　质量反馈：010-62772015, zhiliang@tup.tsinghua.edu.cn
印 装 者： 小森印刷霸州有限公司
经　　销： 全国新华书店
开　　本： 165mm×235mm　　　**印　　张：** 16.5　　　**字　　数：** 268 千字
版　　次： 2024 年 4 月第 1 版　　　**印　　次：** 2024 年 4 月第 1 次印刷
定　　价： 89.00 元

产品编号：098883-01

序

　　"形而上学"一词在我年轻时就留下印记："形而上学猖獗"这一说法曾经非常流行。后来读研究生念亚里士多德的《形而上学》，竟然完全读不懂。好在我多少读懂了《工具论》，完成了毕业论文。好在我读书比较认真，做研究比较执着，持之以恒，终于有一天我读懂了《形而上学》，也理解了什么是形而上学。

　　二十年前我写出了《"是"与"真"——形而上学的基石》，说明我对形而上学已经有了一些研究。眼前这本书是过去二十年研究的结果。两书一脉相承，只是当年一些认识还是直观的，今天则可以从理论上进行阐述，把它们说清楚。这是我的进步。

　　"形而上学"是亚里士多德哲学著作的名字：它不是亚里士多德起的，是后人编辑亚里士多德著作时起的。最初这个名字本身没有什么太多的意义，它只是反映出编纂者对亚里士多德这部著作的直观认识：与物理学不同，似乎又有联系和相似之处。后来人们沿用"形而上学"这个名字，才逐渐使它脱离了最初字面的意思。当康德提出形而上学成为科学是不是可能的时候，"形而上学"字面上已经完全脱离了与物理学的联系，有了专门的意义，成为对一种专门的研究对象的称谓，比如关于那种不依赖于经验认识、他称之为先验认识的研究。

　　哲学有两千多年的历史。它在发展过程中产生了本体论、认识论、现象学、分析哲学，还产生了伦理学、政治哲学、科学哲学。哲学传入中国以后，也形成了具有中国特色的中国哲学、马克思主义哲学。我国哲学教育中如今已经至少有八个二级学科，哲学研究则更是多样化：文化哲学、工程哲学、信息哲学、休闲哲学、动物哲学、未来哲学，今天人们则津津乐道汉语哲学。这些哲学有一个共同的特征，就是在"哲学"前面加字，这样其研究就会与加字所体现的东西相关。比如中国哲学，它主要考虑的是"中国"所体现的东西，即与中国思想文化相关。

　　"加字哲学"是我近年来提出的一个概念。我认为哲学就是形而上学，以此与加字哲学形成区别。许多人认为我以此贬低加字哲学，至少有贬低加字哲学之嫌。我完全没有这个意思。我多次明确说过，加字哲学当然是可以研究的，也是有价值的。我只是以这种方式说明形而上学与加字哲学的区别，以此为研究和讨论形而上学提供一个视角和平台。我还说过，如果哲学包括加字哲学，那么应该看到，形而上学是哲学史主线上的东西。这显然是在强调形而上学的重要性，强调它对于哲学学科的重要性。这是因为，形而上学研究在我国非常薄弱，在许多人的眼中，它依然是负面的东西。我不满意这种现象，我认为应该改变这种状况。

　　我称自己的工作为"形而上学研究"，因为我以亚里士多德的《形而上学》的内容为对象。我的研究是亚里士多德所说的那种关于"是本身"、我称之为"关于认识本身"的研究。"主线上"是一个比喻，意味着处于核心位置，贯穿始终。借助这个比喻，我以亚里士多德、康德、黑格尔、胡塞尔、海德格尔、弗雷格为研究对象，梳理出哲学史上形而上学的主要研究和发展，把它呈现给读者。

　　人们认为，本体论指亚里士多德及其以后的研究，认识论指笛卡尔及其以后的研究，分析哲学被称为当代形而上学。我接受这一认识，把它们统称为形而上学。我称本体论和认识论为传统哲学，亚里士多德、康德和黑格尔是其最主要的代表人物。我称分析哲学为现代哲学，弗雷格是其最杰出的代表人物。胡塞尔和海德格尔无疑属于现代哲学。从哲学形态上说，他们属于欧陆哲学，与英美（分析哲学）形成区别。从研究方式上说，他们与亚里士多德和康德相一致，所以我把他们归为传统哲学，或称之为传统式的哲学。这个分类不太严谨，只是为了行文和讨论方便。

　　回顾自己的学术生涯，我从学习逻辑开始，最终研究哲学：研究范围从亚里士多德到弗雷格。始终不变的是研究逻辑的理论和方法，研究逻辑对哲学的作用和在哲学中的应用，研究哲学的核心问题、认识和理论。我将自己的研究称为形而上学，因为我发现，这是与加字哲学完全不同的研究，其最主要的特征就是运用逻辑的理论和方法进行哲学研究。亚里士多德说在从事这样的研究前首先要具备逻辑的修养，康德说要从可靠的科学如逻辑和数学出发研究形而上学，罗素说逻辑是哲学的本质。他们无不强调逻辑和哲学的联系，强调逻辑对哲学的重要性。我有些庆幸：自己是从学习逻辑开始的，而且始终如一；自己在读不懂一些哲学著作以后没有气馁和放弃，而是不断努力，孜孜不倦。所以今天自己可以登堂入室，从事和理解这样的哲学研究。所以自己今天可以以专业的方式，堂堂正正写出眼前这部《形而上学研究》。

我过去常对自己的学生说，哲学研究要找"富矿"，不要总想去"填补空白"。所谓富矿，指的是大家都研究的东西，被许多人都研究的东西。亚里士多德、康德、黑格尔、胡塞尔、弗雷格的著作就是这样的东西。这样的东西研究者多，成果多，出成绩不容易，需要花费大量的时间和精力，但是从中可以学到许多东西，至少可以提高自己的眼界，丰富自己的知识结构。"空白"处的东西很可能是不重要的，做那样的研究可能容易出成绩，会使自己沾沾自喜，夸夸其谈，其实对自己的进步帮助不大。

我还对学生说，要多学习科学和具有科学性的东西。逻辑是科学。我认为哲学是科学，但是要区别哲学和"加字哲学"。亚里士多德、康德、黑格尔、胡塞尔、弗雷格的著作至少是具有科学性的，是值得认真学习的。在早期学习阶段，我主张并鼓励学生学习弗雷格的著作，它们是现代的，有利于建立比较好的知识结构，有利于进步，有利于未来的发展。

今天，青年教师面临种种考核，常有人向我诉苦、抱怨。我对他们说，可以写一些经验性的东西，这样来得容易一些。形而上学的研究需要时日，需要长期的努力和积累，可以作为追求的目标，也可以当作审美追求。顺其自然就好。

虽是经验之谈，却也体现了自己对形而上学的认识。人们说亚里士多德的《形而上学》难懂，康德的《纯粹理性批判》难懂，分析哲学难懂。这说明了研究形而上学的困难。我想说的是，哲学之所以是一门学科，之所以有两千多年的历史而不衰，就是因为有形而上学。难，体现了它的专业性、技术性和科学性。我的研究是以一种专业的方式使它的面貌清晰化、完整化，同时我以清晰、通俗的语言将其最核心的思想和方式呈现出来。我还想说，这样的形而上学，这样的哲学，是中国思想文化中本来没有的，至少是非常欠缺的。这样的认识，不是简单谈一谈亚里士多德，谈一谈康德就可以达到的。但是，这样的形而上学，这样的哲学，对于我国哲学这个学科，对于我国哲学的研究和发展，既是有益的，也是必要的，应该也值得国内学界的重视。

本书是在疫情期间完成的，大约是 2021 年底。阅读清样，发现一些细节已经忘记，熟悉的是文字，是那字里行间显现出来的思想历程。最初从研究亚里士多德和弗雷格，到写出《逻辑的观念》，提出"必然地得出"，历时二十年，这是一个进步。随后从写出《"是"与"真"》，提出要在"是"和系词的意义上理解being，要在"真"和"是真的"意义上理解truth，并且把这样的理解贯穿始终，到今天提出哲学是关于认识本身的认识，提出形而上学与加字哲学的区别，并完成《形而上学研究》，又是一个二十年，再次取得进步。总体上说，从最初谈论分析哲学的口号"哲学的根本任务就是对语言进行分析"，到今天详细阐述什么是对语言进行逻辑分析，传统哲学和分析哲学是如何进行语言分析的，有什么相同和差异，我的工作始终围绕着逻辑与哲学。这就是形而上学，这种关于认识本身、关于认识的方式的研究，这种以逻辑的理论和方法进行的哲学研究就是形而上学。这一过程记录了我的坚持和努力，我对不同认识和看法的反思和回应，也反映出学界同仁对我的批评、促进和帮助。我的形而上学研究，不仅是我自己认识上的进步，也是我国哲学研究的进步。

感谢所有对我提出过批评意见的师友和学界同仁！

感谢国家社科基金冷门绝学项目"形而上学研究"（2018VJX002）的赞助支持！

感谢《清华大学学报》《武汉大学学报》《湖北大学学报》《中国社会科学院大学学报》等刊物，它们发表了书中部分内容！

衷心感谢清华大学出版社梁斐编辑为出版本书付出的辛劳！

感谢清华大学出版社所有为出版本书付出辛劳的同志！

作者

2023 年 12 月

第一章　导论：如何看待形而上学

　　"形而上学"是一个中译名，它是借用《易经》"形而上者谓之道，形而下者谓之器"一句中的用语，对西方哲学中"metaphysics"一词的翻译。

　　"metaphysics"这个词来自古希腊：后人以希腊文 Ton meta ta physika 命名亚里士多德的哲学著作。这个名字由 meta 和 physika 两部分组成，字面意思是"在物理学之后"。也许是由于这部著作的独特性，英语、德语、法语等西方语言都沿用这个词，没有翻译。

　　有了 metaphysics，人们获得了一个名称，用它一方面直接称谓亚里士多德这部著作中的内容，另一方面广泛称谓哲学史上相关的、类似的思想内容的研究。由于亚里士多德以及这部著作的巨大影响，metaphysics 甚至被称为哲学中最重要的东西，比如黑格尔说，一个民族若是没有形而上学，就像一座庙宇里没有神一样。

　　以"形而上学"来翻译 metaphysics，中文里产生一个名称，可以用它来称谓西方哲学中相应的东西。字面上看，"上"与"下"相对照，形成反差，起到区别作用："形而上（学）"与"形而下"的东西是不同的。人们知道这里的区别，有时候也会谈及二者的区别，并且普遍使用"形而上学"这一用语。

　　实际上，形而上学这个名称常常是在哲学的意义上使用的，古代的本体论、近代的认识论、当代的分析哲学，都被称为形而上学，或者，它们都被认为隶属于形而上学，分析哲学本身则直接被称为当代形而上学。由此可见，在哲学史上，形而上学是贯彻始终的，最保守地说，它是非常重要的一部分。

　　但是在我国，形而上学的研究非常薄弱。造成这种状况的原因是多样的，比如我们的哲学体系中有八个二级学科：马哲、中哲、西哲、伦理学（道德哲学）、科哲、逻辑学、美学、宗教，其中没有形而上学的位置。又比如在我国哲学研究中，占主导地位的一直是马哲，而对于马哲而言，"形而上学"常常是与"辩证法"对立的概念，其本身甚至是一个负面的概念。再比如，哲学是一个具有意识形态色彩的概念，一个固定的表达是"哲学社会科学"。这里，"哲学"似乎是一个极其宽泛的概念，似乎具有统领社会科学的意思，因此不可能赋予形而上学任何意义和地位。无论是不是还有其他原因，无论各种各样的原因是不是有道理，有什么样的道理，在我看来，它们都显示出一个共同点：对形而上学缺乏认识。最保守地说，在哲学这门学科的意义上，它们缺乏对形而上学的正确认识。

一、加字哲学

近年来我在哲学讨论中提出一个概念：加字哲学。顾名思义，即在"哲学"前面加字，由此产生一种新的哲学分支或哲学研究方向。下面我借助这一概念来讨论形而上学。

前面提到哲学的八个二级学科，前五个都是加字哲学，即在"哲学"前面加了"马克思主义""中国""西方""道德""科技"等用语，从而形成不同的所谓二级学科。加字缩小了哲学的外延，凸显了一种被称为哲学的东西的独特性。同样，若是去掉所加的字，则去掉了这种独特性而还原了哲学的本来面貌。认识到这一点就可以看出，其他加字去掉之后，所谈内容都会受到严重影响，比如去掉"马克思主义""中国""科技""道德"等修饰，"哲学"与本来所说的东西似乎就无关了或者可以无关，但是去掉"西方"二字，"哲学"与本来所说的西方哲学仍然是一回事，不会有什么太大的区别①。这似乎说明，同样是加字，终究还是有区别的。"西方"二字是人为所致，是为了与其他加字形成区别而刻意加的。但是无论如何区别，八个二级学科中没有"形而上学"。

有人可能会认为，"西方哲学"包含着形而上学。这种看法当然是有道理的。但是在这一前提下，如果如上所述去掉"西方"一词，"西方哲学"就等同于"哲学"，这就相当于说，哲学包含着形而上学。这样也就有了两种含义：其一，哲学就是

---

① 还可以国内学界非常熟悉的罗素的《西方哲学史》、黑格尔的《哲学史讲演录》、文德尔班的《哲学史教程》这几部著作为例。将罗素的书名去掉"西方"两字，或者给黑格尔和文德尔班的书名加上"西方"一词，没有什么实质性的区别，对它们的内容不造成任何影响。

形而上学；其二，哲学包含形而上学，也包含一些不是形而上学、与形而上学不同的东西，比如道德哲学（伦理学）。所以，形而上学与非形而上学的东西还是有区别的。或者，我们也可以问这样一个问题：形而上学在西方哲学中占据什么样的地位，它与那些不是形而上学、与形而上学不同的东西，比如道德哲学有什么样的区别？

有人也可能会认为，即便是马哲和中哲，也不是不讨论形而上学的。这种看法也是有道理的。但是这样就有一个问题，形而上学与马哲和中哲有什么区别？或者，我们也可以问以上相同的问题：形而上学在马哲和中哲中占据什么样的位置，它与马哲和中哲所主要讨论的那些东西有什么样的区别？

"加字哲学"是一个明确的概念，指的是一种普遍现象，因此不会只限于现有的哲学学科。客观而论，给"哲学"加字并不是什么新鲜的事情。二十世纪初期，"分析哲学"一词不胫而走，与它相关又有了"语言哲学"。这都是为哲学加字的称谓。看一看今天的哲学文献，加字哲学不胜枚举，比如科学哲学、心灵哲学、政治哲学、宗教哲学，此外还有文化哲学、女性主义哲学、工程哲学、环境哲学、教育哲学等等。"加字"似乎已经成为一种普遍的流行的哲学研究的方法，甚至已经成为哲学的一种功能。按照传统关于概念内涵外延的说法，一个概念增加内涵，则缩小外延。这虽然说不上是什么普遍的原则，因为会有例外，但是依据它来考虑加字哲学，就会看到一个很有意思的结果。为哲学加字当然增加了它的内涵，因此一种加字哲学字面上缩小了哲学的外延。但是所有加字哲学放在一起却会扩大哲学的外延。特别是，假如哲学具备这样的功能，它就可以不断制造加字哲学，从而使哲学研究容纳越来越多的东西，使哲学的外延可以不断扩大。

在我看来，无论加字哲学如何蓬勃发展，不管那些层出不穷的加字哲学是不是有道理，有什么道理，它们与形而上学显然是不同的，甚至是完全不同的。对于它们我们都可以问，形而上学与它们有什么区别？推而广之，我们也就可以问：形而上学与加字哲学有什么区别？

谈论形而上学与加字哲学的区别，可以有两个角度，一个是从加字哲学的角度看形而上学，一个是从形而上学的角度看加字哲学。在国内众多加字哲学中，讨论形而上学比较多的是马哲。在马哲看来，形而上学代表传统哲学，是与辩证法对立的思维方式，因此马哲对形而上学采取了批判和排斥的态度。下面我们以马哲为例来探讨这个问题。

在马哲界，比较流行的观点认为，形而上学的思维方式就是用孤立的、静止的、机械的观点观察和解释世界①。这显然是一种负面看法。基于和围绕这一观点，也有一些不同论述，比如有人认为，"形而上学"一词是在两种意义上使用的，一是在近似于"哲学"的意义上使用，表示一种与超验的"存在"相关的理论，即一种与世界相关的超越经验的理论，这样，"形而上学"被看作"哲学"的同义词或代名词；二是在与"辩证法"对立的意义上使用，表示以否认矛盾的观点来看待世界②。这种看法似乎比较公允，它谈论的是"形而上学"一词的使用方式，因而是客观的，没有负面含义。但是在对这两种使用方式的说明中，却可以看出其负面看法。比如第一种使用方式使"形而上学"这一概念追溯到古希腊，将它等同于"哲学"，第二种使用方式使"形而上学"这个概念追溯到黑格尔，并借助黑格尔的观点将形而上学说成是以凝固、僵死的观点去看待与"存在"相关的问题，成为与"辩证法"对立的思维方式③。

国内马哲谈论形而上学的方式各种各样，但是以上方式是比较典型的，也是比较有代表性的。这一谈论方式的基点是一致的，对形而上学的看法是负面的。且不论以上谈论方式是不是有道理，至少有一个特点，或者说，对于阐述马克思主义哲学来说有一个优点，这就是把马哲看作哲学本身。这相当于说，形而上学等同于哲学，马哲是对形而上学的批判，因而是对哲学本身的批判。马哲的核心是辩证法，辩证法是批判性的，而形而上学是与辩证法对立的，是非批判性的，因而马哲是对形而上学的革命，即是对哲学的革命。这样，马哲似乎不是一种加字哲学，而就是哲学本身。

基于以上观点，国内马哲的许多论述似乎都是顺理成章的。比如有人认为，黑格尔哲学就是形而上学的一切，马哲就是要颠覆终结全部形而上学④；有人认为，马哲变革形而上学的结果却是产生一种特殊形式的形而上学，即与旧的形而上学

---

① 参见肖前主编，黄枬森、陈晏清副主编：《马克思主义哲学原理》，北京：中国人民大学出版社，1994年，第21页。

② 参见孙正聿：《哲学通论》（修订版），上海：复旦大学出版社，2017年，第44页。

③ 参见孙正聿：《哲学通论》（修订版），第44页。

④ 参见吴晓明：《形而上学的没落——马克思与费尔巴哈的关系的当代解读》，北京：人民出版社，2006年，第4-6页。

相对立的形而上学[①]；还有人借助国外引入的"后形而上学"这一概念来谈论对形而上学的批判，谈论辩证法在后形而上学中所遇到的挑战，谈论在后形而上学视域下辩证法的批判方式、批判向度和批判本性[②]，谈论形而上学的终结向后形而上学的转向，谈论在这种情况下哲学的基本趋势和任务，以及对形而上学的批判和哲学的方式[③]。

以上观点的论述方式虽有不同，一个基本点却是相同的，即认为哲学是形而上学，马克思主义哲学是对形而上学的批判和否定，因而马克思主义哲学即是哲学或正确的哲学应该所是的样子。当然，也有人不赞同以上观点，认为"哲学就是形而上学"的观点实际上只承认西方传统哲学，而把马克思主义哲学排除在哲学之外，或者只是按照西方哲学的标准来修正马克思主义哲学[④]。

以上观点无论是不是有道理，关于哲学的看法却是比较明确的：哲学是关于世界的看法和解释，而形而上学的解释方式是错误的。众所周知，马克思有一句名言：哲学家们只是以不同的方式解释世界，而问题在于改变世界。在我看来，这句话体现了马克思主义哲学最基本的看法，也是纲领性的看法。它表现出两个方面，一是解释世界，二是改变世界。而马克思更看重的是改变世界。因此马克思主义哲学对形而上学的革命，归根结底是在改变世界上。改变世界当然不会与解释世界没有任何关系，但是改变与解释毕竟是完全不同的事情。认识到这一点也就可以看出，在马克思主义哲学看来，形而上学和辩证法只是解释世界的方式，而不是改变世界的方式。当然，人们可以认为，改变世界离不开对世界的解释，甚至依赖于对世界的解释。这里不必深入展开讨论，直观上即可以看出马哲的一个特征：改变世界是经验性的事情，而与此相关的这样的解释也一定是经验性的。由此可见，马克思主义哲学应该是经验性的理论。

我的问题是，形而上学是不是经验性的理论？假如认为哲学就是形而上学，

---

① 参见吴晓明：《形而上学的没落——马克思与费尔巴哈的关系的当代解读》，北京：人民出版社，2006 年，第 533 页。

② 参见贺来、刘李：《"后形而上学"视域与辩证法的批判本性》，《吉林大学社会科学学报》，2007 年 02 期，第 25-28 页。

③ 参见贺来：《"形而上学终结"之后的哲学主题》，《天津社会科学》，2011 年 01 期；《"后形而上学"与哲学的合理存在方式》，《社会科学战线》，2013 年 05 期。

④ 刘福森：《马克思哲学的历史转向与西方形而上学的终结》，北京：北京师范大学出版社，2017 年，第 9-10 页。

那么哲学是不是经验性的理论？因此，即使是从马克思主义哲学出发，也依然可能会涉及它与形而上学的关系，涉及它与哲学的关系。所以，思考形而上学是什么及其相关问题，就不是没有意义的。在我看来，这里的意义主要在于，这归根结底是在思考：哲学是什么？

马哲是一种加字哲学，有自己的独特性。同样，其他加字哲学也有自己的独特性，比如中国哲学。今天，加字哲学已经产生一种比较典型的表达方式：一种加字哲学是对某物（加字所表达的东西）的哲学反思。这一表达具有两个特征，其一，加字所表达的东西具有一种对象性的意义，因而使加字哲学与经验联系起来。其二，"哲学反思"本身似乎表明，"哲学"是一个自明的概念，所谓加字哲学是借助一种自明的东西来考虑某一种经验性的东西，而这所谓自明的东西即哲学。所以，加字哲学有一个明显特征，它是经验性的。马哲和中哲与其他加字哲学有一个不同之处，即它们具有流派性或地域性。尽管如此，在经验性这一点上，它们与其他加字哲学是一致的，无论是马哲所说的改变世界，还是中哲所说的天人合一。而且在它们那里，"哲学"似乎也是一个自明的概念。否则，加字之后的"哲学"就更不是自明的。

我的问题是，假如认为哲学就是形而上学，那么形而上学是不是自明的概念？因此，即使是从加字哲学出发，也依然可能会涉及与形而上学的关系，涉及与哲学的关系。所以，思考形而上学是什么及其相关问题，确实是有意义的。

二、关于认识本身的认识

metaphysics 一词来自古希腊，来自亚里士多德。在人们的长期使用中它的含义可能会有所增加，甚至可能会有一些走样，特别是翻译为"形而上学"之后，字面上意思也发生一些变化，比如它失去了"在物理学之后"的意思，因而至少失去了物理学的概念，失去了与物理学的划分和区别，所以人们在使用时的理解也可能会有所不同，比如上述马克思主义哲学的理解。这样就有一个问题：我们该如何探讨形而上学及其问题。我想，我们可以从亚里士多德的著作出发来探讨这个问题。"形而上学"这个名称最初是用来命名亚里士多德著作的，最保守地说，从这部著作本身出发总不会是有问题的。该书第一句话是：求知是人类的本性。这就说明，该书主要是与认识相关的。关于该书主要研究的东西，亚里士多德说：

【引文1】有一门科学，它研究是本身和它依自身而具有的性质。现在，这与任何所谓专门科学都是不同的。因为其他这些科学没有一门普遍地探讨是本身。它们截取是的一部分，研究这一部分的性质。例如，数学就是这样做的。现在，既然我们寻求第一原理和最高原因，显然它们一定是依自身而是的东西。这样，如果寻求是之要素的人就是在寻求这些相同的原理，那么必然是：这些要素一定乃是是的要素，不是偶然的，而仅仅因为它乃是是。因此，我们必须把握的正是是本身的第一原因。（1003a20-30）①

这是《形而上学》第四卷的开场白，它大概比较直接也比较典型地说明形而上学研究与其他研究的不同。即使同称为科学，它们也是不同的。其他科学以是的某一部分为研究对象，而形而上学研究是本身。这就说明，这样的研究是超出其他学科的。所谓"超出"不知有没有之上或高下的意思，但是至少说明学科性质的不同。值得注意的是，这里关于学科之间的不同，亚里士多德乃是通过"是"来说明的②。当然，人们可以认为，"是本身"这一说法似乎不是那样清楚。但是，假如我们能够始终在"是什么"的意义上理解亚里士多德所说的是本身，就不难理解这里的区别。因此我们也可以换一种说法来替亚里士多德的论述做出说明。一门具体学科的研究乃是有具体内容的，比如医学研究什么是健康，什么是疗效，数学研究什么是数，而形而上学研究是本身。这一研究与其他学科的研究无疑是不同的。

这里还可以看出，除了学科的区别，亚里士多德还谈到第一原理和最高原因。它们显然不是具体学科所研究的东西。因为一门学科研究的东西一定是一种具体的东西，所形成的理论也会限于某一具体范围，所揭示的原因或原理也只能是某

---

① Aristotle: *Metaphysics*, *The Works of Aristotle*, vol.Ⅷ, by Ross,W.D., Oxford 1954. 引文只注标准页码，下同。

② 亚里士多德说的要研究"是本身"，通行的中译文是"作为存在的存在"（参见亚里士多德：《亚里士多德全集》，苗力田主编，中国人民大学出版社，1993年，第7卷，第84页）。我明确指出，在西方哲学研究中，应该将being译为"是"，而不是译为"存在"，应该在系词的意义上理解being，并且应该把这样的理解贯彻始终。我还强调，这不是简单的翻译问题，而是如何理解西方哲学的问题（参见王路：《"是"与"真"——形而上学的基石》，人民出版社，2003年；《逻辑与哲学》，人民出版社，2007年；《一"是"到底论》，清华大学出版社，2017年）。本书讨论基于以前的研究，不对这个问题进行讨论。但是在最后一章涉及语言文化之处，再总体上对相关问题做出一些进一步的说明。

一领域的原因或原理。但是，形而上学所研究的东西不是这样。字面上就可以看出，这种第一原理或原因，肯定不是某一门学科的，因而不会是属于某一领域的。如果说每一门学科的研究是具体的，那么形而上学的研究就是普遍的。

在我看来，对亚里士多德的论述可以有两种理解。一种理解是，其他学科是经验的，是关于经验认识的研究，形而上学研究则是先验的，是关于先验认识的研究。很清楚，亚里士多德没有这样说，他只是以自己的方式区别了形而上学与其他学科。但是，假如我们可以这样认为，或者，我们可以从亚里士多德的论述中看到这样的意思，并且分析出这样的意思，我们也就可以替亚里士多德做出这样的表达，或者说，我们可以认为，亚里士多德有这样的认识。这一认识是重要的，由此我们获得了关于形而上学的认识：形而上学研究是先验的。

有人可能会认为，这样的解释有些过强，因为亚里士多德并没有这样明确的表达。即便如此，我们毕竟看到亚里士多德关于形而上学的论述，沿着这一传统，我们看到康德继续讨论形而上学，探讨形而上学是否可以成为科学，并在他那里看到对形而上学的先验性的明确说明：

【引文2】尽管我们的一切知识都以经验开始，它们却并不因此都产生自经验……因此，至少有一个还需要进一步研究、不能乍一看就马上打发掉的问题：是否有一种这样独立于经验、甚至独立于一切感官印象的知识。人们称这样的知识为先天的，并把它们与那些具有后天的来源、即在经验中具有其来源的经验性的知识区别开来。①

康德的说明很明确。一方面有许多经验的知识，另一方面有一种独立于经验的知识。后者是先验（天）②的知识，与经验知识相区别。比较一下我们会发现，康德与亚里士多德的说明差不多是一样的，只不过是用语不同。借助康德的用语来表达亚里士多德的认识则可以说，经验学科研究是的一部分，而形而上学研究是本身，这是关于先验的东西的研究，所以是超出其他学科的。借助经验和先验的区别无疑可以获得关于一般学科和形而上学的区别和认识，但是也会带来一个

---

① 康德：《纯粹理性批判》，李秋零译，北京：中国人民大学出版社，2004年，第31页。
② 康德在相关讨论中使用了两个词，一个是拉丁文的 a priori，一个是德文的 transcendental（transcendent）。人们通常认为二者是有区别的。其中译文分别为"先天的"和"先验的"（"超验的"）。本书不对它们做出区别，只在先验的意义上进行考虑。

问题：如何看待数学这门学科？数学研究的东西无疑是先验的，但是它又属于一个专门的范围。亚里士多德时代含糊一些也许可以，但是在学科明确划分的今天，这样的含糊无疑是会受到质疑的，一如康德关于数学命题是先天综合的之说一直受到人们的批评。

我认为对亚里士多德的论述也可以有另一种理解：其他学科是关于某一种认识的研究，形而上学则是关于认识本身的研究。当然，亚里士多德也没有这样说。但是从他的论述可以看出，诸如健康是什么、数是什么这样的研究乃是关于一种是什么的研究，形成的也是一门科学，而研究是本身则是另一门科学，这是两类不同的研究，形成的也是不同的科学，二者无疑是有重大区别的。在我看来，"是本身"与"认识本身"不过是两种不同的表达，前者是对表达认识的基本方式的称谓，后者则是对这种表达的实质的称谓。因此，二者其实是一致的。人的认识无疑有先验的，也有后验的，因而关于认识本身的研究自然会涵盖先验的认识。至于这一部分研究在其中占据什么样的地位，则会见仁见智。

可以看到，康德的论述与知识相关，亚里士多德的论述也是如此。在亚里士多德看来，这样一种关于是本身的研究直接与认识相关，与人们的认识方式相关。所以他认为，"当我们知道一事物是什么，……我们才最完全地知道它"（1028a37）。不仅如此，人的认识也与真相关。所以，亚里士多德一方面说这样一门科学研究是本身，另一方面也说，"把它称为关于真的学问是恰当的"（993b20）。我们看到亚里士多德有非常明确的关于真的论述，关于是与真之间联系的论述，这种是与真的相互区别的考虑、相互对应的考虑，都是一种对认识本身的考虑，因而从认识的角度看，这是一种具有普遍性的考虑。这种普遍性涵盖了先验性，也显示出一种先验性。因为它不限于某一具体学科，脱离我们的常识和感觉。此外，这样的认识是有益的，它揭示了人的认识是如何运作的，相关结果和理论还会被其他一些学科所用，也可以对我们的感觉和常识做出一些说明。

康德关于形而上学的论述基于亚里士多德的相关论述，以上我们也说那是亚里士多德关于形而上学的看法。但是应该看到，亚里士多德并没有使用"形而上学"这一用语，他谈论的是科学、认识或知识。我们看到的区别只是学科之间的区别，只是关于是本身的研究这门学科与其他关于研究是的一部分的学科之间的区别，因而形而上学只是一门关于是本身的研究的学科。我的问题是，为什么不把亚里士多德这种认识看作关于哲学的认识呢？把它看作关于哲学的认识难道会有什么问题吗？比如，其他学科是关于是的一部分的研究，哲学则是关于是本身的研究。假如从知识性考虑，则其他学科是经验的研究，而哲学是先验的研究。（数学和逻辑属于特殊一类理论研究。）这样的认识会有什么问题吗？我不认为会有什么问题。正因为如此，我才会认为，我们可以在如上亚里士多德引语的意义上理解哲学，并像其著作编纂者那样称其为"形而上学"。假如人们还是愿意在康德的意义上理解形而上学，并以此对哲学做出更为宽泛的理解，如同我们今天所拥有的第一哲学（形而上学）、道德哲学等加字哲学的区别，我认为也是可以的。但是在这种情况下，必须认识到，形而上学与加字哲学是不同的，具有根本性的区别：形而上学是先验的，而加字哲学是经验的。

哲学是关于认识本身的认识。这一说法至少有一个优点，即可以在科学的意义上将哲学与其他科学区别开：一门科学是关于一类事物的认识。不仅如此，这一说法还可以与加字哲学形成区别，因为一种加字哲学乃是与其加字所表达的东西相关的。当然，这只是我个人关于哲学的看法，而且主要是关于形而上学的看法，所以我认为哲学就是形而上学。或者退一步讲，如果说哲学包括形而上学和加字哲学，那么我认为，从哲学史和哲学的发展来看，形而上学乃是其主线上的东西，或者它至少是非常独特的东西。

表面上看，我的看法与上述马哲的看法似乎是一致的：哲学就是形而上学。但是实际上，这里存在着根本性的区别。这就是我所指出的先验与经验的区别。我认为，指出这一区别是重要的。这主要是因为，形而上学的先验性体现了哲学这门学科的科学性和专业性。因循这一点，我们可以更好地认识形而上学。

三、是与真

关于认识本身的认识，这只是一个类乎定义的说法，先验性也只是一个概念性的说明，由此并没有获得关于形而上学的具体认识，比如它的研究方式是什么？它的主要问题是什么？它的问题及其方式的主要特征是什么？它们归根结底说明了什么？回答这些问题，需要我们对形而上学的研究做进一步的考察，或者说，需要对我们获得的相关认识做更加明确的阐述。在过去的研究中，我曾明确提出，是与真，这两个概念是形而上学的基石。由此也就说明，我们可以基于这两个概念，或者简单围绕这两个概念来勾勒形而上学的研究。

前面引文中，亚里士多德不仅提出要研究"是本身"，还给出研究的方式。他认为，人们在多种意义上说"是"，比如是什么、量、质、关系等。在他看来，只有知道一事物是什么，我们才能真正认识一事物，所以，是什么（比如"是人"）与其他诸范畴（比如"三肘长""是白的"）形成根本性的区别，成为他研究的重点。亚里士多德的研究至少有两个意义。其一，他把前苏格拉底至柏拉图相关研究的核心凸显出来。柏拉图提出了明确的问题方式，即"是什么？"，比如"智者是什么？"。这也是古希腊哲学家探讨世界本源和自身的最基本的思考方式。其二，"是什么"不仅是提问的方式，也是表达认识的基本方式。这是一种依据希腊语的表达方式而提出的认识方式，它的基本句式是"S 是 P"，或叫主谓结构或方式。主语"S"是谈论的东西，谓语"P"是对所谈论的东西的描述或说明。"是"乃是系词，联系主语和谓语，它与谓语结合在一起，对主语及其所表达的东西做出说明。

亚里士多德的研究也许还有其他意义，但是以上两点充分表明，关于"S 是 P"这一基本句式的认识不是凭空产生的，而是来源于古希腊哲学家长期的研究。这一句式表明，人们的认识是以句子的方式表达的，其中最核心的概念乃是"是"：它是动词，是联系主谓的要素。因此可以围绕"S 是 P"，围绕"是"来谈论认识。这样的研究可以有一个特点，即与真相联系。比如亚里士多德的著名论述：说是者是，就是真的，说是者不是，就是假的。所以，是与真，成为哲学的两个基本概念，也是核心概念。自亚里士多德以后，它们成为哲学研究的基本概念，更确切地说，"S 是 P"成为哲学研究所考虑的基本句式，它与真相关。围绕这一句式，每个人讨论的侧重点可能不同，但是无论如何，其核心概念乃是"是"。简单说，"S 是 P"这种句式构成了亚里士多德哲学讨论的背景和基础。

康德在分析判断和综合判断之间做出区别：谓词的表达包含在主词之中就是分析判断，超出主词的范围就是综合判断。这一考虑显然依据"S 是 P"这种句式。而他著名的范畴表也显示出同样的考虑。比如质的范畴涉及关于肯定、否定、无限的说明，显然是依据"S 是 P"的考虑，而其关系范畴中说的直言判断，模态范畴所说的实然判断，即是指"S 是 P"这样的表达方式，正因为有这样的考虑，因而也就有了直言判断与选言判断和假言判断的区别，以及实然判断与或然判断和必然判断的区别。范畴表中虽然没有真这一概念，但是康德也有许多与真相关的论述，比如他重述"真是什么？"这一传统问题，并进而追问认识的普遍的真之标准。他认为，认识在形式方面有普遍的真之标准，而在其内容方面没有这样的真之标准。

黑格尔从感觉出发谈论认识，认为感觉确定性表达为纯粹的"它是"，并认为这也表示最贫乏的"真"。因此，从一开始黑格尔就将是与真联系在一起考虑。他从"它是"出发，进而谈论"对象是"，再以"这时是夜晚"和"这里是一棵树"为例来说明，这就表明，黑格尔的论述乃是基于"S是P"这种句式的。所谓"它是"不过是"S是P"的另一种表达方式："它"相当于"S"；"是"后面有省略，相当于"P"。这样的表述是为了后面的讨论方便，比如引入"对象"，引入举例说明，从而说明"是"一词的辩证法特征：说一事物是这样的，就意味着它不是那样的，因而说出"是"的时候就意味着对它的否定，因而它本身含有对自身的否定。这样也就有了真假之变。比如"这时是夜晚"在夜晚说时就是真的，在白天说时就不是真的。所以，"是"与"真"乃是相联系的。

胡塞尔以现象学的方式谈认识，明证性乃是其直接谈论的一个核心概念。与明证性相关，胡塞尔谈到是与不是，谈到真，甚至直接谈论"S是P"。这就表明，胡塞尔的论述是以"S是P"为基础的。尽管他谈论的是意向性，谈论的是一般意义上的对象，甚至是意向性活动之先的东西，但是他的谈论是与明证性相关的，因而和"S是P"相关，和是与真相关。

众所周知，自笛卡尔以后，哲学讨论中加上了关于"我思"的考虑，因而增加了关于"思考"的考虑，增加了关于"我"和主体的考虑。同样是基于或关于"S是P"的考虑，情况也就有了不同。仅以胡塞尔的论述为例，同样谈论意象，由于加入关于主体及其思维活动的考虑，也就有了层次的区别，比如他谈论"S是P"的方式，还要谈论增加了"我怀疑""我思考"等等的方式，这样，"是"的方式就不仅仅是"S是P"这样的谓述方式，而且还会有增加了"可能的""推测的"这样的变化了的表达的谓述方式，这样也就有了表达方式的区别，有了表达层级的区别，以此也可以说明意向性方面的一些区别。但是，正如笛卡尔的"我思故我是"乃是在"是"的基础上增加了"我思"，因而他所增加的考虑乃是基于"是"，因而基于"S是P"的考虑一样，胡塞尔的相关考虑也是基于"S是P"的考虑，因而无论增加了什么，考虑的方式和内容有什么不同，其考虑的基础乃是共同的，即都是基于"S 是 P"，因而他们都会谈论是，谈论各种不同的是之方式。

分析哲学产生之后，哲学讨论的方式出现一个根本性的变化："是"不再是谈论的核心概念，取而代之的乃是"真"。这主要是因为，分析哲学所依据的逻辑与传统逻辑不同，它的句法形式不再是主谓结构，而是一种函数结构，比如 Fa 表示一个专名"a"和一个谓词"F"组成的表达式，∀xFx 表示一个量词"∀x"与一个谓词"Fx"组成的表达式。在这样的句法中，系词"是"不见了。不仅如此，这种逻辑还提供了与这种句法相应的语义说明，其核心概念即是"真"。因此在分析哲学讨论中，传统那些关于"是"的讨论也不见了。取而代之的是关于对象、概念、关系、量词域的讨论，而所有这些都是围绕着"真"这一概念进行的。正像弗雷格所说："'真'这个词为逻辑指引方向。"[①] 而这里所说的逻辑即是一种关于思想和思想结构的研究。这样的研究，用弗雷格的话说，在真的层面所有细节都消失了，就是说，所有思想层面的东西都消失了，当然是与经验无关的。

哲学经历了从传统向现代的转变，在我看来，这主要是形态发生变化。这种变化最主要的特征即是从过去围绕"S 是 P"的讨论变为今天围绕"真"的讨论。如果可以如上看到传统哲学中也有关于真的探讨，由于真与是相关，因而真也应该是一个核心概念，则可以认识到，在与真相关的考虑这一点上，分析哲学与传统哲学实际上是相通的。这主要是因为，分析哲学的主要特征是对语言进行逻辑分析，考虑语言的基本单位是句子，在这一点上与"S 是 P"乃是相应的。不同之处在于，由于从真出发来考虑，因而使真与句子的意义相结合，在这样的考虑下，"S 是 P"显然是不够的。首先，它只是一部分语言表达的方式，比如它不能表示行为动词的表达。其次，它与真还不能完全对应，比如，它缺乏显示真之条件的要素。因此分析哲学放弃了这种主谓句式，采纳了一套可称之为函数结构的、与真相应的讨论方式，从而与传统哲学的讨论方式形成重大区别。

纵观哲学史，是与真，乃是哲学考虑的基本概念。

如果可以看到，传统哲学和分析哲学都有关于对象的探讨，也有关于真的探讨，那么也就可以认识到，分析哲学与传统哲学是相通的。在这里，与"真"相关或无关，则成为一个标志。不管传统哲学和分析哲学的讨论有什么区别，无论

[①]　弗雷格：《思想》，载《弗雷格哲学逻辑选辑》，王路编译，王炳文校，北京：商务印书馆，2007 年，第 120 页。

哲学家依据主谓结构还是依据函数结构来讨论，相互之间有什么区别，至少有一点是清楚的：他们主要是以句子为基础或围绕着句子来考虑的。这就说明，在哲学讨论中，关于句子的考虑乃是至关重要的。所以，无论是传统哲学还是分析哲学，它们都有关于句法和语义的考虑，而在所有这些考虑中，句子无疑是基础。

应该承认，以句子为基础，这是现代的说法。因为这样的表述基于关于语言的考虑，因而涉及语言和语言所表达的东西的区别。我们可以认为句子是语言层面的东西：写下时表现为文字，说出时表现为声波；句子所表达的东西则不是这样的东西，而是通过这样的物理形式所传达出来的东西。比如它可以是关于外界事物的描述，可以是关于内心思考的表述等等。传统哲学受到的批评之一就是不区别语言和语言所表达的东西，因此用"围绕句子"来说明传统哲学的共同特征，似乎有些过强了：有把现代意识强加给传统哲学之嫌。我承认这一点。但是这并不妨碍我们可以在探讨传统哲学的问题和认识的过程中借助现代有关语言的认识。在我看来，恰恰是借助关于语言和语言所表达的东西的区别的认识，我们可以更好地理解和认识传统哲学的问题，特别是理解和认识他们思考和研究问题的方式。不区别语言和语言所表达的东西，并不意味着他们没有关于语言的考虑。比如亚里士多德说，说是者是，就是真的。这里的"说……是"，无疑是与语言相关的，更不用说他还有专门的关于语言的论述，还有关于语言形式的论述。

关于语言的考虑，乃是宽泛的说法，而以句子为基础则是具体的说明。直观上即可以问，考虑语言为什么要以句子为基础？在我看来，这里主要有两个原因，一是句子是语言表达的基本单位。或者更确切地说，我们关于世界的认识是通过语言来表达的，而句子是表达认识的基本单位。另一个原因则与逻辑相关。亚里士多德逻辑的句法依赖于希腊文的语法，其基本句式即是希腊文的基本句式。传统逻辑是基于亚里士多德逻辑形成的，也承袭了这一基本句式，英语、德语、法语等各种西方语言与希腊文的基本句式也大体相同，所以在西方哲学讨论中，逻辑与哲学融为一体，涉及逻辑的讨论会与语言相关，涉及语言的讨论也会与逻辑相关，而且这样的讨论自然会以句子和对句子的认识为基础，区别不过是在此人多些，在彼人少些，在此人明确些，在彼人含糊些。

西方哲学的主要特征之一是逻辑分析。所谓逻辑分析即是借助逻辑的理论来进行分析。逻辑的基本句式是"S 是 P"，逻辑的理论当然就是围绕这一句式形成的。所以，所谓逻辑分析一定是与语言相关的，而且一定是与句子相关的。正因为如此，即便不区别语言和语言所表达的东西，只要应用逻辑的理论，就一定会涉及句子，就一定会与句子相关。但是应该看到，至少在亚里士多德那里就已经有了非常明确的关于语言的考虑，比如他在解释"是"的词义时说道："这是这"①。这无疑是指这个词的日常用法，因而以自然语言的方式将"S 是 P"这一句式表达出来。这样的说明当然是纯粹的语言说明，而不是逻辑的说明。这就恰恰表明，"S 是 P"这样的句式，既可以从语言方面来考虑，也可以从逻辑方面来考虑，无论从哪个方面考虑，不管是不是区别语言和语言所表达的东西，句子都是其考虑的出发点，或者简单地说，句子是考虑的基础。

我们关于世界的认识是通过语言表达的，因此探讨认识以及与认识相关的问题会涉及语言，这是自然的事情。句子是表达认识的基本单位，因此与认识相关的探讨会涉及、围绕甚至基于句子及其表达，也是自然的事情。语言是经验的东西，是人们日常习用和熟悉的东西，是直观可把握的。逻辑则是先验的东西，是通过研究而建立起来的，是需要通过学习来把握的。研究关于世界的认识，一方面可以借助语言，这样就有了经验性的东西可以借鉴，就有了关于句子的考虑；另一方面也可以借助逻辑，这样就有了理论做依据，就有了基于句子结构的考虑；还可以借助逻辑与语言的结合，这样就有了围绕句子来考虑问题的意识，并且把"S 是 P"这种句式确立起来。在这种情况下，当然可以区别语言和语言所表达的东西，比如专门谈论语言层面的东西，谈论句子、主词、谓词、系词，同时谈论它们所表达的东西。但是似乎也可以不做出这样的区别，或者说，心中有所区别，只是表述中没有十分清楚地区别出来。对于我们今天研究西方哲学来说，前一种情况是有利的：理解哲学著作比较容易，因为有一些明确的论述可以依循，但是后一种情况就不太有利：由于表述中并不是那样清楚，因此给理解带来麻烦。但是，明确了以句子为基础，我们就有了一种研究问题的视角，由此可以对哲学家的论述做出分析，并通过分析获得理解和认识。

句子是表达认识的基本单位，"S 是 P"则是基本句式。哲学是关于认识本身的认识，因而会与句子相关，会与这种基本句式相关。这是与认识相关的最实质

---

① 亚里士多德的用语是"tode einai tode"。我曾详细讨论过这个问题，参见王路：《一"是"到底论》，第 12-52 页，特别是第 21-23 页。

性的东西。认识到这一点就会看出，传统哲学中的一些基本用语和概念都是由此产生的，是与句子相关的，比如，"命题"、"肯定"（否定）、"判断"、"陈述"、"断定"等等，它们字面上即是与"S 是 P"直接相关的。应该说，这些表达与句子的联系比较明显，识别它们与句子的联系是比较容易的。

在哲学讨论中，更多用语却与句子没有直接的联系，识别它们与句子的联系需要一些分析。在我看来，这些用语大致可以分为两类。一类是与句子对应的，比如像"认识""事实"等用语。它们字面上与句子没有直接的联系，但是如果意识到它们是由句子或者可以由句子表达的，则可以看出，它们其实是与句子相关的。另一类是与句子的构成部分对应的。"S 是 P"这一基本句式明显含有三部分，因此对应地也会有这样三类用语。其一是与"S"对应的表达，比如"主词"，引申一些，"主体""对象""客体""事物"等等。其二是与"P"对应的表达，比如"谓词""谓述"，引申一些，"概念""本质""性质""关系""范畴"等等。其三是与"是"对应的，即系词。

"S 是 P"中的"是"乃是系词，这个句式中仅它是有具体含义的，即联系主词和谓词，并且表示肯定，称之为系词含义。亚里士多德最初所说的"这是这"（tode einai tode）尽管没有使用符号，但是依然可以看出"是"一词的这种作用和含义。在有关"是"的讨论中，我们可以看到"系词"这个术语，这就明确表明，人们谈论的乃是"S 是 P"的"是"，或者人们在基于"S 是 P"讨论问题。但是，"系词"这一术语并不是一开始就出现的，而是在讨论中随着对"是"一词的认识而出现的。这样我们就发现，在研究和讨论中，人们对"是"这个词的作用和意义获得了清楚的认识，因而对它有了明确的称谓。寻此线索我们还会发现，在"系词"这个术语出现之前，人们早就有了系词意义上的讨论，也有一些相应的表达，比如人们谈论主谓间的"联系"，比如人们谈论名字和动词的"组合"，比如人们谈论在主谓之间"增加'是'"等等。正是由于对系词的认识，人们常常会以不同的方式谈论"是"，比如黑格尔说的"它是"，笛卡尔说的"我思故我是"；又比如亚里士多德说的"是什么"，以及举例说明"是人""是白的"；再比如亚里士多德说的"说是者是，就是真的"。这些表达明显不同，有的好像是与主语联系在一起谈论，有的好像是与谓语联系在一起谈论，有的好像是与句子对应的说明。表达方式虽然不同，却有两个共同特点。一个是不完整，即它们不是以"S

是 P"这种完整句式的方式出现的。另一个是，它们的使用方式使人觉得，使用者认为其表达方式是自明的。由此可以想见，使用者会认为其听者和读者也会觉得它们是自明的。这样就会有一个问题：既然是不完整的表达，为什么会是自明的呢？换句话说，为什么似乎人们从来也不会认为这样不完整的表达是有歧义的呢？在我看来，这主要是因为，"是"一词的系词含义是自明的，人们通常在系词的意义上理解"是"。这样，以上表达虽然是不完整的，但是基于"S 是 P"来考虑，就会自动将它们补充完整，因而知道它们所说的是什么意思。推而广之，更为普遍的情况是，人们单独谈论"是"，把它作为对象来谈论并形成独特的讨论，即所谓的"是"之问题或与"是"相关的问题（the problem of being），比如贝克莱说的"是乃是被感知"，海德格尔说的"'是'乃是自明的概念"。所有这些讨论，只要放在"S 是 P"的框架内，就可以获得或者至少比较容易获得相关的认识。比如关于"是"的自明性，海德格尔说：在一切命题中都用得着这个"是"。在这一说明中，"S 是 P"这一句式跃然纸上。

当然，与以上比较规范的论述相比，也有一些不是那样规范的论述，比如"上帝是"这个命题，比如从康德到黑格尔一直讨论并在海德格尔那里流行起来的"此是"。关于前者，今天人们已经明确地说这里的"是"乃是一种非系词用法，因而即便认为它表示存在，因而有存在的含义，也是借助了"S 是 P"的考虑。系词用法乃是普遍的，而"上帝是"中的"是"乃是一种不同于系词的用法，是具有特殊性的。至于"此是"（Dasein），至少在黑格尔的论述中可以清楚看到，它是"是在那里的"（ist da）的名词形式，因而可以用来并且有助于对"是"做出说明，包括对谓述方式和存在的说明。在海德格尔的使用中也是如此，他甚至还有"此-是"（Da-sein）这样的用法，这至少是强调，这里有两部分，一部分是"此"（da），一部分是"是"（sein），这无疑至少与系词和谓词的表述是相应的，与他所提出的"在-世界-之中-是"也是相应的。同样的表达，在胡塞尔的著作中也大量出现，而且明显是以谓述方式阐述的。

一如句子的表达方式具有普遍性，也有特殊性，"是"的表达方式同样是这样。尽管如此，它在西方语言中的普遍性乃是实实在在的，也是众所周知的，这就是系词方式。哲学与认识相关，因而主要考虑会与句子相关，会与"是"相关，乃是非常自然的事情。

四、为什么要考虑真？

在关于认识的说明中，常常会谈到真。由于表达认识的基本句式乃是"S是P"，因而在谈论认识的过程中，"真"与"是"常常会联系在一起，比如前面提到亚里士多德说的：说是者是，就是真的，还有黑格尔说的：纯粹的"它是"和贫乏的"真"。哲学史还表明，人们在谈论认识的时候常常会谈论矛盾律。比如亚里士多德说它是一切证明的出发点，康德认为它是认识的普遍的真之标准，洛克称它为先天原理，人们普遍认为矛盾律是真理。矛盾律是真理，矛盾律是恒真的，其表述是：一事物不能同时既是又不是，因此谈论矛盾律通常会涉及真，会涉及真理，实际上也会涉及是与真之间的关系。这样直观上就有一个问题：探讨认识，人们为什么要谈论真？为什么会涉及真理？真与真理是什么关系？更进一步，是与真，是与真理，又是什么样的关系？

在我看来，哲学中与真和真理相关的谈论实际上涉及两种关系，一种是句法和语义之间的关系，另一种是语言和语言所表达的东西之间的关系。这是两种不同的关系。二者相加就形成三个层次，如同我构造的句子图式[①]显示的那样：

（语言）句子：谓词　　　　　 ／专名

（涵义）思想：思想的一部分　 ／思想的一部分

（意谓）真值：概念　　　　　 ／对象

传统哲学的讨论涉及这几个方面，对它们之间的区别也有所认识，但是认识得不是那样清楚，至少在表述中存在着含糊不清之处。因此在传统哲学中，同样涉及是与真，关于是的研究属于句法层面，相关论述相对比较明确，而与真相关的研究涉及语义，相关论述不是那样明确。这也导致是这个概念凸显出来，而真这个概念没有成为核心概念。下面我们借助句子图式来说明这几个方面的问题。

句子是表达认识的基本单位，比如"雪是白的"。其中的"是"乃是系词。如上所述，传统哲学强调"S是P"这种句式，强调"是"，其实就是强调句子及其表达的东西。句子图式中的"谓词"相当于"是白的"，消解了系词的核心作用，

---

① 这里只给出最简单的句子图式，说明的是像"亚里士多德是哲学家"这样的简单句。也可以有复杂一些的句子图式，说明复杂一些的句子。参见王路：《语言与世界》，北京：北京大学出版社，2016年。

其他不变。"是"无疑是语言层面的，它也有自己所表达的东西。它们分别相应于一二两行。若是不分，则"是"既表示语言层面的东西，也表示涵义层面的东西。所以，关于是的讨论，尽管会产生一些混淆之处，但是它在语言层面的作用是明确的，特别是，当人们探讨和强调系词及其作用的时候，当人们在句式的意义上谈论的时候，关于语言层面的考虑还是清楚的，至少是可以看出来的。

认识有真假，"雪是白的"是真的，这是常识。这说明，"真"乃是一个自明的概念，谈论认识时谈论真，这是非常自然的，而且实际上，这是借助真对认识做出说明。这就表明，真乃是与认识相关的，与关于认识的表达相关的。这样，人们在探讨认识的时候，也就可以谈论真，谈论"是真的"这种意义上的东西。这里的问题是，既可以说"雪是白的"这个句子是真的，也可以说这个句子所表达的东西是真的，二者还是有区别的。即使认为这一区别不重要，与此相关的两种情况和区别却不是不重要的。

一种情况是谈论真理。比如"雪是白的"是真理，因为它是我们关于世界的认识，而且是真的。另一种情况是谈论真，比如问"真是什么？"，因为人们要思考，为什么可以说"是真的"，这样说的根据和标准是什么？这样一来，同样涉及"是真的"这种意义上的东西，谈论的方式却不同。"真理"相当于句子图式的第二行，是语言所表达的东西，只不过人们认为其所表达的东西带有真这种性质。而"真"相当于第三行，是语义层面的东西。它与一、二两行的东西不同，而是与对它们的说明相关的东西。传统哲学中有关于"真理"和"真"的说明，但是有时区别得不是那样清楚。"真理"含有"真"[①]，好像说的也是一回事。其实这两者还是有重大区别的。

结合矛盾律，这里的区别可以看得更清楚一些。"一事物不能同时既是又不是"也是真理，因而对矛盾律也可以有以上相同的说明。但是，矛盾律是谈论认识的过程中始终被用来举例的，"雪是白的"却不是这样，这就说明，二者是有根本性区别的。表面上看，这是因为"雪是白的"只是一个常识性的认识，而矛盾律

① 外文中常常是同一个词，区别只是语法形式不同，比如加不加冠词，加不加复数词尾。比如英文中的 truth 和 a (the) truth, truths, 德文中的 Wahrheit 和 eine (die) Wahrheit, Wahrheiten。此外，该外文复数表达时依上下文会有不同含义，比如表示"真判断""真命题"等等。这里不做区别。

不是这样的认识，而是认识的规律，是关于认识的认识。实际上，这里的原因在于，矛盾律是永真的，是先验的，而"雪是白的"虽然是真的，却是经验的。人们在谈论认识的过程中，希望获得的是关于先验的认识，而不是获得关于经验的认识。即使是借助经验性的东西来讨论，人们还是希望最终获得关于先验的认识。正如康德所说，在我们的认识中，除了经验的认识以外，还有一些不依赖于经验的认识。所以，无论是借助矛盾律还是借助"雪是白的"，虽然目的一样，具体说明的区别却是很大的。关于这样的区别，人们当然是有认识的，所以，人们会谈论真理，也还要谈论真。比如黑格尔所说的贫乏的真，这显然不是真理，不是第二行的东西。又比如康德不仅问"真是什么？"，还询问认识的普遍的真之标准是什么？他说的显然也不是真理，不是第二行的东西。

人们谈论认识，对一个认识说"是真的"，称一个"是真的"的认识为真理，人们还询问真是什么，探讨认识的普遍的真之标准。这说明，一方面人们认识到，经验中有"是真的"的认识，可以称之为真理，也可以借助这样的例子来说明认识，但是，真正可以对认识做出说明则还是需要借助像矛盾律这样的例子。因为人们希望说明的并不是一般性的认识，而是"是真的"这样的认识。另一方面人们认识到，可以探寻"是真的"这种意义上的东西，可以探寻真，探寻真之标准。这是两个不同的方面，它们相互会有联系，但是却有根本性的区别。正因为如此，传统哲学中的相关表述不是非常清楚。这里的原因是复杂的，简单说，也许传统哲学对这两方面的东西都有认识，对它们之间的区别也有认识，只是表达得不清楚，也许传统哲学在认识中确实存在含糊之处，因此也就无法表达清楚，也就不可能对相关问题和区别做出清楚的说明。

借助句子图式可以看出，第三行与一、二两行相关，却是不同的。它可以是对第一行的说明，也可以是对第二行的说明，还可以是对一、二两行相结合的东西的说明。它说明的是句子的真之条件，即一个句子在什么情况下是真的。比如"雪是白的"是一个句子，有涵义，即其所表达的东西。我们看到或听到这个句子，理解并把握它所表达的东西，我们可以说它是真的，可以称它为真理。但是，如果不知道"雪"是什么意思，或"是白的"是什么意思，我们就无法理解和把握这句话是什么意思，就不会知道它是不是真的。另一方面，人们可以知道这句话的真之条件，即它在什么条件下是真的，却不一定知道它是不是真的，比如人们不知道它是什么意思。反过来，即便人们知道这句话的意思，也知道它是真的，但是却不一定知道它的真之条件。这里的实质是，对句子的真之条件的认识是先验的，而对句子的涵义的认识和是不是真的的认识却是经验的。这样的认识和说明，是随着分析哲学的产生和发展才得到的，而在传统哲学中是没有的。即使传统哲学中有这样的认识和说明，或者退一步，即使不能说传统哲学中丝毫没有这样的认识和说明，其相关表达也是不清楚的，需要我们借助现代的认识，比如借助句子图式，把那些不太清楚的表述说清楚，从而更好地揭示其中所包含的认识和可能会形成的理论。

现在可以认识到，"真"乃是一个至关重要的概念。"是真的"是日常语言中最常见的表达，是关于认识的断定，因而是常识性的，是经验的。因而这个表达是与认识相关的。哲学是关于认识本身的认识，因而考虑"是真的"这一表达，考虑与"是真的"相关的表达乃是自然的。在相关研究中，人们发现有一类表达是恒真的，比如矛盾律，因而喜欢借助它来说明认识及其相关问题，这也是自然的。在这样的研究中，一旦将"是真的"作为对象来考虑，"真"这个概念就呈现在研究者的面前，因而思考"真是什么？"这样的问题就是自然的，产生相关问题也是自然的，比如"普遍的真之标准是什么？"。相关研究的复杂性在于，这里既有经验层面的东西，也有先验层面的东西。比如"是真的"这个表达是经验，对一个句子所表达的东西的认识是经验的，一个命题是真的，则可以称之为真命题或真理，这也是经验的。但是，一个句子及其所表达的东西在什么情况下是真的，即它的真之条件是什么，却是先验的。比如关于真之标准的考虑，既可以有符合论那样的考虑，也可以有逻辑语义学那样的说明。相比之下，康德的考虑，或者一般而言，符合论的考虑显然是经验性的：真就在于认识与对象的符合，而弗雷格和塔尔斯基，或者一般而言，逻辑语义学无疑做出先验层面的说明，比如揭示句子与句子构成部分之间的关系，确定真与句子构成部分对应的语义值之间的关系，比如区别对象语言与元语言，对所使用的元语言符号下定义并做出规定，说明"是真的"和所说明的对象不属于同一个语言层次。所以，在与真相关的研究中，既有经验层面的考虑，也有先验层面的考虑。因而相关研究也就有了一个从含糊到清晰的发展变化，"真"这个概念也就有了一个从被使用和提及、被考虑和讨论，并理论化到最终凸显出来，成为核心概念的过程。

在我看来，相关研究的复杂性还在于，与真相关的研究实际上是先验的，但是由于它的意思来自"是真的"，而后者又是一个常识性的表达，因而是经验的。先验性研究需要理论的支持，因此逻辑所起的作用至关重要。在这一点上，传统逻辑的缺点也充分显示出来：它没有完善的语义理论。这样我们在研究中就要注意两个问题。一个问题是，没有完善的语义理论支持，并不意味着不考虑与真相关的问题，也不意味着不会在先验的层面上考虑相关问题。另一个问题是，即便有先验层面的考虑，在相关理论认识的陈述和表达中，也可能是表达不清楚的。这两个问题造成的结果是，传统哲学中也会有与真相关的考虑，甚至也有一些先验意义上的陈述和表达，但是许多表达是模糊的，不清楚的。

认识到这一点也就可以看出，传统哲学关于"是"的研究存在同样问题。"是什么"乃是日常表达，是经验的。以它为对象进行研究，因而考虑"S是P"这样的句式，甚至考虑"它是"，"是P"，甚至直接考虑"是"，都是自然的。但是要对这样的东西做出先验的说明，没有语义是不行的。我们看到，传统哲学中一直是将"是"与"真"对应谈论的，这说明它已经有了这方面的考虑，但是由于缺乏一种有效的真之理论，因而对"是"的说明常常是经验的，也与先验的说明相混淆。今天我们可以认识到，说"是"与"真"的对应是可以的，意思是说句子和句子所表达的东西与真乃是相对应的，但是真正说明其对应性并不是那样容易，这里涉及的实际上是对句子的真之条件的认识和说明。借助句子图式可以看出，一、二两行是关于语言的，可以是经验层面的，而第三行是关于真的，是先验层面的。对认识的有效说明依赖于这三行的结合，即依赖于对语言、语言所表达的东西与句子真之条件的之间关系的说明。

从句子图式出发，对句子的真之条件可以得到很好的认识。但是从句法层面看，由于句子构成部分只有"谓词"和"专名"，没有"系词"，因此似乎不利于对"是"的认识，不利于对与是相关的认识的说明。我不这样认为。应该看到的是，谓词包含动词及其表达，而动词含系词，因此句子图式也包含着关于系词的说明。比如"是哲学家"是谓词。在传统哲学中，这表现为"是P"，有关于系词的说明，而在句子图式中只是"谓词"。表面上看，这里没有区分出系词。其实，这里恰恰涉及关于句子真之条件的说明：专名意谓的对象处于谓词意谓的概念之下，该句子就是真的。这说明，在句子表达中，谓词至关重要。基于这一认识再来看传统哲学关于"是 P"的讨论，我们立即会发现，它区别出系词，围绕系词进行考虑，所考虑的却是"P"及其表达，比如范畴理论，比如规定性，比如"此是"等等。这样的考虑当然是有道理的，但是缺乏关于真的考虑。尽管有时也会谈及真，但是忽略它似乎也很正常。这样我们还会发现，笼统谈论是的时候，常常也会谈及真，而在谈论"是 P"的时候，反而不谈真了。这似乎也表明，传统哲学中对真的认识也是正确的：真乃是与句子对应的。所以，真乃是与认识相关的，因而谈论认识要谈论真。但是，与认识相关的最重要的似乎还是"是 P"，或者保守地说，"是 P"乃是至关重要的。所以，传统哲学呈现给我们的，主要还是关于"是"的考虑，甚至是关于"是 P"的考虑，因为即便考虑"是"，也是要通过"是P"来说明的。这也说明，为什么在传统哲学中，"是"乃是核心概念。当我们说，是与真乃是形而上学的基石的时候，这是我们通过研究而产生的认识。二者相比，"是"凸显，而"真"不是那样凸显，这也是我们通过研究而形成的看法。而且这样的认识，在某种程度上，也可以说是分析哲学帮助我们所产生的认识，是通过对与真相关的问题的研究而产生的认识。

我想指出的是，对于这样的认识，即关于认识本身的认识，以及西方哲学家对这一认识做出的贡献，国内学界是缺乏认识的。简单而言，国内形而上学的研究非常薄弱。在我看来，形成这种局面主要有两个原因。

一个原因与形而上学的思考方式相关。在我国思想文化中，缺乏关于"是什么"和"是真的"这样的问题的思考与探讨，因而缺乏对是与真及其相关问题的思考和认识。在这种文化背景下，当西方哲学引入我国的时候，关于"是"与"真"的理解和认识从一开始就出现偏差：人们将 being 译为"存在"，而不是译为"是"，将 truth 译为"真理"，而不是译为"真"，从而字面上就消除了对是的思考和认识，消除了对真的思考和认识，消除了对是与真的联系的思考和认识。"是"的字面含义乃是"是什么"，可能或可以含有存在的意思，但是"存在"的字面含义却是"有"，与"是什么"大相径庭，也不会含有是什么的意思。"存在"的含义很容易与世界、与世界中的事物和状况联系在一起，因而与经验联系在一起，但是很难与句子及其表达的东西联系起来，更难与真相联系，因而无法形成先验层面的思考。这样，"是"一词最根本的含义，它与"真"的联系，以及是与真在形而上学的重要意义和作用，从一开始在中译文中几乎就没有出现。

另一个原因与逻辑相关。形而上学的核心概念乃是"是"，逻辑的基本句式是"S是P"，因此，形而上学和逻辑是融为一体的，至少字面上就是相通的。所以，西方哲学的主要特征是逻辑分析，这一说法是有根有据的。中国思想文化中缺乏逻辑研究，因而缺乏关于和基于"S是P"这样的句式的思考和认识。在把 being 译为"存在"以后，即使在逻辑中翻译出"S是P"这样的句式并获得一些相关认识，但由于"是什么"与"存在"字面上没有什么联系，因而字面上隔断了逻辑与形而上学的联系。此外，逻辑有句法和语义两个方面。传统逻辑虽然在语义层面的研究非常薄弱，但也不是丝毫没有相关方面的认识和论述。但是，"真理"一词消解了逻辑语义的考虑，消解了是与真的对应和联系。在这样的学习基础上，无论对逻辑有什么样的认识，要重视逻辑在哲学研究中的意义和作用，就很容易成为一句空话：人们会觉得真理与存在没有什么关系，关于存在的讨论与逻辑没有什么关系，至少没有什么直接的关系。

以上两个原因也是两个基本事实。它们带来的问题是实在的，也是严重的。简单说，这就使国内学界对形而上学的研究从一开始就发生偏离，使形而上学的研究不太容易发展，水平也不易提高。相比之下，国内获得蓬勃发展的是马哲和中哲。前面关于马哲做过论述，这里只简单谈一下中哲的情况。

与马哲一样，中国哲学也是国内哲学研究的主流。它的特点之一是借助西方哲学的概念和方法，阐释中国传统文化典籍中的思想。因此在解释中，形而上学和逻辑是不可或缺的东西。"形而上学"本是国人借中国经典用语对西方metaphysics 一词的翻译，因此人们并不反对这一用语，也不贬低这一用语，而是喜欢用它来进行说明：其中的"上"很形象，与"下"相对，正好可以用来说明一些不同东西的差异。人们也很容易接受"存在"这一概念，因为它与"有"这一概念对应，似乎很容易和中国文化中"有""无"之类的论述对应或联系起来，这似乎更容易说明，形而上学不仅是西方的，也是中国的，不仅西方有，中国也古已有之。问题是，这样的研究完全没有看到"在物理学之后"的意思，也忽视了关于"是什么"的询问和思考，因而不会考虑科学的分类，也不会考虑"是"，当然也就不会考虑真。"逻辑"是译名，从事中国逻辑史研究的人完全接受这个用语，也不像研究马哲的人那样贬低它，而是坚信，西方有逻辑，中国也会有逻辑，不仅如此，人们发掘出中国古代的逻辑，并称之为论辩逻辑或名辩逻辑。尽管对于中国是不是有逻辑有人也有困惑，但是大多数人还是相信中国有逻辑。比如人们认为，关键在于从什么角度看问题，也就是说，逻辑是可以有不同种类的，比如人们还认为，即使没有逻辑，也还是会有逻辑思想和萌芽等等。问题在于，这样的研究最终也许可以说明中国有逻辑，但是无论如何与"S 是 P"没有关系，与中国哲学也没有什么关系，其结果是，逻辑与哲学的关系，逻辑对哲学的意义和作用，在中国哲学中乃是根本就看不到的。即使知道西方逻辑的基本句式是"S 是 P"，也不会考虑它与哲学的关系。至于"是本身"与"S 是 P"字面的相通，则根本就没有而且也不会进入研究的视野。缺乏关于是的考虑，自然也就不会有与它相联系的"是真的"这种意义的考虑，也就不会有关于"真"的考虑。

我认为，马哲和中哲是加字哲学。"改变世界"和"天人合一"的理念使其经验性凸显无遗。固然它们是国内主流哲学，对哲学研究影响极大，我们也不应该将形而上学研究的薄弱完全归于它们。在我看来，真正影响我国形而上学发展的还是以上两个事实。这是因为，哲学这一学科的建立是从西方哲学引进开始的，因此它的发展始终伴随着对西方哲学著作的理解和翻译。而翻译著作又不断地培养和塑造着一代代中国哲学工作者。这样，我国西方哲学研究者在成长的同时，也在自己的知识结构中建立起关于"存在"和"真理"的认识。特别是，一方面人们拥有这样的知识结构，另一方面缺乏逻辑理论方面的学习和训练。以这样的知识结构去研究西方哲学，很难对形而上学获得充分而正确的认识。比如，一种比较有代表性的观点认为，将 being 译为"是"乃是逻辑或逻辑主义的理解，而译为"存在"则是哲学的理解。这显然没有看到"是本身"与"S 是 P"字面的相通，忽视了逻辑在形而上学中的应用和作用，消解了逻辑与哲学的关系。今天在关于 being 问题的讨论中，关于"是"的认识已经有了很大进步。但是相关认识和讨论更多地还是停留在翻译的层面，停留在 being 一词的含义层面，比如它是不是多义，是不是有存在含义，是不是应该按照不同语境来翻译它。应该承认，无论观点如何，这种讨论本身就是一种进步，但是我认为还应该更进一步，即从学科的意义上去理解，从逻辑与哲学的关系上去理解，这样才会真正获得关于 being 问题的认识。

亚里士多德称形而上学为第一哲学，这里的"第一"说的是认识的层次，与他说的"是本身"正好对应。无论这个观点是不是正确，已经无限接近关于先验性的说明。康德承认认识有经验的一面，但是明确强调先验性的一面。无论他说的上帝存在、灵魂不死、自由意志是不是有经验的成分，他的做法则是基于逻辑的纯粹性和科学性，提出了他的先验哲学的概念和方法，希望最终可以使形而上学成为科学。黑格尔从逻辑出发，提出没有任何规定性的概念"是"和"不者"，以此构造起他的哲学体系。无论他的哲学体系有什么问题，受到什么样的批评，其中哲学与加字哲学的区别却是清楚的：形而上学是先验的，而达到包罗万象结果的，比如自然哲学、历史哲学和法哲学，显然是与经验相关的。维也纳学派认为，一切形而上学的命题都是没有意义的。这一观点依据两条原则。一条是逻辑证明，一条是经验证明。这个观点是不是有道理姑且不论，它的两条原则清楚地表明，形而上学不是经验性的研究。弗雷格说，句子的涵义是思想，句子的意谓是真值，在意谓层面，一切细节都消失了。无论人们是不是赞同他的说法，至少他指出了一种思考问题的方式。所谓细节消失，即失去了与经验相关的东西，这就说明，关于真值的考虑（用我的话说，关于句子真之条件的考虑），乃是先验的。

纵观哲学史，我们可以看到一种清晰的关于形而上学的研究。它与语言相关，与逻辑相关。由于逻辑经历从传统到现代的变化，因此形而上学的研究过程也显示出相应的变化，比如从"是"到"真"的变化。但是自始至终有一点没有变，这就是它的先验性。在我看来，推进和发展形而上学的研究，一定要认识到，形而上学研究是先验的，它是关于认识本身的认识，由于逻辑是与认识相关的，因此形而上学研究天然地和逻辑联系在一起。所以我们应该重视对逻辑的学习和研究，重视对逻辑与形而上学之间关系的认识和研究。罗素说，逻辑是哲学的本质，真正的哲学问题都可以还原为逻辑问题。不必深究他的话，字面上即可以看出，逻辑与哲学不可分割。如果认识到逻辑是先验的，则也可以认识到，这里无疑也在说，哲学问题乃是先验的，而不是经验性的。我赞同罗素的观点。假如人们觉得这个说法太强，我建议可以将它改为：哲学的本质是逻辑。我的解释是，重要的哲学问题乃是需要借助逻辑的理论和方法来探讨的。这样的研究是无法加字的，因为它是先验的。

以上认识是基本的。下面我们要做的是，借助那些为形而上学做出重要贡献的哲学家的相关论述，进一步将形而上学的面貌展现出来，并通过这一展现过程，揭示形而上学的实质，从而为我们今后的研究奠定基础，提供帮助。

第二章　亚里士多德的范畴理论

亚里士多德是形而上学奠基人，对形而上学的研究和发展做出重要贡献。范畴理论是他的著名理论之一，在哲学史上影响极大，一直是人们研究的重点。在我看来，范畴理论是亚里士多德早期形成的理论，但是后来在形而上学研究中起着重要作用，因此是与认识本身研究相关的重要理论。我们首先论述这一理论，从它进入亚里士多德的形而上学，由此确立形而上学研究的路径。

范畴一词的希腊文是 kategoria，有谓词、谓述、断定、指控等含义。该词在苏格拉底和柏拉图时期就被应用，在亚里士多德这里成为专门用语。在亚里士多德研究中，人们对这个词的探讨很多，看法也不一致，翻译也不相同。这些情况如今已是哲学史研究的常识，至少在亚里士多德研究中已是基本共识，因而不必多说[①]。我们直接进入理论探讨。

一、两个范畴理论

亚里士多德的范畴理论非常出名，主要来自他的《范畴篇》。随着研究的深入，人们发现，他在《论辩篇》中还有一个范畴理论，有人甚至认为，后者才是他的真正的范畴理论。这两个范畴理论都完整地给出十种范畴，而且基本一样，区别

[①]　这方面的研究成果很多，例如参见 Ackrill, J.L.: *Categories and De Interpretione*, Oxford 1963; Ebert, T.: Gattungen der Prädikate und Gattungen des Seienden bei Aristoteles, in *Archiv für Geschichte der Philosophie*, no.2, 1985; Frede, M.: Categories in Aristotle, in *Studies in Aristotle*, ed. by Dominic J. O'Meara, The Catholic University of America Press 1981; Öhler, K.: *Aristoteles: Kategorien*, Darmstadt, 1984. Aristotle: *The Works of Aristotle*, vol.I, ed. by Ross, W.D., Oxford, University Press, 1971; Aristotle: *The Organon* (Ⅰ), William Heinemann LTD, Harvard University Press, 1934; Aristoteles: *Kategorien/Lehre vom Satz*, Felix Meiner Verlag, Hamburg, 1974.

仅仅在于其第一个范畴不同:《范畴篇》中是"实体"(ousia),《论辩篇》中是"是什么"(ti esti)。研究这两个范畴理论哪一个在先,哪一个更重要,属于哲学史研究的范围,不是我们这里要考虑的内容。我们把这两个理论都看作亚里士多德的范畴理论,我们要考虑的是,关于它们,亚里士多德有些什么样的论述,这些论述与他的形而上学有什么关系,对他的形而上学有什么样的影响。由此我们进一步思考,他的范畴理论是一个什么样的理论,由此出发,他的形而上学具有什么样的性质和特征。

《范畴篇》的范畴理论出名,除了来自其书名外,还来自其中对第一实体的论述:

> 【引文 1】实体,在其最严格、第一层和最根本的意义上说,乃是这样的:它既不谓述一个主体,也不出现在一个主体之中,比如这个个体的人或马。但是在第二层意义上,所谓实体是这样的:它们作为种,其中包含着第一实体,就像属也包含种一样,比如这个个体的人包含在"人"这个种中,而这个种又包含在"动物"这个属中。所以,这些,即"人"和"马"或种和属,被称为第二实体。(2a10-20)①

这段论述非常出名,来自《范畴篇》第五章第一段。这一章随后的论述很多,都是围绕这一段的。这一段区别出第一实体和第二实体,区别出个体和类,在类中又区别出种和属,并且明确地称个体事物为第一实体,称类事物,比如种和属为第二实体。应该说,这些论述非常清楚,没有什么歧义。由于后来在《形而上学》中亚里士多德再次谈到实体,因此这里的论述也成为讨论形而上学的依据。

既然是对实体做出区别,区别的依据就引人注意。这里提到两条原则(假如可以称之为原则的话),一是谓述主体,二是出现在主体之中。它们是在第二章给出的。亚里士多德对"谓述主体"没有解释,对"出现在主体之中"的解释是不能离开所说的主体而存在,意思是依附于主体。但是对这两条原则,亚里士多德给出举例说明,比如"人"谓述这个个体的人,"动物"谓述"人",所以这

---

① Aristotle: *The Works of Aristotle*, vol.I, ed. by Ross, W.D., Oxford, University Press, 1971 ; Aristotle: *The Organon* (I), William Heinemann LTD, Harvard University Press, 1934 ; Aristoteles: *Kategorien/Lehre vom Satz*, Felix Meiner Verlag, Hamburg, 1974. 以下引文只注标准页码。

个个体的人是人，也是动物。"白的"出现在一个物体中，所以它也可以谓述一个个体的东西，比如说它是白的。在亚里士多德看来，有了这样的区别，就可以获得一些清楚的认识，比如"颜色"可以谓述"白的"，但是不能谓述白的东西，即可以说这东西是白的，可以说白的是颜色，但是不能说这白的东西是颜色。这样他区分出十种范畴，并对它们做出说明。

在亚里士多德关于范畴的说明中，他关于实体的说明最多，也最充分，被认为是最重要的。而在关于实体的说明中，最重要的有几点，一是如引文对第一实体和第二实体做出区别，比如他说第一实体是构成所有事物的基础的东西，其他所有东西则要么谓述要么出现在第一实体之中。二是对第二实体做出更多的说明，比如他说种和属都是实体，但是它们与个体的东西不同，因而形成第一实体与第二实体的区别。此外，它们都与个体相关，但是，它们与第一实体的关系是"谓述"关系，而不是"出现"的关系。第三，同样与第一实体相关，关系却不相同：种与第一实体的关系比属与第一实体的关系更近。比如"人"比"动物"离这个个体的人更近，"树"比"植物"离这棵个体的树更近。

我认为，把握亚里士多德关于实体的论述，认识他所依据的两条原则十分重要。他将"谓述主体"作为自明的原则陈述，似乎是认为"谓述"和"主体"这两个词的意思是自明的，因此我们要在自明的意思上来理解。"谓述"指语言表达方式，并且指一种主谓结构中谓语的表达方式。它所针对的是主语，因此这里所说的"主体"应该是主语或者可以是主语。考虑到古希腊人不太区别语言和语言所表达的东西，他们认为语言是用来表达事物的，因此这里的"主体"指主词所表达的东西。所以，"谓述主体（词）"实际上是从语言角度出发的，依据的是句法方面的考虑。由此可见，不管"出现在主体之中"这一原则是不是清楚，无论亚里士多德的解释是不是清楚，至少依据"谓述主体（词）"这一原则可以看出，这里的区别是可以从主谓形式上去考虑的。比如个体的东西不能谓述类的东西，因此只能被谓述（做主词），类的东西可以谓述类的东西，也可以谓述个体的东西，因此既可以被谓述（做主词），也可以做谓述（做谓词）。

认识到这一点，也就可以看出，亚里士多德所说的实体，不仅包含个体，也包含种和属，即类。所以，他说的范畴并不是关于谓词的说明，而是关于一般语词的说明，用他自己的话说，是关于"非符合表达式"（1b25）的说明。所谓非复合表达式指的不是像"人跑"这样的句子，而是像"人""牛""跑""获胜"这样的词（1b15）。所以，实体这一范畴首先从对于一般词的说明中划分出来，是关于一般语词的说明，适用于一般语言情况，但是由于它的意思有些多样，因此需要做专门的说明。

以上认识是必要的。此外还应该看到，亚里士多德关于实体的论述并不仅仅是关于语言方面的说明。特别是，他区别第一实体和第二实体，最主要的还是关于认识方面的考虑。比如他强调第一实体和其他所有事物的区别，这样就把个体的东西与类的东西区别开来，也与其他东西，比如质、量、关系等等区别开来，而他强调只有种和属是第二实体，这样就把实体与非实体，比如质、量、关系等等区别开来：

【引文2】因此，除了第一实体，其他事物中只还有种和属可以配称为第二实体，这是因为，在所有谓词中只有这些才传达关于第一实体的认识。我们正是通过陈述种或属来恰当地定义任何个体的人；通过陈述种，我们就比陈述属而使我们的定义更精确。我们陈述的所有其他东西，比如他是白的，他跑等等，都与定义无关。（2b30）

这里显然是在强调第二实体的重要性。但是在我看来，更重要的是这里对这一强调的解释：只有第二实体"才传达关于第一实体的认识"。这就说明，第二实体是与认识相关的。所以，表面上看，亚里士多德关于范畴的论述，关于实体的论述是与语言相关的，但是实际上却是与认识相关的。即便他关于认识的直接论述并不是很多，但是这段话无疑显示出他关于认识的考虑。人们可以认为，正因为第二实体有这样的认识作用，他才刻意区别出第二实体并予以强调；也可以认为，他是通过区别第一实体和第二实体，才获得这样的认识。无论如何，他的相关区别和论述是与认识相关的。在我看来，这才是至关重要的。此外，这与后面关于形而上学的讨论相关，因此对它的理解和认识就非常重要。

值得注意的是这里还谈到定义，谈到定义中种和属的作用，这就说明，种和属是在定义中出现的。定义与说明相关，无疑也是与认识相关的。这里还给出"他是白的"这样的例子，以此说明陈述方式。定义也是陈述方式，这就说明，种和属都是以类似的方式表述的，比如"他是人"，"他是动物"。

第一实体构成所有东西的基础，只有第二实体才传达关于第一实体的认识。

这样，亚里士多德关于实体的论述不仅与认识相关，而且与认识的表达方式相关。亚里士多德认为：

【引文3】所有实体似乎都意味着这东西。在第一实体这里无疑是真的：它表示这东西。在第二实体的情况，比如当我们说"人"或"动物"的时候，我们的语言形式使人觉得我们这里也在指是个体的这东西，但这严格说不是真的。因为第二实体不是一个个体，而是一个具有某种性质的类；因为它不是像第一实体所是的那样单个的东西；"人""动物"这些词可以谓述多于一个主体。（3b10-15）

这段话依然是在区别第一实体和第二实体，也没有更多新的东西。值得注意的是这里提到的"这东西"（tode ti）。很明显，"这东西"指个体事物。实体（ousia）与这东西相关，因为有第一实体，而第一实体是个体的东西。但是还有第二实体，而第二实体不是个体的东西，而是类，因此在与这东西相关的意义上就会出现问题。这里的问题与语言形式相关：第二实体的表达方式会使人觉得指个体的东西，比如"人"也可以指个体的人。在亚里士多德看来，严格地说，这是有问题的。因为没有区别个体的东西和类的东西。换句话说，一定要区别第一实体和第二实体。

亚里士多德关于实体还有许多论述，以上论述足以说明，通俗地说，在语言表达上，第一实体只能做主词，不能做谓词，第二实体既可以做主词，也可以做谓词。在认识上，前者是其他所有事物的基础，只有后者才表达出关于前者的认识。

以上是亚里士多德在《范畴篇》中关于实体的论述，下面我们看《论辩篇》中关于范畴的论述：

【引文4】我们必须区别发现了上述四种形式的谓词的类。这些类是十种：是什么、量、质、关系、地点、时间、位置、状态、活动、遭受。任何事物的偶性、属、固有属性和定义都应在这些范畴之中，因为任何通过这些谓词所形成的命题都表达事物的本质，或者事物的质或量，或者其他一种范畴。（103b-25）①

---

① Aristotle: *The Works of Aristotle*, vol.I, ed. by Ross, W.D. ; Aristotle: *The Organon* (Ⅱ), William Heinemann LTD, Harvard University Press, 1960.

这段论述非常清楚，谈到十种范畴，第一个范畴乃是"是什么"（ti esti），除此之外，其他范畴与《范畴篇》的相同。因此就有一个问题：同样谈论范畴，同样是十个，其他九个都一样，为什么第一个会不同呢？

在我看来，这主要是和亚里士多德论述的问题不同有关。在《范畴篇》中，所谓范畴是关于一般语词的分类说明，而这里则是关于谓词的分类说明。这从第一句话可以看得非常清楚：先是考虑了关于谓词的分类，而关于范畴的说明则是对谓词分类的进一步说明。关于一般语词的说明当然不能限于谓词，还要涵盖主词，因此要考虑个体词，即表达个体的用语。但是在专门考虑谓词时却可以不考虑主词，因而基于谓词分类的说明就可以不考虑主词，而只考虑谓词。这样也就说明，"是什么"乃是谓词表达的东西。

为了更好地说明这个问题，可以借鉴一下亚里士多德关于四谓词的分类原则。它们是两条：一是看谓词与主词是否可以互换；二是看谓词是否表达"是什么"。二者相加就有四种情况：其一，可互换且表达是什么，这样就是定义，比如"人是两足直立行走的动物"；其二，可互换但不表达是什么，这样就是固有属性，比如"人是会语法的动物"；其三，不可互换但表达是什么，这样就是属，比如"人是动物"；其四，不可互换且不表达是什么，这样就是偶性，比如"人是白的"。这样就得到四种谓词，即关于谓词的分类和说明。

可以看出，第一条原则是语言层面的，是关于句法方面的考虑。谓词是对主词的表述，位置是明确的、固定的，因此换位只有两种情况。所以这条原则是明确的。在亚里士多德看来，表达个体的词只能做主词，不能做谓词，因此从分类原则看，他的相关考虑基本上是关于类的考虑。应该看到的是，亚里士多德认为属说明种，凡是种所适合的东西，属也适合。因此在他看来，尽管他的四谓词理论是关于类的说明，但是也适用于个体。

比较《范畴篇》和《论辩篇》中关于第一范畴的区别，我们可以看出，亚里士多德的范畴理论既有关于一般语词的考虑，也有关于谓词的考虑，因此他的论述是与语言的表达情况相关的。《论辩篇》中的考虑是非常明确地与谓词相关的，因而是与句子相关的。《范畴篇》的考虑也有非常明确地与谓词相关的考虑，比如第一条原则"谓述主体（词）"，还有举的那些例子。所以，范畴理论是与谓词的表述相关的，是与句子相关的。句子是表达认识的，而实体和是什么，在语言形式上是谓述主体的，实际上则是关于事物的表述，因而是与认识相关的。所以范畴理论是与认识相关的，或者归根结底是与认识相关或可以与认识相关的。《论辩篇》的论述可以看作明确关于逻辑的考虑，形成的四谓词理论也可以看作第一个逻辑理论，因而关于范畴的相关论述可以看作是受其逻辑的考虑和理论的影响。《范畴篇》的论述可以看作是关于一般语词的考虑，形成的范畴理论可以看作与逻辑无关。因此，两著关于第一个范畴的区别可以看作是涉及逻辑的认识而产生的结果。首先，依据逻辑的考虑，第一个范畴涉及个体和类以及它们之间的区别和关系。亚里士多德明确了"是什么"乃是关于类的考虑，因而排除了关于个体的考虑。不依据逻辑的考虑，第一个范畴涉及语言的使用以及在不同使用时的不同含义。亚里士多德指出了"实体"一词的多种含义：既包含着关于个体的考虑，也包含着关于类的考虑。其次，在建立逻辑理论因而排除关于个体考虑的时候，亚里士多德依然认为他关于谓词的论述，比如关于属和种的论述也适用于关于个体的论述。也就是说，他的逻辑理论排除关于个体的考虑，却可以适用于个体。而在一般性讨论因而包含了关于个体考虑的时候，亚里士多德却认真区别第一实体和第二实体，即强调个体和类有根本性的区别。第三，在形而上学讨论中，亚里士多德将两个范畴理论融为一体，不做区别。但是，他知道第一实体的区别及其认识，因而知道个体与类是有根本性区别的，不仅如此，他还认识到，个体在认识的过程中具有重要作用，类也具有重要作用。但是在关于认识的说明中，类具有更为重要的作用。所以，一定要认真区别个体与类，一定要基于这一区别来建立起关于认识的理论，该理论不仅要包括关于类的说明，而且要包括关于个体的说明。在这一点上，他的范畴理论是一致的。换句话说，他在两处对范畴的论述是有区别的，但是他的基本思想是一致的。

二、"是什么"与其他范畴

《形而上学》第四卷提出要研究"是本身"，并且指出，一门科学研究"是"的一部分，而哲学研究"是本身"，亚里士多德称这种哲学为第一哲学，这就是后人所说的形而上学。所谓关于是的一部分的研究，亚里士多德是通过举例说明的，比如数学研究什么是偶数、什么是奇数，医学研究什么是健康、什么是疗效，等等。但是关于"是本身"的研究，则需要专门的说明。《形而上学》的核心卷是第七卷，该卷共十四章。第一章具有导论意义，揭示了形而上学研究的对象和性质，也勾勒了进一步研究的途径。该章有三节，第一节开始部分如下：

【引文5】正如我们在本书前面论述词的各种意义时指出的那样，人们可以在好几种意义上说一事物是；因为在一种意义上，"是"表示的是一事物是什么或这个，而在另一种意义上，它意谓质、或量或者其他一种像它们一样谓述的东西。由于"是"有所有这些含义，显然所是者最主要地乃是是什么，这表示事物的实体。因为当我们谈到一事物是什么质的时候，我们说它是好的或坏的，而不说它是三肘长或它是一个人；但是当我们说它是什么的时候，我们不说它是白的、热的或三肘长，而说它是一个人或一个神。所有其他东西被说是，乃是因为它们有些是这种第一意义上是者的量，有些是它的质，还有一些是它的属性，还有一些是它的其他属性。①（1028a10-20）

这段话主要有两个意思，一是说明"是"一词是多义的，二是说明它有些什么含义。前一个意思与第四卷提出的"是本身"相对应，后一个意思乃是表明这一研究的初始陈述。这些意思是比较明确的，不必多说什么。我们要考虑的乃是与范畴相关的论述。

在关于是的多种含义的说明中，亚里士多德谈到是什么、质、量等东西。这恰恰是引文4所给出的前三个范畴，"或者其他……"这一表达式显然是省略式的：省略的则是其他范畴。由此可见，在关于是的多义性的说明中，亚里士多德借助了范畴理论。或者，借助亚里士多德的范畴理论则可以看出，这里关于谓述的说明是清楚的，是容易理解的。

最容易理解的是这里出现的举例说明：比如借助"是人""是神"来说明是什么，借助"是三肘长"来说明量等等。直观上可以看出，"人"和"神"乃是类概念，因而这里乃是借助类概念来说明是什么这一范畴。这与范畴理论的论述是一致的。

---

① Aristotle: *The Works of Aristotle*, vol. 8, ed. by Ross, W. D., Oxford; *Aristotle' Metaphysics*, translated with notes by Kirwen, Ch., Oxford 1971; *Aristoteles' Metaphysik*, Bücher Ⅶ-ⅩⅣ; griech.-dt., in d. übers. von Bonitz, H.; Neu bearb., mit Einl. u. Kommentar hrsg. von Seidl, H., Felix Meiner Verlag 1982; Frede, M./ Patzig, G., C.H., *Aristoteles'Metaphysik Z'*, Text, Übers. u. Kommentar, Beck'sche Verlagsbuchhandlung, München 1988, Band Ⅰ; *Aristotle's Metaphysics*, Books Z and H, translated and with a commentary by Bostock, D.. 以下译文只注标准页码。

　　这里对范畴做了一个分类，即是什么与其他范畴的分类。这也是比较容易理解的。"是什么"乃是《论辩篇》中的第一个范畴，与其他范畴有根本性的区别。这与范畴理论的论述也是一致的。

　　值得注意的是说明中还提到"实体"，并强调，一事物的"是什么"表示的乃是"实体"，因此二者似乎是等价的。"实体"乃是《范畴篇》中的第一个范畴，与其他范畴有根本性区别。这就表明，"实体"与"是什么"同属十范畴之首，与其他范畴相区别，乃是有相似之处的。如前所述，由于有第一实体和第二实体的区别，因此在第二实体的意义上，实体与是什么就是等价的。

　　应该说，以上与范畴相关的论述都是比较清楚的，引文5的相关意思大体上也比较容易理解。但是其中提到的"这东西"可能会产生问题。"这东西"指个体的东西，因此它与"是什么"并列在一起就显得有些怪。"是什么"显然不是指个体的东西，因此一个指个体的东西的表达式与一个指类的表达式并列在一起，该如何理解？"是什么"是一个范畴类，"这东西"显然不是这样的东西，因此将一个指范畴的东西和一个与范畴没有关系的东西并列在一起，该如何理解？范畴是对谓词或谓述方式的划分和说明，"这东西"显然不属于谓词或谓述方式，因此对它们的并列该如何理解？

　　我认为，仅仅从语言形式上看，以上问题确实难以理解。从这段话整体看，亚里士多德说的是谓述方式，依据的是范畴理论，因此"是什么"和"这东西"应该在而且只能在谓述形式和范畴理论的意义上来理解。在范畴理论的意义上，"是什么"这一表述没有问题，而"这东西"明显有问题，因为它不属于范畴，与范畴理论没有关系，因而不能依据范畴理论来理解。从谓述方式看，"是什么"也没有问题，而"这东西"似乎有问题，因为它不是谓词，不是谓述方式，因而不能在谓述的意义上来理解。因此质疑亚里士多德把这样两个完全不同的东西放在一起，似乎就是有道理的。但是在我看来，如果可以区别语言、语言所表达的东西和语义，这个问题就可以获得一种合理的理解。

　　"是什么"说的是范畴，似乎是语言层面的东西，比如谓述方式，实际上却不是语言层面的东西。它也不是语言所表达的东西，而是关于语言所表达的东西的说明，因此应该是语义层面的东西。对照质、量等等，结合举例，可以看得更加清楚。比如"他是人"是一个句子，这是语言层面的，它的涵义是它所表达的东西，比如两足的、直立行走的等等。而"是什么"则是关于这样表达的东西的说明。认识到这一点也就可以看出，"这东西"与"是什么"并列，也可以是关于一个谓述表达式所表达的东西的说明。这里的区别仅仅在于，"是什么"既可以是关于个体的表达的说明，也可以是关于类的表达的说明，而"这东西"只能是关于个体的表达的说明。二者并列的方式表明，这里有提示的意思，或有强调的意思。

"是什么"这一范畴与引文4中相同，那里明确是关于谓词的类的说明，因此与谓词和谓述方式相关，这里的意思也应该是一样的。最保守地说，这里的论述难免会与那里的意思联系起来，因而谓述的意思非常明显。如前所述，引文4中所说的范畴与四谓词理论相关，而四谓词理论的分类原则表明，定义等谓词是关于类的说明，即其主词都是类表达，排除了个体词。这里在谈论是本身，考虑的无疑是"S是P"这种方式，因此主要考虑和说明的显然是谓述方式。"是什么"乃是典型的谓述方式。但是，"是什么"不仅适用于关于类的表达，而且也适用于关于个体的表达。所以，这里的"这东西"就是一种补充说明，即关于个体的东西的表达的说明。

联系引文中所说的"实体"也可以看出，这里所说的"是什么"相当于实体，二者是等价的。在第二实体的意义上理解，这当然没有问题。但是这里没有对主词的表达做出区别，换句话说，若主词所表达的也是第二实体，则"是什么"没有任何问题，比如"人是动物"。若主词所表达的是第一实体，比如"这个人是人"，其实也没有问题。尽管"这个人"表示个体的东西，但是这里主要强调的"是人"依然是"是什么"。现在可以看出，"是动物"所表达的不是这东西，即不是个体的东西，而"是人"所表达的乃是这东西，即个体的东西。二者是有区别的，因此这里强调"这东西"的意义显示出来。也就是说，同样的"是什么"，同样是关于主语的表达，实际上却是有区别的。更明确地说，这就是个体和类的区别，这就是关于个体的说明和关于类的说明的区别。

联系引文3也可以看出，实体与"这东西"相关，但是会有第一实体和第二实体的区别，因为第一实体才是个体的东西。值得注意的是亚里士多德明确提到"语言形式"，这说明他是有关于语言方面的考虑的。他明确地说，"人"和"动物"可以谓述多个主体。从第二实体的意义上说，它们是类，从谓述方式看，它们可以是关于类的表达，也可以是关于个体的表达。关于个体的表达，无论方式如何，比如以是什么的方式，或以质或量的方式，所表达的依然还是个体的东西，还是关于个体的东西的表达，这样所表达的东西终究还是个体的东西，因而是这东西。所以，"这东西"不是关于谓述方式的说明，而是关于谓述方式所表达的东西的说明，而且是在"是什么"的基础上的一种补充说明。

在进一步的论述中 ①，亚里士多德提到是与是者，谈到对是的规定性，并由此谈到实体是第一性的东西，然后展开对第一性的论述：

> 【引文 7】现在，"第一性"是在许多意义上使用的。然而，在各种意义上，实体都是第一性的，无论是根据定义，还是根据认识和时间。因为没有东西能够与其他种类的规定性分离；只有实体可以做到这一点。因此实体根据定义也是第一性的。因为在定义中必须包含着实体的定义。而且我们认为，当我们知道一事物是什么，比如人是什么，火是什么，而不是仅仅知道它的质，它的量，或它的地点的时候，我们才最完全地知道它。因为我们只有知道量或质是什么，才能知道这些性质。（1028a30-1028b5）

这段话谈论实体的第一性，而在论述中谈到定义，这就说明定义与实体相关。前面说过，定义是四谓词中的第一类，既与主词可换位，又表达主体的本质，因此在谓词中占据重要位置。

需要思考的是，这里谈论第一性，却没有提到"这东西"。这里明确说到"定义中必须包含着实体的定义"，也没有谈及"这东西"。而在具体说明中所举的例子，比如"人是什么"即意味着"人是动物"，因而与前面的论述相同。这就说明，在亚里士多德的论述中，实体是第一位的，而这里说的实体主要是谓述意义上的东西，因而是"是什么"意义上的。这样也就说明，前面提到的"这东西"乃是

---

① 【引文 6】因此人们可能确实会对"行走""是健康的""坐"这样的词产生疑问：它们是不是涉及是者，对其他类似的情况也是如此。因为它们各自是不能自身存在或与是其所是分离的，相反，在一般情况下，坐的东西、行走的东西和健康的东西属于是者。因为这些东西似乎更是是者，这是因为有一些确切的规定性构成它们的基础，而这种规定性是实体和个体的东西，它以这样一种表达方式表现出来。因为，没有这种规定性，是善的东西、坐的东西是不能被称谓的。因此可以看出，只有通过本质，有上述规定的东西才是。由此可以得出，那种是第一性的——不仅是特定意义上的，而且是绝对的——东西就是实体。（1028a20-30）

一种补充性说明。

特别需要注意的是，这里不仅说明定义与实体的关系，而且说明定义和实体与认识的关系：只有知道一事物是什么，才最完全地知道它，即充分认识它。由此不仅说明实体与其他范畴在认识中是有区别的，更重要的是说明，关于实体的考虑，关于与实体相关问题的考虑，乃是与认识相关的。

经过以上讨论，亚里士多德明确了实体的重要性，因此将关于是本身的考虑的问题转为关于实体的考虑的问题①，并由此转入关于实体的讨论。

三、讨论实体的方式

从提出研究"是本身"，到分析"是"的多义性，进而依据范畴理论做出两个分类：一方面是实体；另一方面是质、量、关系等其他范畴。这样就把实体凸显出来，因而可以展开对实体的研究和论述。非常明显的是，实体与"是"相关，因而有望通过关于实体的论述而达到关于"是本身"的说明。同样明显的是，"是"乃是系词，是联系主谓的用语，分析"是"的多义性首先涉及的乃是谓述方式，因而从"是什么"出发。这就说明，亚里士多德关于是本身的研究，关于是的多义性的研究，乃是从范畴理论出发的，是与范畴理论密切联系在一起的。不太明显的是，"是什么"和"实体"都是范畴，都属于范畴理论，所以亚里士多德可以根据需要任意使用这两个表达式。它们有很大的相似性，因此亚里士多德的使用方式没有问题，但是它们毕竟还是有区别的，所以亚里士多德在"是什么"后面补充了"这东西"。他的本意是想指出"是什么"在实体意义上的区别，但是由于没有区别语言、语言所表达的东西和语义，因此他的说明并不是特别清楚，给人们的理解带来一些问题。当然，对于亚里士多德本人来说，这些也许不算什么问题，他认为他的相关认识是清楚的，而且他会以为，他的表述也是清楚的。

明确了实体作为研究的对象，就进入了关于实体的研究。实体这个词明显是

---

① 【引文8】这个早就提出并且仍在提出而且总是要提出的问题，这个总是充满疑问的问题，即"是乃是什么？"，恰恰是这样一个问题：实体是什么？因为恰恰是这个问题，有人说是一，又有人说是多，有人说是有限的，有人说是无限的。因此我们必须主要地、首要地，而且几乎专门地考虑：一种东西，它是这种意义上的是者，这种东西究竟是什么？（1028b5-10）

有歧义的，比如亚里士多德自己就区别过第一实体和第二实体。所以，亚里士多德在展开讨论之前，对实体一词的含义做出说明：

【引文 9】实体一词即使没有更多的含义，至少也要有四种主要用法；因为本质和普遍的东西和属被看作是各事物的实体，第四还有基质。（1028b35）

实体的四种用法说明它有四种含义，即本质、普遍的东西、属和基质。指出这四种用法，随后也就可以分别依据它们展开关于实体的讨论。"本质"①放在第一位，显得很重要。"基质"②与其他三种用法形成区别，独具特色。它们与定义相关，与认识及其表达相关，因此至关重要。我们下面不考虑其他用法，重点讨论这两种用法。

本质这一概念是与范畴理论密切相关的。从四谓词理论的角度看范畴，其中一种谓词是定义，这也是最重要的谓词。因而可以从定义的角度来看本质。具体而言，定义是关于一种谓述方式的称谓，定义的方式是属加种差，定义所表达的就是本质。由此可以看出，一个对定义及其相关问题的认识，即便不展开论述，字面上就已经至少包含、涉及引文 9 提到的一三两种用法。所以，形而上学关于实体的讨论与定义的联系是非常密切的。

若是展开一些，则可以看到四谓词理论中一些关于定义的具体论述，包括关于定义的说明，比如"定义是表达事物本质的词组"（102a），关于定义方式的说明，比如"定义的要素一个是属，另一个是种差，并且只有属和种差在本质范畴中起谓述作用"（154a25），以及关于正确的和错误的定义方法的说明等等。在这些讨论中，最重要的就是种和属的关系：种是下位概念，属是上位概念，种被属说明，属是说明种的。有了这些讨论，形而上学中关于本质的讨论就不是凭空产生的，也不是没有来源和基础的：四谓词理论中所有相关讨论，因而关于"是什么"这种范畴的认识，都成为形而上学中关于实体讨论的基础，其中用到的概念，比如定义、本质、属、种、种差等等，都可以被看作是自明的。也就是说，这些

---

① to ti en einai 一词通常被译为"本质"（essence，Wesen），后者也成为哲学史上一个反复使用和讨论的用语。近年来国内也有人译为"是其所是"，我觉得也很有道理，它凸显了希腊文字面上的"是"。这里我们从众使用"本质"一词。

② hupokeimenon 一词的意思是构成基础的东西（substrutam，Zugrundeliegende），这里从众采用"基质"这一译语。

概念在《论辩篇》中是需要讨论和说明的，而在《形而上学》不必再做任何说明，直接拿来使用就可以。实际上也是如此，比如下面的论述：

> 只有那些其表述是定义的东西才有本质。（1030a5）
>
> 除了首先命名的属和种差，定义中没有别的东西。（1037b30）
>
> 凡不是一个属的种的东西就不会有本质，只有种才会有本质。（1030a10）

这些论述说明，定义所表达的乃是本质，定义是关于种的，定义的对象是种，只有种才有定义，定义依靠属加种差。所以，离了属不能定义，只有属也不能定义。所以亚里士多德认为，本质才是实体，属不是实体，普遍的东西不是实体。这就说明，与实体最直接相关的是属和种，但是定义才是实体。

从《范畴篇》中的范畴理论看，属和种都属于第二实体，与第一实体形成区别。这样，不考虑关于个体的论述，不考虑关于本质的论述，至少关于种和属的论述都是与本质相关的，因此在《范畴篇》中所有关于种和属的论述都会成为形而上学中关于实体的论述、特别是关于本质的论述的基础，不仅如此，字面上它们就是一致的，即都是关于实体的论述。

"基质"这一概念与"本质"不同，从引文表述方式看，它们属于两类不同概念。不仅如此，关于本质没有进一步的说明，但是关于基质，紧接引文 9 就有一段说明："基质是这样一种东西，其他所有东西都谓述它，而它本身不谓述其他任何东西。"（1028b36）这似乎表明，本质概念不需要解释，而基质概念是需要说明一下的。换句话说，本质概念是自明的，而基质概念不是自明的。从前面的讨论可以看出，我们可以认为本质概念是自明的，因为在《论辩篇》中已经有了许多关于它的讨论，但是关于基质，相关讨论却不是那样多。

具体而言，这里关于基质的说明与引文 1 中关于第一实体的说明很相似，那里说，第一实体不谓述主体，也不出现在主体之中。因而似乎可以认为，这里关于基质的论述是在第一实体意义上说的，因而基质就相当于第一实体。在这种意义上我们可以认为，亚里士多德关于基质的论述同样依据了他的范畴理论。值得注意的是，与那里的论述不同，这里只说到谓述，因而只是在谓述的意义上说的，这样，即便这里所说的基质是第一实体，我们也要在谓述的意义上来理解，或者联系谓述的方式来理解，这样我们就要考虑，它被其他东西谓述。这样，亚里士多德关于范畴的论述再次呈现出来。

首先，所谓可以被谓述，即可以在语言层面考虑，可以从语言表达方式来考虑。所谓可以被谓述和不能谓述他物，意味着只能做主语出现，而不能做谓词出现，这说明，这样的东西是个体事物，而不是类，这样的表达是个体词，而不是表达类的词。其次，既然可以被说明，那么前面提到的各种范畴，即是什么、质、量、关系等等，也适用于它，可以是对它的说明。第三，亚里士多德明确说，只有认识一事物是什么，才最充分地认识该事物，因而在这些说明中，最重要的还是"是什么"。换句话说，在关于个体的说明中，最重要的依然是"是什么"。后者是实体，第一实体也是实体，因而当然是相关的。因而与是什么相关的东西，比如种和属，也可以是与基质相关的，即与个体相关的，因而可以适用于对基质的说明。最后，关于个体事物的考虑是有道理的，它不仅与实体相关，而且与引文5中所说的"这东西"也联系起来。形而上学所考虑的范围与《论辩篇》所考虑的范围不同：除了在关于"是什么"这一点上相同以外，还要考虑个体和与个体相关的情况，即考虑对个体的谓述情况。而这些考虑，在这东西和基质这里就体现出来。不仅如此，它们都是与实体相关的。这也说明，认为形而上学是关于实体的认识，或者，将关于是本身的考虑转为关于实体的考虑，乃是有道理的，也是自然的，顺理成章的。

但是在这里，一个问题出现了。范畴理论确实提供了关于实体的考虑：一个只与类概念相关，排除了关于个体事物的考虑，另一个有关于表达个体事物的词的考虑，却只是一般性的关于语词的考虑，只是在考虑中借助了谓述方式做说明。这样，依据范畴理论，虽然获得了关于实体的一些说明和认识，但是关于个体事物的说明充其量只是停留在语言表达形式上，即它的表达只能做主词，不能做谓词，而关于它是什么，并没有给出说明，因而还没有获得说明它的方式，从而也就没有获得关于个体事物的认识。引文9直接将基质提出，并且将它作为实体的一种用法，这样就需要对它做出说明：它与个体事物相关，但是它与个体事物是什么却不相关。不仅如此，与是什么相关的范畴理论和说明似乎不再适用，比如属加种差，因为这只适合于说明种，不适合于说明个体，这样就还必须提供新的说明方式，形成新的理论说明。亚里士多德给出的答案是：形式和质料。

形式和质料是亚里士多德并列提出的一对概念，以此来说明基质，后来一直被哲学家采用，对事物做出说明。对照关于本质的讨论（比如第4-6章），关于基质的讨论（比如第 7-9 章）要复杂得多，它涉及事物的生成和生成方式，比如自然生成和制造产生，难以理解的地方也多，后来人们在解释亚里士多德的相关思想时争论的问题也多。简单举例说，眼前有一个圆形的东西，我们说，这是一个铜球。因此也可以称眼前这个东西为这个铜球。这个铜球由两部分组成，一部分是形式，即被称为球的那种形状，另一部分是质料，即构成这种形状的铜料。它是被制作出来的。制作者需要有两种东西，一种是制作使用的材料，即一块铜料，另一种是关于被称为球的那种形状的东西的认识。他依据这种认识将这块铜料最终制成了这个铜球。直观上，这个例子是容易理解的，但是实际上，亚里士多德围绕这个例子有许多说明，结果带来许多问题。比如他说，制作一个这东西就是从最完整意义的基质来制作一个这东西；这个铜球不是基质，这个铜球的制成是偶然的，因为也可能制成其他形式；我们从这个是铜的东西制作了这另一个是球的东西。又比如他说，形式不是产生出来的，而是制造出来的，如果形式是可以制造的，那么在制造形式的时候就会有另一个依据的形式，这样就会产生无穷倒退，等等（参见 1033a25-1033b20）。这些论述无不涉及形式和质料的关系。直观上可以看出，关于质料的说明是清楚的，问题主要出在关于形式的论述方面。即便认为关于形式的说明是清楚的，依然可以看出，说明主要在形式方面，这至少说明，关于形式的说明是重要的。这里我们不是要考虑亚里士多德关于形式和质料的论述，因此不必在二者的关系问题上展开论述。我们要考虑的是与范畴理论相关的问题。由于形式这一概念与范畴理论相关，因此我们只考虑它。

　　首先我想指出的是，"形式"这个词的希腊文是 eidos，与前面所说的"种"（eidos）乃是同一个词。就是说，eidos 这个词大致有两种用法，一种是与"属"（genos）这个词对照使用，另一种是与"质料"这个词对照使用。当然也可以说，人们对这个词是这样理解的。正因为这样理解，在前一种用法，eidos 被翻译为"种"（species），表示下位概念，而"属"表示上位概念。而在后一种用法，即与质料对照使用中，eidos 被翻译为"形式"（form），表示与"质料"完全不同的东西或方面。这样的理解和翻译不仅被人们所接受，而且已经成为传统。这方面的研究和讨论很多，我们不必多说，但是有一点需要说明，这就是，无论是在"种"的意义上还是在"形式"的意义上，人们都认为 eidos 一词是与"是什么"的表述相关的^①。

其次，亚里士多德说的 eidos 在翻译著作中成为两个词："种"和"形式"，似乎也已经约定俗成。因此我们可以从众接受这两种不同译法，也接受通常的观点：逻辑中的考虑与形而上学的考虑是有区别的。但是在我看来，这里需要考虑的是，即便如此，"形式"和"种"这两个概念，或者说 eidos 一词的这两种用法，有没有相似之处？如果有，那么就可以认为，它们的含义是一样的，或者至少有相通的意思。这样一来，"形式"这一概念就与范畴理论发生联系，因而也可以认为，范畴理论对形而上学中关于形式和质料的论述是有影响的。

前面关于实体的引文虽然不多，但是足以表明：其一，亚里士多德区别第一实体和第二实体，称个体的东西是第一实体，称种和属是第二实体；其二，亚里士多德关于种和属的论述还与定义相关，与认识相关；其三，种和属与谓述相关，是关于个体事物的说明；其四，对定义而言，种的说明比属的说明更明确。从这些说明可以看出，种是对个体事物的说明，是具有类的性质的说明，这大概是其最典型的特征。而这种特征与形式的特征是相似的。形式也是关于个体事物的说明，比如在亚里士多德关于这是一个铜球的说明中，与"球"相关的东西被称为形式，人们称相关的认识为关于形式的认识，人们通过制作使这种形式在眼前这块铜料中体现出来，人们说眼前这个东西是一个铜球。所以，在这个例子中，质料"铜"的说明是清楚的，借助与它的区分和对应，形式"球"的说明大体上也是清楚的。由此也就说明，"种"与"形式"的意思差不多，或者可以说，它们的意思是相通的。

为了更好地说明这一点，我们再多看一段亚里士多德在《范畴篇》中关于种和属的论述：

---

① 比如波斯托克论述亚里士多德关于形式和质料的区分时说："人们应该注意这里有两点离开了逻辑著作的标准术语。其一，'eidos'这个词（我总是把它翻译为'形式'）在逻辑著作中与'属'相对照，被标准地译为'种'。不仅如此，给出一事物的 eidos，就是给出'它是什么？'这个问题的最可能的回答，而且很有可能，如果面对一个雕像，那么对'它是什么？'这个问题的最好回答将是'它是一个雕像'；这将不是对它的形状的一种描述。" Bostock, D.: *Aristotle's Metaphysics*, Books Z and H, translated and with a commentary, Oxford University Press, 1994, p. 72.

【引文10】在第二实体中，种比属更合适称为实体：它离第一实体更近，而属离第一实体更远。因为如果人们对第一实体问"这是什么？"，那么说出种比说出属会更有启发性，且会更适合于该实体。（2b5-10）

这里明确谈到"是什么"（ti esti），谈到第一实体，因而显然这是关于个体的询问，所以这里所谈的种和属都是关于个体事物的说明。这里还谈到"说出"，显然是指关于是什么的说明，这样，关于种和属的比较，尽管是比喻性的，但是依然可以明显说明，种是直接与个体事物相关的，而属不是：它可以与个体事物相关，但只是间接的，因为它是与种直接相关的。亚里士多德的相关和相似论述很多，比如"所有谓词中只有这些（种和属）传达关于第一实体的知识"（2b30）。这就说明，种乃是起谓述作用的，是对个体事物的表述，是关于个体事物的类的说明，是与个体事物直接相关，因而是对个体事物的最直接的说明。

认识到这一点也就可以看出，亚里士多德关于种的论述与关于形式的论述是相似的，而且是相通的，区别仅仅在于有没有关于质料的说明。严格说，在我们的引文中没有关于质料的说明。其实可以看到，在同样的论述中，亚里士多德关于属的论述只是与种相区别的，也没有关于种差的论述。但是，这并不妨碍他在关于定义的论述中谈论种差，并提出属加种差的定义，从而形成关于种的说明。以此类推，他在关于个体事物的说明中，当然也可以提出种加个体差，从而形成关于个体事物的说明。至于叫什么，大概是次要的，比如叫形式和质料，一如关于个体事物的称谓可以叫第一实体，也可以叫这东西。

还是以铜球为例。人们对眼前的这个东西说，这是一个铜球。因而有了如上那些说明。如果愿意，比如人们也可以对它说，这是一个金属质圆形的东西。人们固然可以说，铜球是金属质圆形的东西，因而以上那些说法是不错的。但是比较一下"铜球"和"金属质圆形的东西"这两个表达，很明显前一个对眼前这个东西的说明更清楚。比如我们可以说"铜球是金属质圆形的东西"，却不能换为表述。借助亚里士多德的表达方式，"球"显然是对眼前这个东西的更直接的说明，而说"圆形的东西"虽然不错，却不是那样直接。以种和属而论，二者都可以说明个体，但种是比属更好的说明。而若是以定义即关于事物的说明和认识而论，则形式和质料显然是更好的，或者用亚里士多德的话说，更有启发性，即更有助于对眼前事物的说明。

四、形而上学的性质和特征

亚里士多德的形而上学是关于认识的学说。他提出要研究"是本身",即是研究认识本身。他在研究中集中考虑"是",认为"是"一词有多种含义,因而进行区别,然后将研究确定在"是什么"上,并由此不仅提出实体问题,而且将关于"是"的考虑转换为关于实体的考虑,从而进入关于实体的研究。他在研究实体的过程中区别了实体的几种主要用法,从而集中研究其中的两种用法:本质和基质。假如可以勾画出他的研究思路,我认为是这样的:

是本身—是—是什么—实体—本质和基质。

亚里士多德的研究涉及的内容很多,前面的分析并没有涉及所有这些内容,仅以范畴理论为例进行了说明,而且我们只做了大体上的描述,并没有展开细节的论述。我们的目的是揭示范畴理论在亚里士多德形而上学中的作用。现在我们要做的则是:借助范畴理论的使用和作用来认识亚里士多德形而上学。确切地说,我们要说明的是,范畴理论所显示的他的形而上学的主要性质和特征是什么。

假如不区别亚里士多德的两个范畴理论,而是把它们看作一体,则可以认为,所谓范畴理论讨论了十种范畴。它们分为两类,一类乃是是什么和实体,另一类则是质、量、关系等其他九种范畴。而前一类是最主要的,是讨论并形成理论的重点。第一类范畴涉及个体的东西、类的东西,后者又分为种和属。它们之间的关系如下。

在语言方面,种谓述个体,属谓述种。比如"苏格拉底是人","人是动物"。个体只能被谓述,不能谓述其他东西。种既可以谓述个体,也可以被属谓述。属既可以谓述种,也可以谓述个体,比如"苏格拉底是动物"。

在认识方面,个体的东西是基础性的,不仅对种和属而言是基础性的,对于其他所有范畴来说也是基础性的,因为个体的东西是有质、量等性质的,比如苏格拉底是白的。种是对个体的说明,属是对种的说明。尽管属也可以谓述个体,但是在关于个体的说明中,种的说明比属的说明更加适合。所谓更加适合指的是:说明一事物,即说明它是什么。说明具有启示作用,帮助人们认识所说明的东西。在这种情况下,作为分类,种是个体最临近的,而属离个体较远。所以种可以起到更好的说明作用。说明是如此,认识也是这样。

在逻辑方面，种与属的关系是类与类的关系，个体与种的关系是个体与类的关系，二者具有根本性的区别。四谓词理论是逻辑理论，排除了关于个体词的考虑，因而阐述的是类理论。从这种理论出发，关于范畴的考虑集中在谓词上，因而集中在"是什么"上，从而形成定义理论，明确了属加种差的定义方法。依据定义理论来考虑认识，则可以看出，这是关于种的说明，也是认识种的方式：首先对种进行分类和归类，找到它的属，然后在其属中寻找它与其他并列的种的差异，即种差，由此建立关于种的说明。四谓词理论排除了个体词，是关于类的理论，但是并不排除它们也适用于个体词，一如亚里士多德说，凡是种所适合的，属也适合。这样，从四谓词出发关于是什么的考虑，可以看作是关于第二实体的考虑，但是实际上依然是与第一实体相联系的。通过分析可以看出，这里有一个区别，即理论的建立和理论的应用，二者是不同的。

形而上学是关于认识本身的研究，而就认识而言，最重要的显然是"是什么"，一如亚里士多德所说，我们只有知道一事物是什么，才会最充分地认识一事物。对事物进行分类和归类，无疑有助于关于事物的认识，但是这和充分认识一事物还是有距离的，因此需要更进一步的工作。

语言是表达认识的，是日常使用的，是经验的，可以对思考提供帮助。"是什么"是一种基本的表达方式，既是询问的方式，也是陈述的方式。因此可以将思考集中在它上面。"是什么"既可以是关于个体的表达，比如"苏格拉底是人"，也可以是关于类的表达，比如"人是动物"，还可以是关于其他范畴的表达，比如"红的"是一种性质，人们依然可以问："红的是什么？"并且说："红的是一种颜色。"这里的"颜色"所说的依然乃是是什么，而它所关于的却不是个体事物。亚里士多德时代对此没有区分，只是认为个体的东西是其他一切东西的基础，因而似乎可以看作是关于基于个体事物的东西的说明。从现代的观点看，即便像"红的"这样的表达式，也可以看作是专名，比如英文的 the red，或者看作是类名，即"红的东西"。不过亚里士多德时代没有这样的考虑，我们暂且不必讨论。特别需要考虑的是种和属这样的所谓第二实体。在语言层面上，它们是有区别的，种既可以做主词，被属谓述，又可以做谓词，谓述个体。属既可以谓述种，也可以谓述个体。而这样的谓述方式都是关于是什么的说明。因此从语言方面说，不仅要考虑种和属，而且要考虑个体，特别是要考虑种和属对个体的说明。

逻辑是与认识相关的，逻辑理论是在研究中获得的理论成果，因此在关于认识本身的研究中使用逻辑的理论方法，有助于关于认识本身的认识和说明。四谓词理论是与范畴相关的，与是什么这种表达认识的方式相关，因而可以借用和依靠。四谓词理论提供了关于类的说明，提供了关于属加种差的定义的说明。由于定义是关于本质的说明，与是什么直接相关，因此这方面的理论可以直接用来说明本质，即说明"实体"一词四种用法中的第一种。但是四谓词理论排除了个体词，因而排除了关于个体的考虑，这样就不适合于用来说明基质，即不适合用来说明关于个体事物的考虑。因此还需要其他考虑方式。

在我看来，在关于基质的说明中，四谓词理论即使不能直接使用，借鉴总是可以的，比如考虑它的构成方式，考虑它阐述问题的方式。从亚里士多德关于基质的讨论看，他很可能借鉴了四谓词理论的考虑方式。特别是，他在形成四谓词理论的过程中也有关于个体的讨论，但是为了逻辑理论的可靠性，他排除了个体词。然而，他明确认为他的四谓词理论也适用于个体，因为凡种所适合的，属也适合。所谓定义，即属加种差，乃是关于种的说明。这样的说明方式，即定义或属，在亚里士多德看来是不适合于个体的，这是因为其间隔着一个种。既然四谓词理论适用于个体，那么为什么不可以借鉴属加种差这种谓述方式来获得关于个体的说明呢？属加种差有两步，一是分类和归类，二是寻找差异。而种关于个体的说明本身无疑含有分类和归类，这样需要的就是寻找差异。正是在这一点上，我们看到了"质料"的引入和运用。它对种做补充说明，一如种差对属做补充说明。所以种（形式）加质料是关于个体的说明。这样的说明不是依赖于逻辑理论，因为没有逻辑理论可以依赖，但是从它的表达方式看，它与属加种差非常相似，因此可以认为，它借鉴了四谓词理论关于定义的认识。特别是，所谓"形式"与"种"还是同一个词（eidos）。因此，在他人看来，形式和质料与属加种差是完全不同的，但是在我看来，它们是非常接近的。而且我认为，或者说我倾向于认为，它们在亚里士多德眼中是非常接近的：有了关于属加种差的论述，由此过渡到关于种加质料的论述，乃是自然的，也是顺理成章的。相同的方式在于它们都与谓述相关，都与范畴表述相关，区别仅仅在于，一个属于第二实体内的说明，即类的说明，另一个是在第二实体和第一实体之间的说明，即关于第一实体，关于个体的说明。类比的方法很容易，说明似乎也可以推进。但是，困难恰恰在这里出现了：关于个体的说明是不容易的。

在我看来，通过属加种差获得关于种的说明，从而获得关于定义的说明，这无疑是成功的。借鉴这种方法，通过形式和质料来获得关于个体事物的说明，这无疑是有益的。至于说这里遇到困难，以此并没有获得关于个体事物的类似于定义的说明，其实也没有什么关系。因为这至少获得了一种探讨和说明个体的方式。从亚里士多德的论述可以看出，他至少获得了一些明确的说明，比如，质料不是实体，普遍的东西不是实体，属不是实体，而且一些论述非常明确，比如，形式指各事物的本质及其第一实体（1032b），实体可以有质料，也可以没有质料，没有质料的实体即是本质（1032b10-15）；一些结论也非常明确，比如，个体事物是不能定义的（1039b25-30），理念也是不能定义的（1040a5-10）。所以，借助形式和质料来说明个体事物，说明这东西，至少是一个可行的途径。因为在这一说明中，无论如何，至少获得关于形式（种）的说明：它与个体的东西不同，与质料不同，与属不同；它是实体，似乎它可以起到定义的作用，起到关于个体事物的说明作用。似乎它至少可以说明，一个个体事物是什么。从亚里士多德的说明可以看到，个体事物的差异性太大，分类和归类大概比较容易，对质料的说明似乎也是清楚的，可以结合形式和质料来做出说明，但是无法获得定义式的说明。所以亚里士多德提出了形式和质料这两个概念，提出了关于个体事物的一种讨论方式，但是他并没有给人们满意的答案，人们后来对他的相关论述也一直争论不休。

我认为，亚里士多德关于实体的讨论有一个明显的特征：他的讨论与语言相关，与逻辑相关，借助了关于语言和逻辑的考虑，因而形成一些非常明确的认识，最主要的就是对"是什么"的认识和说明。但是在他的论述中，尚缺乏对于语言和语言所表达的东西的明确区分，因而在讨论中发生一些混淆。这样的问题在关于定义的讨论中，尚且不大，因为毕竟可以借助业已形成的逻辑理论，种和属的关系又只限于类与类之间，这样可以使讨论大体上围绕着主谓结构。但是涉及个体的时候就比较麻烦，因为没有成熟的逻辑理论可以依赖，个体与类的关系又非常复杂，这样就很容易超出逻辑和语言的范围。实际上，这也是亚里士多德的做法。比如探讨个体事物的生成方式，个体事物的生成和毁灭等等。这些讨论无疑借助经验认识，与经验相关，因而与所谓关于第一原理和第一原则的讨论形成了距离。尽管亚里士多德在讨论中也试图形成关于第一原理的论述，但是关于经验事物的讨论，最终还是落在关于经验事物的认识上：也许可以得到关于"是什么"的一些说明，却无法形成具有普遍性的说明。

在我看来，尽管亚里士多德关于个体事物的论述存在一些问题，但是他的论述，特别是他论述问题的思路，对后人具有极大的启发性。简单说，这就是基于"S是P"这种句式来进行思考。以此为基础，既可以问"是本身"，也可以考虑"是P"，而所有这些实质上是关于认识本身的思考。这样的思考基于关于语言表达的认识，这样就需要考虑"S是P"和"a是P"这样两种情况。它们的谓述方式一样，区别在于主语不同。这样的思考还基于逻辑的认识，这样有助于说明关于"S是P"的情况，但是缺乏关于"a是P"的说明，因为亚里士多德逻辑是关于类的说明，而不是关于个体的说明。这样的思考还借鉴了范畴理论，该理论关于"S是P"的说明与逻辑理论是一致的，但是在关于"a是P"的说明中提供了新的思路，即关于第一实体的考虑，而在关于后者的讨论中形成了关于"a是S"（个体是形式或种）的考虑。所以，亚里士多德的形而上学中关于是本身的考虑，关于是什么的考虑，实际上是关于"a是S"和"S是P"的考虑。"a是S"是关于个体事物是什么的表述，"S是P"是关于类事物是什么的表述，因而亚里士多德的讨论涵盖了关于个体事物的认识和关于类事物的认识的认识。个体和类是两类最基本的事物，也是我们在认识事物过程中通常所认识的最基本的两类事物，是我们在表达认识的过程中通常所表达的最基本的两类事物。亚里士多德正是以属加种差与形式（种）和质料这样两种不同的方式，在实体的意义上对这两类事物及其认识进行了讨论，从而获得他关于认识本身的认识的说明。可以看出，亚里士多德所考虑的东西是与认识相关的，是认识的方式，是先验的，他努力获得关于这些认识方式的认识，并通过相关说明而阐明自己关于认识本身的认识。尽管他的论述不是完善的，存在这样那样的问题，但是他不仅指出了一种研究的方向，而且以自己的著作展现了一种先验研究的方式，并以这种探讨方式形成了形而上学最初的理论，这样就开辟了一个崭新的研究领域，并为后人的研究奠定了基础。所以，亚里士多德对形而上学的研究的贡献是奠基性的，是巨大的。

第三章　康德关于形式和内容的区别

　　康德是近代形而上学研究的奠基人。他明确提出形而上学是否可以成为科学的问题，并贡献了划时代的著作《纯粹理性批判》。他的思想，包括他提出的许多问题和讨论方式，都与亚里士多德的形而上学联系密切，对近代以来的哲学影响极大。关于形式与内容的区别和论述，是康德最具特色的理论之一。尤其是在国内，该理论影响重大而深远。在我看来，他的这个理论与逻辑密切相关，与谓述方式密切相关，与亚里士多德关于范畴的论述也密切相关。

　　形式一词的德文是"Form"，与亚里士多德所说的"形式"（form）是同一个词。我们不讨论它们的用法是不是有联系的问题，只探讨康德关于形式和内容的区别的论述。康德的相关讨论是与逻辑相关的，他认为逻辑只研究思维的形式，不研究思维的内容，因而他称逻辑为形式逻辑。他在此基础之上提出他的先验逻辑，即在形式逻辑研究的基础之上还要加上一些东西，比如对象和实在性等等。由于他的影响，关于形式与内容的区别这一说法一直保留下来，并演变为一种认识：逻辑只研究形式，不研究内容，而哲学是要研究内容的。"形式逻辑"这一称谓有一个明显特征，这就是在"逻辑"前面加上"形式（的）"一词，由此也引发一种加字的思考方式：康德首先对应地提出"先验逻辑"，后人模仿"先验逻辑"的命名方式，产生许多加字逻辑，比如辩证逻辑、思辨逻辑、非形式逻辑等等。所有这些，都与康德关于形式和内容的区别相关。在我看来，康德关于形式与内容的理论有两方面的意义，一个是对他的形而上学讨论的意义，另一个是对思考方式的意义。在哲学讨论中，关于思考方式的认识是十分重要的。通过分析和研究康德关于形式和内容的思考方式，不仅可以更好地认识康德的相关思想，而且可以认识他的这一区别对形而上学的意义，并且有助于澄清今天在谈及这一思想时的一些误解和问题。

一、关于形式和内容的区别

在《纯粹理性批判》中，可以看到康德关于形式与内容的区别的明确说明：

【引文1】普遍的逻辑抽掉了知识的一切内容，也就是说，抽掉了知识与客体的一切关系，仅仅在知识的相互关系中考察逻辑形式，即一般的思维形式。①

相似的论述很多，不必一一列举。由此大致可以看出关于形式与内容的明显区别。仔细一些则可以看出，这一区别是与知识相关的，是在知识本身做出的：一方面是知识与对象的关系，另一方面是知识之间的关系。前一个方面被称为内容，后一个方面被称为形式。基于这一区别，康德称关于后者的研究为考察逻辑形式或思维形式。由此可见，所谓逻辑研究形式，指的是研究知识相互之间的关系。

引人注意的是这里的逻辑一词是加字的，即加了"普遍的"这一修饰语。康德此前说过，"作为普遍的逻辑，它抽掉了知性知识的一切内容及其对象的不同，仅仅与思维的形式打交道。"② 这就说明，所谓普遍的逻辑，并不是通常意义上说的，而是康德自己的说法，具有特定含义。康德这样做是有目的的：为的是可以获得另一种同样具有特定含义的逻辑，即一种"不抽掉知识的所有内容的逻辑"③，它"必须叫作先验逻辑"④。可以看到，康德对逻辑有许多附加性说明，比如"纯粹的逻辑"、"应用的逻辑"，"普遍的知性应用的逻辑"、"特殊的知性应用的逻辑"⑤，而所有这些附加表述的目的都是为了在逻辑上做出一些区别，以便得到他说的"先验（的）逻辑"。在《纯粹理性批判》中，先验逻辑才是他要论述的东西，所以，重要的是他获得了先验逻辑这一概念，这样他就可以展开对先验逻辑的论述。

应该指出的是，先验逻辑与普遍的逻辑是不同的东西，最基本的区别即是形式与内容的区别。可以看出，所谓普遍的逻辑指的是逻辑，这就表明，康德获得

---

① 康德：《纯粹理性批判》，李秋零译，北京：中国人民大学出版社，2004年，第86页。
② 康德：《纯粹理性批判》，第85页。
③ 康德：《纯粹理性批判》，第86页。
④ 康德：《纯粹理性批判》，第87页。
⑤ 康德：《纯粹理性批判》，第84-86页。

先验逻辑这一名称是基于对逻辑的认识，至少是与逻辑相关的。进一步还可以看出，所谓形式乃是与逻辑相关的，而且是与知识相互之间的关系相关的。而从引文的论述方式来看，康德把这样的认识看作是自明的。也就是说，尽管康德强调形式与内容的区别，并由此出发进行论述，但是他相信这样的区别是没有问题的。因此需要考虑，他为什么会这样认为？这个问题真的是自明的吗？为了更好地认识这一问题，我们需要探讨康德在逻辑著作中关于形式和内容的区别的论述。

康德一生从事逻辑教学，留下许多逻辑讲座手稿，其中一些讲座反映出他早期关于逻辑的认识。《逻辑学讲义》是康德发表过的唯一一部逻辑著作，与《纯粹理性批判》时间差不多，为了讨论方便，可以称为是他后来的认识[①]。比较一下这两个时期对"形式"和"内容"这两个概念的论述，大致可以看出康德在形式和内容之间关系上认识的发展和变化，有助于我们更好地理解康德对相关问题的区别的认识。

在前期逻辑讲义中，"形式"一词就已经出现。它的用法和后来的用法不完全一样，一个比较显著的特征是除了单独使用外，它与"质料"（Materie）一词对照使用。比如在谈论认识的时候康德说，认识"根据形式"是来自理性的，而"根据质料"是来自经验的，在有些情况下质料也可以通过理性和经验来把握，"但形式是完全不同的"[②]。又比如在谈论判断的时候康德说，判断涉及谓词与主词的关系方式，有肯定和否定两种不同的判断。"是这个系词"表示判断的这种关系或形式，并且表示肯定，而"不是"表示否定。"'不'这个否定根本不影响判断的质料，而只影响判断的形式"[③]。更明确的表述是："在所有判断中都要区别质料和形式"，判断的"形式是主词与谓词的关系，并且是由这个系词表达的"[④]。再比如在谈论证明的时候，康德把证明的东西看作质料，把证明或推论看作形式，他

---

① "前期""后来"不是确切的时间概念，只是为了讨论方便。所谓"前期"论述引自他的两个讲座："布龙姆贝格逻辑讲座"（Logik Blomberg）和"菲利普逻辑讲座"（Logik Philippi），前一个讲座没有注明时间，后一个时间是 1772 年，它们都收入康德全集第 24 卷。

② 参见"布龙姆贝格逻辑讲座"，Kant: *Kant's gesammelte Schriften*, Band ⅩⅩⅣ, erste hälfte, Walter de Gruyter & Co., Berlin, 1966, 第 20 页。

③ 参见"布龙姆贝格逻辑讲座"，Kant: *Kant's gesammelte Schriften*，第 274 页。

④ 参见"菲利普逻辑讲座"，Kant: *Kant's gesammelte Schriften*，第 461 页。

说，"证明的质料是词项媒介，证明的形式是推论"①。这些论述和论述的方式表明，"形式"一词在康德著作中早就出现并使用了，但是，与该词对照使用的不是"内容"，而是"质料"一词。这里的原因也许是多样的，比如也许他知道这是亚里士多德提出并使用的一对概念，他赞同其使用方式，也许这一对概念的使用方式已经成为传统，约定俗成，他只是延续了这一传统。这些都不是我们这里要考虑的问题。我们要考虑的是如下问题。

对照康德前期与后来的论述，字面上即可以看出，"形式"一词始终如一，而"质料"一词却发生变化：后来改为"内容"。这至少表明，康德关于形式的看法是一致的，大体上没有什么变化。"质料"一词的改变，或者"内容"一词的使用至少说明，他认为"质料"一词不足以表示他的看法，他自己的看法需要用"内容"一词来表述。我们看到，"质料"一词后来也不是不使用的，使用时也不是与"形式"不对照的，但是在与形式相关的说明中，他确实是使用"内容"一词，一如引文1。这就说明，"内容"与"质料"还是有区别的。

值得注意的是，前期关于"形式"与"质料"的区别和论述，并非连篇累牍，而是如上散见在一些不同地方。特别是，在关于逻辑这一概念本身的论述中，它们很少被提及，甚至根本就不出现。比如康德认为，"逻辑（logic）是一种关于正确应用理解力和理性的普遍规则的哲学"，并提出如下解释：

【引文2】这里logica（逻辑）与logos（ratio）[罗格斯（理性）] 相关，并且也通常称为理性的哲学；不是因为它通过理性做哲学，而是因为它做关于理性的哲学。这里说的这种理性的东西不是形式，而是对象（Object），因为形式能够是合乎理性的，而对象可能会是形式所愿意的对象或质料，比如在物理学中，对象就是物体，在数学中，对象就是数量：而在二者中，形式都是合乎理性的，在二者中人们都是通过理性来做哲学的。因此人们能够做关于世界的、关于人的、关于神性和非理性的哲学，简言之，做关于各对象（Gegenstand）的哲学，形式总是合乎理性的。②

---

① 参见"布龙姆贝格逻辑讲座"，Kant: *Kant's gesammelte Schriften*, Band XXIV, erste hälfte, Walter de Gruyter & Co., Berlin, 1966, 第231页。
② "菲利普逻辑讲座"，Kant: *Kant's gesammelte Schriften*，第315页。

　　这段话谈论的是逻辑，涉及逻辑与哲学的关系，说明中借助了"形式"这一概念，还有举例说明。从这段说明可以看出几个意思。一是逻辑与哲学相关，与理性相关，甚至被称为"理性的哲学"。二是在关于理性的说明中提到形式和对象，既显示出二者的不同，又借助二者的不同来说明理性。引申的意思是说，形式与对象不同，对象不是形式，但可以与形式相关，可以是形式所接受的。三是在二的基础上对哲学做出说明：哲学是与各种对象相关的。引申的意思大概是说，哲学是合乎理性的，因为哲学与理性相关，尽管理性包含形式和对象或质料两个方面。逻辑也是合乎理性的，因为逻辑只与形式相关，而形式总是合乎理性的。

　　从这段说明也可以看出几个问题。一是康德的用语不太规范。比如"逻辑"一词有多种写法，除了以上给出的 Logic，logica，还有 Logick[①] 等。二是对质料的说明似乎也不是那样明确。这里与形式相对照的东西显然是对象，而不是质料。"质料"一词是在关于对象的说明中以并列的方式补充提及的，但也仅此而已。这里主要说明的还是形式和对象，借助它们的区别来说明理性，并进而说明逻辑与哲学的关系。三是这里关于逻辑的称谓，称它为一种哲学，即所谓理性的哲学。假如这里的哲学一词意思是自明的，那么以上所谓关于理性的说明则旨在解释此前所说的"正确应用理解力和理性的普遍规则"，这样也就可以看出，这里所说的形式大概是与这种普遍规则相关的。非常明显的是，这里没有将逻辑称为科学，而是将它称为哲学。

　　无论引文的论述是不是清楚，从它的论述方式明显可以看出，"形式"这个概念被看作是清楚的：它与规则相关，与逻辑相关，与理性相关。这样，借助与理性的关系似乎也就说明了逻辑的独特性：逻辑不是与对象相关的，而只是与形式相关的。形式是与理性相关的。逻辑合乎理性，因为它只与形式相关，而与对象无关；哲学合乎理性，因为它不仅与对象相关，而且也会与形式相关，因为对象是有形式的。假如认为引文的论述不是那样清楚，那么借助散见于讲座中各处的论述，依然可以看出，这里所说的"形式"是什么意思。当然，若是借助那些地方关于形式的论述，比如主谓之间的联系，系词所表达的关系等等，大概也可以更好地理解这里所说的形式。这样，似乎依然可以借助形式与理性的关系来理

---

① 例如参见 Kant: *Kant's gesammelte Schriften*, Band XXIV, erste hälfte, Walter de Gruyter & Co., Berlin, 1966, 第 314 页。

解这里关于逻辑的说明。

后来在《逻辑学讲义》中，康德的论述发生变化，他说，逻辑是"关于一般知性或理性的必然法则的科学"，是"关于一般思维的单纯形式的科学"①，"逻辑仅包含思维的形式"②。这样的说明与前期的说法明显不同。非常明确的是，他称逻辑为科学，而不是一种哲学，他还称逻辑是关于思维形式的科学，只与思维形式相关，这样就借助形式对逻辑做出明确的说明。值得注意的是在他的说明中，关于法则（规则）的说明与前期的说明是一致的，区别只是用"科学"替代了"哲学"，但是关于纯思维形式的说明，则是一种补充说明，或是进一步的说明，在这一说明中，"形式"无疑是核心概念，这就说明，这里康德已经非常明确了逻辑与形式的关系，或者说，他已经非常明确：要借助"形式"来对逻辑做出说明。

今天人们会认为思维形式是一个非常明确的说法。我们可以暂且接受这一认识，认为在康德的论述中，这是一个明确的认识，它与质料或对象相区别，可以用来说明逻辑。但是在《逻辑学讲义》中可以看到，关于形式和质料依然是有不清楚之处的。比如康德说，"在每种知识中，都必须区别开质料，亦即对象，和形式，亦即我们认识对象的方式"③。这是关于知识的说明，与前期的论述是一致的，可以被认为是清楚的。但是当他借助形式和质料的区别来说明逻辑，却出现问题。比如他有时候说，"逻辑是理性的科学，这不是就单纯形式而言，而是就质料而言"④，有时候又有相反的说明，比如他经过讨论而得出的具有结论性的逻辑概念：

> 【引文 3】不是就质料，而是就单纯的形式而言，逻辑是一门理性的科学；是一门思维的必然法则的先天的科学，但它不是关于特殊对象的，而是关于一切一般对象的；逻辑因此是一般知性和理性的正确使用的科学。⑤

---

① 康德：《逻辑学讲义》，许景行译，杨一之校，北京：商务印书馆，2018 年，第 11 页。
② 康德：《逻辑学讲义》，第 20 页。
③ 康德：《逻辑学讲义》，第 32 页。
④ 康德：《逻辑学讲义》，第 12 页。
⑤ 康德：《逻辑学讲义》，第 14 页。译文有修正，参见 Kant: *Logik*, Ein Handbuch zu Vorlesungen, herausgegeben von Jäsche, G.B., Erich Koschny (L.Heimann's Verlag), Leipzig 1876, 第 17 页。

这两种关于逻辑的说明显然是不一致的。由于《逻辑学讲义》是他人根据康德的手稿编辑而成，因此有些出入也是可以理解的^①。在我看来，《逻辑学讲义》毕竟是他人编辑的，我们可以不必追求引文 3 的正误，而做如下理解。假定引文 3 是正确的，就会与前面相反的论述形成矛盾。假定它有误，一如一些版本认为的那样，这样它就会与前面相反的论述相一致，但是却会与康德其他一些论述相矛盾：比如前面说的逻辑"仅包含思维的形式"，是"关于一般思维的单纯形式的科学"。所以，无论如何理解，康德的论述中是存在问题的。

应该认识到，在关于逻辑的说明中，除了关于形式和质料的说明有以上问题，其他论述没有什么问题，与前期的论述大体上也是一致的。比如关于法则的说明，关于思考方式的说明，关于认识的说明等等。这就表明，在康德关于逻辑的说明中，依然存在不太清楚的地方。确切地说，他认识到可以借助形式和质料这一对概念来说明知识、说明理性，并且最终说明逻辑，而且由于二者的区别直观上是清楚的，因而直观上也可以认为可用来对逻辑做出说明，但是在他的具体说明中，却出现一些问题。这些问题反映出，在相关问题的讨论中，康德至少是有一些想法的，而这些想法是不是清楚，乃是有疑问的。在我看来，即使康德的想法是清楚的，他至少没有表达得非常清楚。这主要是因为，他在论述逻辑的时候，总是与认识联系在一起，总是与认识相关。这样，即便他认识到逻辑只与形式相关，他也总还是要强调与质料或对象相区别的一面。这说明，一方面他认为这一区别十分重要，另一方面他并没有认识到，既然借助这一区别，就可以只谈形式而不谈质料，他的做法似乎正相反。这样他的论述显示出不清楚的地方，甚至相互矛盾的地方，也就在所难免。

对照引文 1 则可以看出，康德在《纯粹理性批判》中的论述又有一个非常明显的变化。这就是凸显"形式"，并且借助"形式"来说明逻辑，与此同时，他用"内容"一词替代了"质料"，由此对逻辑做出新的说明：抽掉内容，只与形式相关。这样也就表明，从此以后，尽管有些地方依然会使用"质料"一词，但是他将以"形式"和"内容"的对照替代"形式"和"质料"的对照。他没有说明这样做的理

---

① 有的版本认为引文 3 的论述是"不是就单纯的形式，而是就质料而言"（参见康德：《逻辑学讲义》，第 14 页译文及注释；参见李秋零主编：《康德著作全集》，北京：中国人民大学出版社，2010 年，第 9 卷，第 15 页。该句译文为"不是仅就形式而言，而是就质料而言"）。

由。在我看来，也许是为了表明关于形而上学的讨论与关于逻辑的讨论之间的不同，也许是为了更好地说明先验逻辑与逻辑的不同，也许是他觉得"质料"一词有特定的涵义，不能涵盖他所要说的与形式相区别的东西，也许他只是更喜欢用"内容"这一概念或认为"内容"一词更能表达他的意思。无论如何理解，至少应该看到一点："内容"一词并不是他创造的词，不是生僻词，而且在《逻辑学讲义》中也被使用。

《逻辑学讲义》可以大致分两部分，一部分是导论，谈论关于逻辑的认识，另一部分是阐述逻辑理论的具体内容。"内容"（Inhalt）一词出现在第二部分，并且主要出现在关于概念的一章。在区别纯粹概念和经验概念的时候，康德说，纯粹概念不是来自经验，而是"就内容而言"来自知性[①]，而在论述概念起源的时候，他解释说：

【引文4】普通逻辑通过概念抽取知识的一切内容或思维的一切质料，因而只能在形式方面，也就是只能主观地衡量概念……[②]

这里说的普通逻辑，以及抽掉知识和只考虑形式，与引文1几乎是一样的，区别只是没有说出"逻辑形式""思维形式"而已。此外，如同大多数逻辑教材一样，康德也讲述概念的内涵与外延，比如"任何概念都有内涵"，"任何概念都有外延"[③]，以及它们之间的相互区别和关系，比如"内涵多"时怎样[④]，"较小的内涵"又会如何[⑤]。字面上看，"内涵"一词不同于"内容"和"质料"，但是其论述却似乎与二者相关。实际上，这样的认识是翻译造成的。"内涵"与"内容"的德文是同一个词，都是 Inhalt。认识到这一点也就可以看出，"内容"（Inhalt）一词是在关于概念的论述中出现的，并且有专门的论述和涵义，甚至具有术语的性质。若是将 Inhalt 译为"内容"，那么概念的内容和外延，以及所有关于内涵的论述，也依然是可以理解的。还可以看到，康德关于内涵和外延的说法仅限于概念，而在论述判断的时候他依然谈论形式和质料，他明确地说：

---

① 参见康德：《逻辑学讲义》，第 90 页。
② 康德：《逻辑学讲义》，第 91 页。
③ 康德：《逻辑学讲义》，第 93 页。
④ 康德：《逻辑学讲义》，第 95 页。
⑤ 康德：《逻辑学讲义》，第 97 页。

【引文5】因为逻辑抽去了知识的一切实在的或客观的区别，所以并不研究判断的质料或概念的内容。逻辑仅就其单纯形式来考虑各种判断。①

这段话与引文1非常相似，区别仅在于这里说的不是抽掉知识的内容，而是抽掉实在或客观的区别。但是这里对抽掉的东西，即提及的区别做出补充说明，这就是形式与质料或内容之间的区别。而"内容"一词恰恰出现在这一补充说明中。可以看出，若是直接以这补充来说明，则引文5说的是：逻辑抽掉判断的质料或概念的内容，而只考虑形式。所以，引文1与这段话非常相似，区别仅仅在于，在关于抽掉的东西的说明中，康德明确使用"内容"一词，消除了"质料"一词，这说明，前者可以替代后者，因而其含义可以涵盖后者。两段引文的区别大概在于，《逻辑学讲义》重点在讲逻辑，因此只要区别形式和与形式对应的东西就可以了。而与形式对应的东西，"质料"可以表达，"内容"也可以表达。特别是，由于逻辑自身有一些技术性的说明和要求，比如关于概念的说明，关于判断的说明，关于推论的说明，因此需要一些区别，包括术语上的区别。所以，只要达到区别的目的，可以说明逻辑所研究的对象就可以了。但是在《纯粹理性批判》中，康德的目的不是在讲述逻辑，而是在讲述他提出的先验逻辑。这样他要阐述的就不是逻辑内的一些区别，而是与逻辑的区别，即旨在说明一些与逻辑的不同。这样他需要明确地说明逻辑研究什么，不研究什么，这样就可以在此基础之上说明他提出的先验逻辑研究什么，后者在什么意义上与前者相同，在什么意义上与前者不同。正是在这一过程中，他选择了"内容"这一概念。

从康德关于质料和内容（涵）的论述，特别是从"通过概念抽取知识的一切内容或思维的一切质料"，"不研究判断的质料或概念的内容"这样的表述可以看出，"内容"与"质料"可能确实有一些区别，但是在很大程度上意思是相似或等价的。无论如何，至少有一点非常清楚，这就是内容是与形式根本不同的东西，是可用来相对照的东西。所以，尽管在《纯粹理性批判》中康德改用"内容"一

---

① 康德：《逻辑学讲义》，第98页。有意思的是，中译文这里将Inhalt译为"内容"，而不是"内涵"（又参见李秋零主编：《康德著作全集》，第9卷，第99页）。似乎同样一个Inhalt，讲概念时说的是"内涵"，而这里就是"内容"。这样的译文显然是有问题的。由于概念的内涵和外延已经约定俗成，所以我沿用习惯用法。但是涉及康德思想本身，必须指出这里的问题并做出一些细节上的说明。

词来说明逻辑，但是由于该词与"质料"一词的近似，以及与概念相关的专门性说明，因此它完全可以形成与"形式"一词的区别，并且用来说明与形式的区别。这样，此前所有关于形式的说明都可以保持不变，都可以成为这里说明的依据，此前所有关于质料、对象、实在，以及内容（涵）的说明，也可以作为这里说明的依据。不必考虑那些细节上的区别，字面上即可以看出，所谓知识的内容字面上即是可以理解的，形式的意思字面上也可以看作是自明的。这样，基于形式与内容的区别，也就是说，基于以前所有关于形式和质料或对象或实在的区别和相关说明，现在谈论逻辑抽掉知识的内容似乎也就是有充分道理的：逻辑只研究形式，不研究内容。关键在于，假定了关于形式的论述是清楚的，其他的都可以称之为内容，二者泾渭分明。不仅如此，明确了形式与内容的区别，以后就可以从这两个方面来展开论述。逻辑是与形式相关的，若是再加上关于内容方面的一些考虑，比如关于普遍对象或实在的一些考虑，就可以获得一种与逻辑相关并且又不同于逻辑的东西，这就是康德所说的先验逻辑。

二、范畴表

康德对形式和内容的区别，除了其本身的认识外，也是他划分和探讨逻辑和先验逻辑的区别的一个方法。比如他关于分析和综合的区别。所谓分析判断指的是谓词 B 表达的东西包含在主词 A 所表达的东西之中，所谓综合判断指的是谓词表达的东西超出主词表达的东西。这一区别的要点是要说明，分析判断不扩展我们的知识，而综合判断会扩展我们的知识[①]。它的意义在于说明，依据这一区别可以获得关于一种叫作先天综合判断的东西，它是康德所需要的，即他后来演变出来的先验哲学所要探讨的东西。康德关于分析与综合的区别十分明确，讨论却比较简单，似乎也没有借助形式和内容的区别来进行说明。但是仔细分析一下依然可以看出，相关讨论的背后还是有关于这一区别的认识。比如谈论判断的主词和谓词，显然想到了"S 是 P"这样的句式，明确谈论它们之间的关系，肯定涉及句法层面的东西，这些似乎都是与形式相关的，而谈论"概念""概念 A 中的某种东西""认识"等等，大概只能指内容层面，因而会与内容相关。由于康德在

---

① 参见康德:《纯粹理性批判》，第 38-41 页。

关于分析判断和综合判断的区别的讨论中没有使用"形式"和"内容"这两个词，我们也就不在这里做过多讨论。我们只重点讨论他的范畴表。

在《纯粹理性批判》的核心部分"先验分析论"中，康德探讨纯粹知性知识的各种要素。在讨论中，他先给出一个判断表，含 12 个概念，之后他又列出一个范畴表，同样含 12 个概念。范畴表中的 12 个概念被称为范畴，或称为纯粹知性概念，它们即是康德所说的纯粹知性知识的要素，对康德的先验哲学以及他后面的讨论至关重要。这两个表是对应的，非常明显，前者是后者的基础，后者依据前者。这两个表如下：

判断表：

1）判断的量：全称的、特称的、单称的

2）判断的质：肯定的、否定的、无限的

3）判断的关系：直言的、假言的、选言的

4）判断的模态：或然的、实然的、必然的①

范畴表：

1）量的范畴：单一性、复多性、全体性

2）质的范畴：实在性、否定性、限定性

3）关系的范畴：依存性与自存性（实体与偶性）、因果性与隶属性（原因与结果）、共联性（行动者与承受者之间的交互作用）

4）模态的范畴：可能性—不可能性、此是—不是、必然性—偶然性②

关于这两个表，人们有许多讨论，我这里要讨论的是，在这两个表中，康德关于形式和内容的区别是如何体现的。首先需要说明，康德只是列出判断表，没有命名，在讨论中称之为"逻辑功能表"③。为了讨论方便，我们简称它为"判断表"。

判断表将判断分为四类，每一类有三个要素。康德的说明是：它们分"四个

---

① 参见康德：《纯粹理性批判》，第 96 页。译文有修正，参见 Kant: *Kritik der reinen Vernunft*, Suhrkamp Verlag 1984, Band Ⅰ, 第 70 页。

② 参见康德：《纯粹理性批判》，第 102 页。译文有修正，参见 Kant: *Kritik der reinen Vernunft*, Band Ⅰ, 第 118-119 页。

③ 康德：《纯粹理性批判》，第 105 页。

标题"，各含"三个要素"，而且是通过"抽掉""一般判断的所有内容，只关注其中的纯然知性形式"而得到的①。因此非常明显，这个表所说的东西是形式的，或者通俗地说，只与形式相关，与内容无关。有了这样明确的关于形式的说明，我们就可以通过这个判断表看一看，康德所说的"形式"究竟是什么。

首先，这里谈的是判断，因此可以理解为"S 是 P"这样的基本句式，以及基于这一句式而形成的 AEIO 四种命题：

A：所有 S 是 P。

E：所有 S 不是 P。

I：有 S 是 P。

O：有 S 不是 P。

量的范畴与其中涉及的量词表达式相关："全称的"指 A 中的"所有"，"特称的"指 I 中的"有（的）"。以上四种判断中没有与"单称的"对应的表达式，这是因为传统逻辑是一种关于类的理论，排除了个体词，并且有明确的量词。如前所述，传统逻辑也可以用于关于个体的表达，因而个体表达式是一类与量词表达式相区别的表达式，比如"亚里士多德是哲学家"，这里的"亚里士多德"是专名，表达个体的东西。所谓"单称"即指这样的表达式。

质的范畴与其中所含的系词表达式相关："肯定的"指 A 和 I 中的"是"，"否定的"指 E 和 O 中的"不是"。这里的"不"是对系词"是"的否定，也属于系词表达。但是否定的表达有时候不是出现在系词的位置，而是出现在谓词上。比如"灵魂是不死的"，这里"不死的"（nichtsterblich）是谓词，这是一个肯定句，但是具有否定含义，与"灵魂不是死的"（ist nicht sterblich）形成区别。所谓"无限的"即指这样一种表达，它的独特性显示出与否定句在句法上的区别，与肯定句在内容上的区别。值得注意的是，在关于这一句式的讨论中，康德明确谈到"普通的逻辑抽掉谓词的一切内容"和先验逻辑要考虑"这种纯然否定的谓词"所表达的"肯定的价值或内容"②。这里不必考虑康德讨论的细节，非常明显的是，他在讨论中借助了关于形式与内容的区别："是 P"与"不是 P"是形式方面的，"非 -P"

---

① 参见康德：《纯粹理性批判》，第 95-96 页。译文有修正，参见 Kant: *Kritik der reinen Vernunft*, Suhrkamp Verlag 1984, Band I，第 111 页。

② 参见康德：《纯粹理性批判》，第 97 页。

所表达的否定含义则是内容方面的。

1）和 2）两类判断大体上与 AEIO 四种判断相关，3）和 4）两类判断却超出了它们的范围，分别涉及命题连接词和模态词：

直言判断：S 是 P。

假言判断：如果 p，那么 q。

选言判断：或者 p，或者 q。

实然判断：S 是 P。

或然判断：S 可能是 P。

必然判断：S 必然是 P。

十分明显的是，直言判断和实然判断与 AEIO 的基本句式是一致的，大致属于相同的范围，其他四种判断超出 AEIO 的范围。假言判断和选言判断是将"如果，那么"和"或者"这样的联结词加到直言判断上，或然判断和必然判断是将"可能"和"必然"这样的模态词加到直言判断上，因而与直言判断形成区别。

如上所述，康德称判断表为"逻辑功能表"，所以，无论是从康德的相关论述出发，还是从他关于逻辑的考虑出发，这个表非常明显是从形式的角度论述的。假如我们对照他在《逻辑学讲义》中的相关论述，则可以更加清楚地看出，康德关于形式的看法还是比较明确的，比如他将"量、质、关系和模态"这四类要素称为"判断的逻辑形式"，并且给出明确的说明："就其形式而论，不同的判断可归结为量、质、关系和模态四个主要要素，鉴于这些主要要素，所规定的判断的不同形式也刚好有这么多。"[①] 所以毫无疑问，康德关于判断表的说明，与他的逻辑著作中的论述是一致的，他完全是从形式方面考虑的，或者保守一些说，至少主要是从形式方面考虑的。

范畴表与判断表明显不同，不仅在于它被赋予这个名称，而且在于它的考虑涉及内容方面。康德认为，判断表与普通的逻辑相关，而普通的逻辑抽掉知识的内容，"这是分析地进行的"[②]；范畴表与先验逻辑相关，而先验逻辑涉及先天感性多元事物，旨在"给纯粹知性概念提供一种材料"，与这种方式相关的行动被称

---

① 康德：《逻辑学讲义》，第 92 页。译文有修正，参见 Kant: *Logik*, Ein Handbuch zu Vorlesungen, 第 110 页。

② 参见康德：《纯粹理性批判》，第 99-100 页。

为"综合"：所谓综合意味着"把各种要素集合成知识，并结合成一定的内容的东西"①。由此也可以看出，这两个表的对应和对照，也涉及分析和综合的区别。前面说过，分析和综合的区别实际上也是与形式和内容的区别相关的，所以，仅此一点足以说明，康德关于范畴表的论述是与形式和内容的区别相关的。虽然这里谈的都是知识，但是实际上却明确涉及形式与内容的区别。比如所谓抽掉知识的内容，无疑是指形式，而其他论述则明确与知识本身相关。所以简单地说，判断表是形式方面的，范畴表是内容方面的。

康德十分重视范畴表，认为它"完备地包含了知性的所有基本概念"，"在哲学的理论部分非常有用"②。直观上看，范畴表和判断表是完全对应的，只是用语不同。即便是用语不同，字面上也可以看出一些表达式是对应的，比如"否定性"与"否定的"，"全体性"与"全称的"，"单一性"与"单称的"。认识到这一点也就可以看出，尽管对应，范畴表和判断表却是不同的，这就说明，康德在这里是有想法的：他赋予范畴表中12个范畴的不同名称，体现了他在相互对应的要素上揭示的不同含义，这些含义与形式对应，却有不同的考虑，这就是与内容相关的考虑。康德对于这些范畴并没有逐一做出说明，只是简单分类解释了一下。这里我想说明的是，为什么关于范畴的说明是从内容方面考虑的。限于篇幅，我们仅以3、4两类范畴为例来说明这个问题。

"关系的范畴"中有一类是"原因性与隶属性"，括号中的补充说明为"原因与结果"。这显然是关系，因为涉及两个东西。它与判断表中的"假言的"相对应。这样也就可以看出，"假言的"说的是"如果 p，那么 q"，"原因与结果"相当于说，p 表达的是原因，q 表达的是结果，二者形成一种联系，比如称之为因果性。所以，单看判断表，可以看出一种以"如果 p，那么 q"呈现的表达形式。单看范畴表，可以看到一种关于原因和结果的联系。二者相结合，则可以看到同一种表达方式的两个方面。康德的思考方式表明，他认为前者是从形式方面考虑的，后者是从内容方面考虑的，或者说，在前者的基础上增加了关于内容的考虑。前者是普通的逻辑，后者是他的先验逻辑。无论康德说的是不是有道理，至少他关于形式和内容的区别还是清楚的，他从这两个方面做出的考虑还是可以看出来的。

---

① 参见康德：《纯粹理性批判》，第 100 页。
② 参见康德：《纯粹理性批判》，第 104 页。

"模态的范畴"中有一类是"此是 - 不是",没有补充说明,显然康德认为这是自明的。它的德文是"Dasein-Nichtsein",前者是"ist da"的名词形式,意思是"是在那里",引申一些意味着"是如此这样"。后者是"ist nicht"的名词形式,是对前者的否定。康德将二者放在一起,无疑含有要表示肯定的和否定的这两方面的意思。应该看到,在所有范畴中,"Dasein-Nichtsein"这一对范畴是比较独特的:所有其他范畴都是以概念的方式表达的,比如上述"原因性和隶属性",唯独这一对范畴是以语言使用方式表达的。即便可以认为它们是有表达含义的,但是它们至少本身就是语言中使用的,属于语言层面。将它们看作是内容方面的说明,实际上是有问题的。所以我们需要做更加深入的探讨。

"Dasein-Nichtsein"这一范畴与判断表中的"实然的"相对应,后者的德文是"Assertorische",有"断定"的意思,指具有"S 是 P"这样形式的判断。判断表中的"质"指其中的"是"的方式以及主词和谓词之间的关系,包括"肯定的"和"否定的"(不是)。前面说过,康德在早期逻辑讲义中就谈过,肯定和否定是判断中谓词与主词的关系,系词表示判断的形式,"是"表示肯定,"不是"表示否定。在后来的《逻辑学讲义》中,他也说:

【引文 6】在直言判断中,主词和谓词构成判断的质料;——形式,即主词和谓词之间(一致或冲突)的关系借以规定和表达的东西,叫**系词**。①

这里所表达的意思和早期讲座中说的大体相同,也很明确:系词是形式,或者,形式是由系词表达的。也就是说,"是"乃是系词,是形式的东西。所以,系词表达式应该出现在判断表中,因为它是形式的东西。当然,没有出现也没有关系,其中的"肯定的"和"否定的"(判断的质),以及"直言的"(判断的关系)和"实然的"(判断的模态)都是关于形式方面的考虑,指的就是它并与它相关。关键问题在于,"系词"指"是"和"不是",指语言表达形式,是关于语言形式的考虑,是从语言形式方面做出的说明。这样的关于形式方面的考虑和说明可以不出现在判断表中,但是无论如何不应该出现在范畴表中,因为范畴表涉及综合,是关于认识内容方面的考虑。

① 康德:《逻辑学讲义》,第 101 页。译文有修正,参见 Kant: *Logik*, Ein Handbuch zu Vorlesungen,第 114 页。

认识到这一点也就可以看出，Dasein 和 Nichtsein 字面上乃是含系词的表达式，或表达的是系词。因此它们是形式或应该是形式的东西，或者至少可以是形式的东西。它们似乎不应该出现在范畴表中，而应该出现在判断表中，但是实际上，它们恰恰不是出现在判断表中，而是出现在范畴表中。

康德认为，"是"表示肯定，"不是"表示否定。基于这一说明，判断表中的"肯定的"和"否定的"应该是形式方面的，即 Sein 和 Nichtsein，相应的质的范畴"肯定性"和"否定性"应该是内容方面的，即 Sein 和 Nichtsein 所表达的东西。康德在两表中没有这样表述，而是借助不同的名词方式（比如 Verneinende 和 Negation）。但是既然他有关于形式和内容方面的区别和说明，我们就可以这样思考和认识。

以此类推，判断表中"实然的"（断定的）应该是形式方面的，即"S 是 P"，或"是"，在模态范畴中相应出现的应该是内容方面的，即"S 是 P"或"是"所表达的东西。但是，康德不是这样表述的：后者这里出现了 Dasein 和 Nichtsein。这不禁使人产生疑问：它们是形式方面的，却出现在范畴表中，因而似乎是指内容方面的。那么，它们究竟是关于形式方面的表述还是关于内容方面的表述？

让我们换一种方式来考虑，假如判断表中判断的模态指：S 可能是 P，S 是 P，S 必然是 P，对这一类判断的说明应该也不会有什么问题，尽管在与其他判断类型的说明方式的一致性上会产生问题。在这种情况下，我们会发现，范畴表中与之对应的关于"可能性"和"必然性"的说明不会有什么问题：因为是关于模态的说明，凸显的是关于"可能"和"必然"的说明，但是与"S 是 P"中对应的说明似乎却会有问题：因为"此是"（Dasein）与"S 是 P"类似，似乎都是形式方面的表述，或者至少可以看作是形式方面的表述。特别是，加上"不是"（Nichtsein）这一否定表达，形式方面说明的意思就更加明显。假如置换一下这两处的表达，将"此是—不是"放在判断表中，将"实然（的）"（断定性）放在模态范畴中相应的位置，难道不是更合理吗？当然，这样一来，就会与其他要素和范畴表达产生不一致的问题。但是，表达方式是可以想办法解决的。置换以后的表达，除了对应性以外，意思毕竟是可理解的：前者是形式方面的，后者是内容方面的。但是康德表达的恰恰相反。所以，范畴表中的表述是有问题的。

不仅如此，在《纯粹理性批判》中，康德对系词是有明确论述的。"'是'（Sein）

显然不是实在的谓词……在逻辑应用中，它仅仅是一个判断的系词"[1]，这一论断众所周知，而且是与"此是"（Dasein）相关的讨论，并配以大量的说明和论证。限于篇幅，我们不必舍近求远，即使在与范畴表相关的论述中，康德也有明确的说明，比如他谈到，"'是'这个关系词"就是"使被给予的知识获得统觉的客观统一性的方式"[2]。这就说明，在康德的认识中，Sein是系词，它与"此是"相关，与主词和谓词的联系相关，与判断的表达形式相关，这一点是非常明确的。最保守地说，Sein是系词这一点是非常明确的。

认识到这一点也就可以看出，范畴表中的范畴是有问题的："此是—不是"似乎应该是判断表中的东西，而不应该是范畴表中的东西。既然它出现在范畴表中，那么就应该考虑，它所表达的是什么？确切地说，这里应该从内容方面来考虑它表达的是什么。恰恰在这一点上，这对范畴是不清楚的。在我看来，表面上这是康德的表述方式造成的，实际上却是因为他对语言和语言所表达的东西缺乏明确的区别，因此尽管他区别出形式与内容，但是在相关论述中依然出现了混淆的问题。

从表述方式看，"是"与"不是"已经在"判断的质"中得到说明，即"肯定的"和"否定的"，康德显然是明白这一点的，所以在相应的范畴中他换了表达方式。比如"肯定的"（Bejahende）和"实在性"（Realität）这对概念。尽管"是"一词没有出现，但是从"肯定性"还是可以看出，这指肯定判断或指肯定判断中的"是"；它意味着某种东西，后者被称为"实在性"。因此，尽管"是"一词没有出现，多少还是可以显示出形式与内容的区别。

又比如"否定的"（Verneinende）和"否定性"（Negation）这对概念。这两个词的意思是一样的，区别只在于前者是德文词，分词形式，后者是拉丁文词源词，名词形式。就是说，二者语言形式不同，意思是一样的。从"否定的"当然可以看出指否定判断，或指否定判断中的"不是"，这样人们也就可以认为，"不"表示否定，意味着否定性。但是，难道不可以同样认为，"是"表示肯定，意味着肯定性吗？这样一来，区别何在呢？换句话说，为什么"是"就意味着实在性，而"不是"却会与实在没有什么关系呢？所以，康德的表述方式是有问题的，或

---

① 康德:《纯粹理性批判》，第469页。
② 康德:《纯粹理性批判》，第123页。

者非常保守地说，康德有自己的一些想法，这些想法造成了表达上的含混之处。

这里的问题可能与康德的表达方式相关①，却不是最主要的。因为"肯定"和"否定"这一对概念已经出现在判断表中，范畴表中也有对应的范畴，这就表明，在范畴表中已经有了关于这两个概念的说明。在我看来，最主要的还是与康德的认识相关。直观上可以看出，模态范畴与其他几类范畴明显不同，这就是它是以肯定和否定两种形式对应地表达的，而在这两种对应形式的表达中，各对范畴又有区别。"（可能性 - ）不可能性"的否定是以否定性词头"un"的形式出现的，"（必然性 - ）偶然性"则不具有否定的形式，只是从含义上与"必然性"形成否定。唯独"（此是 - ）不是"一词乃是对"是"的直接否定，即 ist nicht 的名词形式。虽然"此是"与"是"有所区别，但是，它是"ist da"（是在那里的）的名词形式却是无疑的，因此其中的"是"乃是明确的，其系词特征也是明确的。这样它就与"不是"形成否定性的关系。看到后面康德在涉及上帝存在本体论证明时大量关于 Dasein 的讨论，以及讨论中关于"是"的系词特征和性质的说明，我们可以认为，范畴表中提出"此是"与"不是"这一对范畴，乃是康德哲学的需要。正像康德所说，这个范畴表完备地包含所有重要概念。所谓完备性即要包含所有他需要的概念，而"是"与"不是"当然是他要讨论的重要的概念。所以，它们一定要出现在范畴表中。换一种方式来思考，假如范畴表中没有这一对概念出现，康德还能说它完备地包含了所有重要概念吗？或者，在康德时代，不包含"是"与"不是"的概念体系，能够被称为是完备的吗？所以，康德一定是觉得，"是"与"不是"必须出现在范畴表中，因为它们是先验哲学必要的哲学概念。这样也就有了"此是—不是"这一范畴。问题是，他忽略了一个问题，它们究竟是语言层面的，还是语言所表达的东西层面的？或者，用他自己的区别，它们究竟是形式方面的，还是内容方面的？按照他关于系词的论述，关于肯定和否定的论述，它们应该是形式方面的。而按照他关于判断表和范畴表的说明，似乎判断表是形式方面的，范畴表是内容方面的，而这一范畴又出现在范畴表，因此它似乎是内容方面的。假如它确实是内容方面的，假如康德本人确实也是这样认为的，那么

---

① 康德的判断表为四类十二个概念，因而相应的范畴表也是这样的。他很看重自己的这个分类，做了一些说明和论证，还批评亚里士多德的范畴分类。参见康德:《纯粹理性批判》，第 96-99 页。

判断表中相应的"实然的"又意味着什么呢？后者还是形式的吗？它的形式特征又是如何体现的呢？

所以我认为，康德需要"是"与"不是"这一对用语，也需要它们所表达的东西，因此他一定要在范畴表中把它们列出来。问题不在于它们是出现在判断表还是出现在范畴表，而在于他借助形式与内容的区别来说明这两个表。实际上，即便是判断表，其中所给出的概念也不完全是形式的。比如，如果不是基于"S是P"这一句式，因而想到"所有S是P"，怎么会认识"全称的"这一关于量的说明，又如何与"全体性"这一范畴联系起来呢？与以上讨论相关，如果不是基于"S是P"这一句式，如何会想到"实然的"是什么意思呢？又如何会理解"此是—不是"会是与它相应的范畴呢？而反过来，看到"此是—不是"以后，想到"实然的"、想到"否定性"难道不会是更自然一些吗？所以，康德关于形式与内容的区别在思想中也许是清楚的，但是在具体说明和应用中却明显有不清楚之处。这主要是因为，他对语言和语言所表达的东西的区别尚缺乏明确的认识，或者，他也许有这方面的认识，但是并没有将这样的认识表达出来。

三、普遍的真之标准

范畴表有一个显著特征，就是基于关于句法的考虑。非常明显的是，它没有关于真的考虑，即在其给出的12个范畴中，没有"真"这一概念。对于这一点，康德也是有认识的，并做出专门的论述[1]。阅读康德的著作，我们可以看到关于"真是什么？"的询问，可以看到符合论的典型表述：真乃是知识与对象的符合，还可以看到关于认识的普遍的真之标准的追问和探讨。这部分论述是康德思想中的重要内容，今天应该是常识性的东西，不必展开论述。我要指出的是，康德的相关讨论同样涉及形式和内容的区别。我认为，康德关于真之标准的讨论是有意义的，也是重要的。由于他的讨论与形式和内容的区别相关，因此探讨他的相关论述有助于我们更好地理解他的这一方法论原则，由此也可以更好地理解他关于真之标准的论述，并最终更好地理解他关于真这一概念的认识。

具体一些说，康德认为，"真是什么？"乃是一个古老的问题，真乃是认识

---

① 参见康德：《纯粹理性批判》，第107页。

与对象的符合，乃是人们与真相关的通常认识。他要进一步询问，认识的普遍的真之标准是什么？由此可见，在与真相关的问题上，康德比人们的通常认识还要更进一步。康德的观点是，在形式方面，有普遍的真之标准，但是在内容方面，没有普遍的真之标准。所以很明显，康德关于真之标准的讨论借助了他关于形式和内容的区别的看法。在我看来，康德的相关认识如今已是常识，因此不必展开论述。我要指出的是，康德在《逻辑学讲义》和《纯粹理性批判》中都探讨了这个问题，同样都借鉴关于形式和内容的区别，但是讨论的方式却有明显区别。简单说，在《逻辑学讲义》中，他强调的是形式方面，即有认识的普遍的真之标准，而在《纯粹理性批判》中，他强调的是内容方面，即没有认识的普遍的真之标准。在我看来，从他的这一区别入手，我们可以更好地说明康德关于形式与内容的区别，并由此说明他关于真之理论的认识。

同样是提及"真是什么？"这个问题，同样陈述了符合论的观点之后，康德在两部著作中的论述如下：

【引文7】此处即是要问：是否并且在何种程度上有一种确实可靠的、普遍的、适于应用的真之标准？这意味着真是什么的问题。①

【引文8】真是什么？对真的名词解释，即真乃是知识与其对象的一致，在这里是被赠予和预设的；但是人们要求知道，任何一种知识与真相关的普遍而且可靠的标准是什么。②

对比这两段话可以看出，所谈问题和用语几乎相同，唯一区别是谈论的次序：《逻辑学讲义》是从关于符合论的讨论提出真之标准的问题，并把它归为与"真是什么？"相关的问题。《纯粹理性批判》则直接从"真是什么？"这一问题出发，谈及符合论，进而提出并询问普遍的真之标准是什么。所以，最后归为真是什么的问题，或者从"真是什么？"这一问题出发，只是谈论方式的不同，只是表明所谈问题与"真是什么？"相关，因而与真相关，但是真正考虑的重点却是真之标准。当然，谈论方式的不同，可能会导致所谈东西的不同。两著的相关讨论确

① 康德：《逻辑学讲义》，第49页。"此处"指前面关于真之符合论的讨论。
② 康德：《纯粹理性批判》，李秋零译，第87页；译文有修正，参见 Kant: *Kritik der reinen Vernunft*, Band Ⅰ, Suhrkamp Verlag, 1984, 第102页。

实是不同的，不知是不是也与这种不同的谈论方式有关系。

简单说，《逻辑学讲义》重点谈论的是有真之标准，为什么有普遍的真之标准。而《纯粹理性批判》论述的是没有普遍的真之标准，为什么没有普遍的真之标准。这一区别的论述依据形式和内容的区别，我们则可以由此来认识康德关于形式和内容的区别的认识。

在《逻辑学讲义》中，由于有形式和质料的区别，因而康德将真之标准的问题转换为两个问题：其一，是否有普遍的、质料的真之标准；其二，是否有普遍的、形式的真之标准。康德的回答很明确：没有前者，但是后者"确实可能有"①。然后他对后者，即对普遍的形式的真之标准进行了详细的讨论。他谈到矛盾律、同一律、排中律和充足理由律，称它们是原理，是真之标准，是"普遍的、纯粹形式的或逻辑的标准"②，并围绕这些原理进行了详细的讨论。这些讨论表明，依据形式和质料的区别，在谈论真之标准的时候，尽管康德认为没有质料方面的真之标准，但是有形式方面的真之标准，因此重点讨论了后者。从他的论述方式可以看出，形式标准大致等同于逻辑标准，因而在逻辑著作中自然也要谈论形式方面的真之标准。

在《纯粹理性批判》中，由于有形式和内容的区别，康德就可以从这一区别出发谈论真之标准。他认为，形式与内容无关，而真与内容相关，因此，尽管形式方面有真之标准，但是内容方面不会有真之标准，因此不可能有普遍的真之标准③。他重点讨论的是为什么在内容方面没有普遍的真之标准。这一点容易理解，因为这不是逻辑著作中的论述：尽管他的讨论与逻辑相关，却不是专门在讨论逻辑问题，而是在讨论认识，在讨论与认识相关的问题。讨论对象的不同，导致讨论方式的不同，讨论的内容也不同。也就是说，关于形式和内容的区别是一样的，关于真之标准的认识是一样的，但是讨论却是不同的。这里，我们可以康德在两著中关于形式标准的论述为例来说明这个问题。

【引文9】这种形式的普遍标准尽管对于对象的真尚不充分，却仍可能

---

① 康德:《逻辑学讲义》，第 50 页。
② 康德:《逻辑学讲义》，第 52 页。
③ 康德:《纯粹理性批判》，李秋零译，第 87-88 页；译文有修正，参见 Kant: *Kritik der reinen Vernunft*, Band I, 第 103 页。

为该标准的那种 conditio sine qua non（必要条件）。①

【引文 10】……因此，纯粹逻辑的真之标准，即一种知识与知性和理性的普遍的、形式的规律相一致，虽然是一切真之 conditio sine qua non［必要条件］、从而是否定式的条件：但逻辑却不能走得更远，逻辑不能凭借任何试金石来揭示不涉及形式，而是涉及内容的错误。②

比较这两段话可以清楚地看出，同样谈论形式方面的真之标准，用语也差不多，比如都用拉丁文表达了"无它不行"的必要条件，却是有区别的。在逻辑著作中，要强调和探讨的是形式方面的真之标准，因此一方面指出内容方面没有这样的标准，另一方面却仍然要强调形式方面的真之标准乃是必要条件，即缺之不行。从表达方式看，"尽管……尚不充分"是弱化的表达，"却"（aber）则是强调性的。而在哲学著作中，要强调的是内容方面的真之标准，因此一方面指出这样的标准是必要条件，另一方面却要指出并强调，逻辑解决不了内容方面的问题。从表达方式看，"虽然"是弱化的表达，引出了"无它不行"这一必要条件，不仅如此，还要补充说明这只是一种"否定式的条件"，似乎是进一步的弱化，而这只是为了更加凸显"但是"（aber）后面的强调。

对照这两段话可以明显看出，一些基本的东西始终没有改变。其一，关于形式和内容的区别没有改变。其二，看待真之标准的方式没有改变，即依据形式和内容的区别来看，因而可以分别谈论形式方面的真之标准，内容方面的真之标准。其三，对真之标准的看法没有改变：形式方面有真之标准，内容方面没有真之标准。其四，对形式方面的真之标准的看法没有改变：这是逻辑的标准，逻辑方面的真之标准是与真相关的必要条件。其五，对内容方面的真之标准的看法没有改变：这是与内容相关的，与对象相关的。

基于以上认识则可以看出，两著谈论真之标准的方式是不同的。《逻辑学讲义》要谈论形式方面的真之标准，因此弱化内容方面的论述，《纯粹理性批判》要谈

---

① 康德:《逻辑学讲义》，第 50 页；译文有修正，参见 Kant: *Logik*, Ein Handbuch zu Vorlesungen, herausgegeben von Jäsche, G.B., Erich Koschny (L.Heimann's Verlag), Leipzig 1876, 第 56 页。

② 康德:《纯粹理性批判》，李秋零译，第 88 页；译文有修正，参见 Kant: *Kritik der reinen Vernunft*, Band Ⅰ, 第 103 页。

论内容方面的真之标准，因此弱化形式方面的论述。这两种谈论方式的不同，并不是观点的不同，而只是谈论的侧重点不同。在逻辑方面，康德的论述可能显得清楚一些，比如引文9就是单独一段话，尽管也有上下文，但是字面上干干净净。而在哲学著作中，他的论述看上去好像不是那样清楚，比如引文10明显是基于前面论述的推论，在说明中还使用"试金石"这样的比喻。由此也显示出哲学与逻辑的一些区别。为了更好地说明这里的区别，我们再看《纯粹理性批判》中的一段话：

> 【引文11】如果真就在于一种知识与其对象的一致，那么，这个对象就必须由此而与别的对象区别开来；因为一种知识如果与它所关联的对象不一致，那么，即使它包含着某种可能适用于其他对象的东西，它也是假的。于是，一个普遍的真之标准就会是对知识的对象不加区别而适用于一切知识的标准了。但显而易见的是，既然人们就这一标准而言抽掉了知识的一切内容（与其客体的关系），而真又恰好涉及这种内容，所以，追问知识的这种内容的一个真之标志，就是完全不可能的和荒唐的，因而也不可能给出一个充分的，但同时又是普遍的真之标志。既然我们上面已经把一种知识的内容称为它的质料，所以人们就将不得不说：对知识的真就质料而言不能要求任何普遍的标志，因为它就自身而言是自相矛盾的。①

这段话谈论真与认识和对象的关系，使用了一些不同用语，比如"标志""质料"，但是明显可以看出这是与内容相关的论述，说的是内容方面没有真之标准。比如其中谈到把知识的内容称为质料，因此可以在内容的意义上理解质料。康德认为内容方面没有真之标准，这里则说内容方面不可能找到真之标志，意思也是一样的。仔细一些还可以看到，这段话没有提及"形式"一词，更是说明这里的论述与内容相关，但是"抽掉了知识的一切内容"这一句显示出与内容的对应性，无疑是指形式。不仅如此，这句话还与真之标准相关，这样就会涉及形式和内容两个方面，或者说，涉及内容方面和抽掉了内容以后的方面。由此可见，形式方面有真之标准，内容方面没有真之标准。这是已有的认识，而且是不变的认识。

---

① 康德：《纯粹理性批判》，李秋零译，第87-88页；译文有修正，参见 Kant: *Kritik der reinen Vernunft*, Band Ⅰ，第103页。

正是基于这一认识康德才可以说，而我们也可以理解：抽掉了内容就只剩下形式，或者，抽掉了内容指的是形式。这一点明确了，康德也就可以做出进一步的说明，比如形式方面有真之标准，而内容方面没有真之标准。或者说，我们也就可以这样来理解康德的论述。

若是仔细一些，则可以看出，引文 11 开始一句话与后面的论述明显不同，它延续关于符合论的说明，谈论真、认识与对象的关系。这样，关于内容方面没有真之标准的论述就与对象直接相关。康德的意思是说，认识是有对象的，因而一种认识与其对象相关。但是，这个被认识的对象与其他对象不同，形成区别，即它与另一个对象不同，所以，一种认识适合于这个对象，但是却会不适合于另一个对象。前者是真的，而后者是假的。从康德的论述方式看，这是自明的，不必多说。因此我们也只能在常识的意义上来理解，比如"是白的"适合于雪，却不适合于煤。所以，如果有普遍的真之标准，就不会在对象方面做出区别，只要在对象方面做出区别，就不会有普遍的真之标准。假如这样的理解是正确的，我们就可以看出，所谓内容方面的考虑，指的是具体的句子所表达的东西。比如"雪是白的"和"煤是白的"这样的句子所表达的东西。我们可以说前者是真的，但是不能说后者是真的，而只能说它是假的。

逻辑句子显然不是这样的句子。以康德所说的矛盾律为例：一事物不能既是（如此）又不是（如此）。这是真的。排中律与它是等价的：一事物要么是（如此）要么不是（如此）。这也是真的。康德认为，逻辑规律都是真句子，都是符合矛盾律的，因此说矛盾律是真之标准。康德认为逻辑规律都是只考虑形式，又符合矛盾律，因此有形式方面的真之标准。矛盾律中的"是"和"不是"这些用语同时也是范畴表中的范畴，比如相当于质的范畴中的"肯定"和"否定"，它们来自判断表，康德则明确地说它们是形式的。矛盾律中的"事物"并不是有确切所指的表达，只是泛指的表达，意思是"任一东西"。在康德看来，它不代表确切的对象，而是抽掉了对象，比如抽掉了"雪""煤"这样的东西。所以，从康德这些论述可以看出，他关于形式和内容的区别是清楚的，或者至少是可以说清楚的。正因为如此，他才可以依据这一区别来谈论真，谈论认识的真之标准，并且认为一方面有真之标准，另一方面没有真之标准，因而认为没有普遍的真之标准。不仅如此，依据这一区别，他还可以在逻辑讨论中谈论真之标准，强调真之标准，围绕真之标准做出详细的论述，他也可以在哲学讨论中谈论真之标准，弱化真之标准，谈论他想要讨论的问题。

四、形式与内容的区别的实质和特征

前面我们从三个方面——关于形式和质料的论述、关于范畴表的论述、关于普遍的真之标准的论述——探讨了康德关于形式和内容的区别。基于前面的探讨，现在我们可以进一步探讨康德关于形式和内容的论述。

范畴表与判断表相对应，但是依然可以做两种理解。其一，判断表是形式方面的，是抽掉内容的，这是康德明确说的，因而是与内容无关的。但是范畴表所得到的是康德所需要的先验知性概念，似乎是与内容相关的。但是如前所述，我们发现范畴表的表述是不太清楚的，比如"此是—不是"这一对范畴，与其说它是内容方面的，不如说它是形式方面的。其二，我们可以不追究范畴表述的清晰性，可以认为它是基于判断表而得到的，是与判断表相区别的，是与内容相关的，而且暂且假定它没有表述上的问题。在这种情况下就可以看到，这十二个先验概念首先是与逻辑相关的，实际上也是与逻辑相关的，比如量和质的范畴涵盖了直言命题的"所有""有（的）""单称"和"是""不"。关系和模态的范畴涵盖了选言命题和模态命题的"要么，要么""如果，则"和"必然""可能"，以及直言命题的"此是"和"不是"。只要与判断表对照着看，这就是显然的。若是对照《逻辑学讲义》和《纯粹理性批判》的相关论述，则更是显然的，因为在《逻辑学讲义》，"无限的"也是被当作逻辑的东西来论述的。所以，只要康德关于形式与内容的区别的论述没有问题，因而判断表没有问题，我们就可以认为，康德关于范畴表的论述也没有问题。所以，重点还是要看判断表。

联系引文 6 可以看出，康德称主词和谓词为判断的质料，因而判断表中没有与它们相应的表述。由此可见，只靠判断表给出的概念和范畴表给出的范畴是不能构成判断的。比如"所有 S 是 P"是一个全称判断，范畴表只给出相应于其中"所有"和"是"的范畴，但是没有与"S"和"P"相应的东西。又比如"要么 p，要么 q"是一个选言判断，范畴表只给出相应于其中"要么、要么"的范畴，但是没有给出与"p"和"q"相应的东西。既然将这样的东西看作并称为"形式"，那么所谓抽掉的"内容"，应该是指"S"和"P"、"p"和"q"或它们所表达的东西。

直观上看，这样的说明是没有什么问题的。所以人们可以认为，康德关于形式和内容的区别的论述是清楚的，也是可以理解的。但是在我看来，问题并不是这样简单。这样的说明的实质是句法层面的，脱离了语义层面的考虑。如果联系语义来考虑，就会看出其中的问题。特别是，康德自己还有明确的关于真之标准的论述，这就说明，他自己也是有语义层面的考虑的。这样我们只需要结合康德的相关论述来考虑这个问题就可以了。

从真这一角度考虑问题，我们会发现，康德所说的单纯的形式层面是没有真假的。换句话说，"所有"和"是"乃是无法表达出真假的，只有"所有 S 是 P"才会有真假，也就是说，只有与"S"和"P"这样所谓表达内容和体现内容的东西结合在一起，那些所谓形式的范畴才能表达出真假。认识到这一点也就可以看出，矛盾律"一事物不能既是又不是"也是包含内容方面的东西的：其中的"事物"并不属于范畴表中的范畴。没有它，矛盾律也不是会真的，换句话说，仅凭"既是又不是"也是无法表达出真假的。而之所以说矛盾律是形式方面的真之标准，指的是那些逻辑规律的表达式不能与矛盾律所显示的条件相悖。这同样说明，既然矛盾律含有关于内容方面的表达式，那么逻辑规律的表达式也会含有关于内容方面的表达式。所以，借助符号的方式，或者说借助"S"和"P"，逻辑并不是抽掉形式的内容，而是凸显出逻辑常项，即那些显示逻辑要素的东西。人们可以认为，常项和变项是今天的说法，康德说的则是形式和内容，二者是相应的。我认为一般说一说似乎是可以的，但是在涉及真和语义层面的考虑时，就暴露出康德说法的问题。

在与真相关的说明中，即便不考虑形式而只考虑内容，康德的论述也是有问题的。如前所述，"S"和"P"、"p"和"q"都不是形式，因而只能是内容或是表达内容方面的东西。同样是内容，它们却是有区别的。p 和 q 是判断或表示判断所表达的东西，因此有真假，康德也从真假的角度探讨过相关问题，比如讨论分离规则和假言易位律。但是 S 和 P 是主语和谓语或表示主语和谓语所表达的东西，只是一个判断的构成部分，因此没有真假。也就是说，p 和 q 有真假，与"要么，要么"和"如果，则"这样的关系表达式结合起来也有真假，但是 S 和 P 本身没有真假，只有与量和质等结合起来，即与"所有"和"有（的）"以及"是"和"不是"结合起来，才会有真假。所以，在考虑内容的时候，确实是会涉及真假的，好像确实可以与形式方面的东西没有关系，比如 p 和 q 这样的判断：它们自身就有真和假两种可能性，因而涉及真假。但是，与内容相关的东西并非都是这样，比如 S 和 P，它们只是判断的一部分，自身没有真假。也就是说，离开了所谓的形式方面的东西，比如"是"与"不是"，比如"所有"和"有（的）"，则无法形成句子，也就不会有真假。此外，同样涉及内容，"S"（主词）和"P"（谓词）与"p"和"q"（判断）也是不同的，因而在真假的意义方面也是不同的。认识到这一点也就可以看出，康德关于内容方面的真之标准的论述是有问题的。判断表中有这样的问题，基于判断表而形成的范畴表同样会有问题。

我认为，形式和内容的区别是一个形象的说明，只是一个大致的说明，并没有说清楚逻辑研究的东西和非逻辑研究的东西的区别。这个说明的缺陷在于，关于形式的说明也许是清楚的，比如康德关于判断表中那些概念的说明，但是关于内容的说明却是不清楚的，因为"内容"一词本身是不清楚的。退一步说，即使康德对想要区别的东西在认识中是清楚的，比如形式是"不同表象如何属于一个意识的方式和样式的规定"，内容是"所与的、在判断中为意识的统一所联结的知识"①，简单而通俗地说，形式与认识的方式相关，内容与认识相关。但是"形式"与"内容"这两个术语的应用，特别是从一开始所说的"形式"和"质料"的区别到后来所说的"形式"和"内容"的区别，以及用"抽掉了内容"这样的明确说明来确定形式和内容的区别，使人们认识到形式是没有内容的，内容是与形式无关的。这样的认识，字面上即会带来理解和认识上的问题。在康德论述的语境下，人们会认为逻辑只考虑形式，而先验逻辑，即哲学要在认识的形式的基础上增加关于内容的考虑，比如增加关于对象和实在性等问题的考虑。但是脱离了康德论述的语境以后，人们会认为逻辑只研究形式，与内容无关，而哲学要研究认识的内容。在我看来，这样的认识是有严重问题的。

认识是有内容的，这一点毫无疑问。我的问题是，形式是不是没有内容？康德关于形式的论述，是不是认识？如果不是，那么它是什么？如果是，那么它是不是也应该有内容？对这样的问题，从康德关于真的论述可以获得启发。"真"无疑是"是真的"这种意义上的东西。内容方面没有普遍的真之标准，是指同样的

---

① 康德:《逻辑学讲义》，第 92 页；译文有修正，参见 Kant: *Logik*, Ein Handbuch zu Vorlesungen，第 110 页。

认识对此对象说时就是真的，而对彼对象说是则不是真的。形式方面有真之标准，是指像矛盾律这样的规律适用于所有认识，即它是真的。这就说明，与"是真的"，因而与"真"有一种对应的东西，似乎它既可以是内容方面的，也可以是形式方面的。康德的区别无疑借助了形式与内容的区别，因而说明形式方面有真之标准，但是他的说明又给人一种启示：形式与内容都与真相关，因而似乎又是有联系的。因此我们要问，形式与内容如何能够像康德所说的那样截然分开呢？

我认为，对于这个问题，可以借助句子图式来说明。认识是通过语言来表达的，是通过句子来表达的。比如下面两个句子：

例1：雪是白的。

例2：一事物不能既是又不是。

例1处于句子图式的第一行，是语言层面的。它表达了一种认识，或者说刻画了一种被认识的情况，这种认识属于句子图式的第二行，这与第一行是不同的。例2也处于第一行，也表达了一种认识，这种认识属于第二行。句子图式的第二行被称为"思想"，思想当然是有内容的，因此这一行被称为内容也是可以的。非常明显，以上两个例子是两个句子，都是语言表达的，因而都是带有所表达的东西的，因此都是有内容。我们不能说例1是有内容的，而例2是没有内容的。同样，以上两个句子都表达了认识，例1是关于外界具体事物的具体认识，是关于雪的情况的一种认识，例2不是关于外界事物的认识，而是关于认识的认识。比如与例1相关，例2的意思会是，并非雪是白的又不是白的。但它的意思显然不是这样的。它是关于一类认识表达方式的认识。我们可以认为它涵盖了与例1相关的上述表达，却不能说它是与例1相关的表达。认识到这一点也就可以坦陈：我们当然不能说例1表达了我们的认识，而例2没有表达我们的认识。

例1是日常语言表达的情况，例2是矛盾律，是逻辑定律。现在可以看出，从语言表达的角度看，它们是一样的，都有语言层面的东西，都有涵义层面的东西，而后者即是人们通常所说的它们所表达的内容。正因为如此，"是真的"对它们都可以适用。也就是说，对外在事物的认识我们可以说"是真的"，对关于认识的认识也可以说"是真的"。但是，同样可以说"是真的"，例1和例2却代表了两种完全不同的认识，一类是经验的认识，一类是先验的认识。前一类是经验告诉我们的，后一类是逻辑告诉我们的。

基于以上认识我们就可以认识到，康德以"形式"和"内容"这两个概念确实做出一个重大区别，这大致相当于我们今天所说的逻辑常项和非逻辑常项的区别：形式指的是"所有""是""如果，那么"等显示逻辑要素的东西，内容指"S""P"和"p""q"等与逻辑要素不同的东西。在康德看来，理解（知性，Verstand）的基本形式是"S 是 P"，与它相关，逻辑提供了许多认识，甚至是完善的认识，包括质、量、关系、模态等不同方面的认识，但是关于那些非逻辑要素所表达的东西，逻辑没有做出什么说明，用他的话说，这是因为在考虑逻辑要素所表达的东西的时候，它们被"抽掉了"。这样，一方面他区别出两类东西，一类是与逻辑要素相关的，另一类是与非逻辑要素相关的，他称前者为形式，称后者为内容。另一方面他指出，可以借助逻辑的理论和方法，结合那些被抽掉了的、他称之为对象和实在性的东西来做一些工作。这样他的工作一方面基于逻辑，另一方面又与逻辑相区别：他借助关于形式和内容的区别，称逻辑为形式逻辑，称自己的工作为先验逻辑。所以，康德关于形式和内容的区别还是富有洞见的，他基于这一区别的工作也是有意义的。

但是，康德的工作存在一个明显的缺陷，这就是在对语言和语言所表达的东西的区别以及对这一区别的认识上存在着问题。我们的认识是要通过语言来表达的，日常语言是如此，科学语言也是如此，逻辑语言同样是如此。因此，语言有句法层面，也有涵义层面，是我们通常所说的内容，这是语言所表达的东西。日常语言是如此，比如"雪是白的"，逻辑语言也是如此，比如"一事物不能既是又不是"。否则我们无法理解它们是什么意思。除了这两个层面以外，语言表达还有一个层面，这就是语义层面，即通常所说的真假。我们在表达时一般只考虑前两个层面，而不考虑真假，因为我们通常认为并相信自己所说的是真的。但是我们对一个表达却可以断言"是真的"，也可以问"是真的吗？"，这样就有了真是什么、真之标准是什么的问题。康德关于形式与内容的区别说明他对逻辑与非逻辑的要素的认识，康德的工作说明他认识到真与认识是不同的，他想借助真来说明逻辑与非逻辑之间的区别，但是他在语言和语言所表达的东西之间没有做出清晰的区别，"内容"一词的使用表明，他对这一区别尚缺乏充分的认识。

我强调形式和内容的区别，我借助句子图式说明内容相当于语言所表达的东西，目的是指出，康德关于形式和内容的区别包含着正确的认识，但是也存在着表述不清楚的地方。表述不清楚大概有两种可能性。一个是他的认识是清楚的，但是尚未表达清楚，比如前面我们的工作，借助逻辑常项和变项，借助句子图式，我们可以帮助他把认识表达清楚。另一个是他尚未认识清楚。区别语言和语言所表达的东西，需要借助逻辑的理论和方法。康德时代，传统逻辑的句法是与自然语言融合在一起的，也没有独立的语义学，关于真的认识来要依赖于常识。所以康德关于真的认识，借助真做出的说明，有一些不清楚的地方也是可以理解的，而我们从今天的立场出发帮助他说得更清楚一些也是不难做到的。我们的工作不仅有助于揭示康德关于形式和内容的区别的本来面貌，也有助于纠正一种从康德这一区别延伸出来的错误认识：逻辑只研究形式，不研究内容，好像逻辑与哲学是完全不同的东西，是两回事。逻辑的认识是通过语言表达的，语言有其所表达的东西，是有内容的，因此逻辑的认识是有内容的。逻辑研究与认识相关，而认识是有内容，因而逻辑研究也是有内容的。但是，逻辑的认识与日常的认识、科学的认识是不一样的，后者是经验的，而逻辑的认识是先验的，是关于认识的认识。正因为如此，逻辑与哲学的联系十分密切，康德称逻辑为形式逻辑，并把自己的哲学建立在逻辑的基础上，称自己的哲学为先验逻辑。

第四章 黑格尔的"是之规定性"的论述

黑格尔是德国唯心主义哲学集大成者。他的《逻辑学》和《精神现象学》将形而上学的研究推向高峰。在他的研究中,"是"再次成为核心概念,一如《逻辑学》中的初始概念"是"与"不者"。不仅如此,"是"与"真"的对应性凸显出来,比如《精神现象学》一开始关于感觉确定性所说的最纯粹的"它是"和最贫乏的"真",比如《逻辑学》中借助"真"来说明"是"与"不者"的转换。我们假定这些都是常识性的认识,不必多说[①]。我们要讨论的是黑格尔关于"规定性"的论述。

"规定(性)"[②]这一概念是哲学讨论中经常谈到的,比如第二章引文 7 就谈到"规定性",那是亚里士多德的论述,他将范畴称为规定性。这说明,规定性是与谓词和谓述方式相关的。在哲学史上,人们通常将"规定性"作为自明的概念使用,也没有专门的论述,但是在黑格尔这里,我们看了专门的关于规定性的探讨,或者说,非常明显地借助规定性来探讨问题。黑格尔的相关论述是不是哲学史上的独特现象,也许有待进一步确定,但是就我的阅读和研究而言,这至少是比较少见的情况。在我看来,由此入手进行研究,对黑格尔的思想可以获得更好的认识,与本书的研究相关,关于形而上学也可以获得更好的认识。

---

① 我曾专门讨论过这两个问题,参见王路:《一"是"到底论》,北京:清华大学出版社,2017 年,第 2 章 2.3;《"是"与"不者"——黑格尔逻辑学的核心概念》(上、下),载《清华西方哲学研究》,2020 年夏季卷,第 250-270 页。

② "规定性"一词译自德文 Bestimmtheit。它是形容词 bestimmt(规定的)加抽象名词词尾 heit 组成的名词。该词的动词是 bestimmen(规定),其相应的名词是 Bestimmung(规定)。英译文相应的有 determinateness、determinat、determination 等(例如参见 Hegel, G.W.F.: *The Science of Logic*, translated and edited by Giovanni, G.D., Cambridge University Press, 2010, 第 58、59 页)。本书取"规定性"一词,随讨论上下文会有变化,不做说明。

一、规定与规定性

翻开《逻辑学》一书的目录,"规定性"处于十分显眼的位置:它是第一部分的标题。这一部分含三章,即"是""此是"和"自为之是"。若是细看,在该部分一些具体章节的目录中,在其他部分一些章节的目录中,这一概念也多次出现,由此可见这一概念是非常重要的。众所周知,第一部分是《逻辑学》的核心部分,这就清楚地表明,规定性乃是与《逻辑学》的核心部分相关的,并且是与其中的核心概念相关的,因此重要性非同一般。我们可以不必考虑其他部分,而只考虑第一部分的相关论述。第一部分的第一章论述了黑格尔逻辑学的三个初始概念,它奠定了其他各部分和讨论的基础,限于篇幅,我们的讨论也只与这一部分相关。

第一部分的题目是"规定性(质)",第一章的题目乃是"是",其中所谈即是黑格尔逻辑学三个初始概念"是""不者"和"变"。这说明,"是"乃是逻辑学的核心概念,而规定性与它直接地、密切地相关。第一部分之前有两小节,第一小节论述"必须用什么做科学的开端",说明要在逻辑中寻找初始概念,要用"是"做开端,为用"是"做初始概念提供简要说明。第二小节在"是之一般分类"的标题下对"是"做出说明。这一节不长,其开始部分如下:

【引文1】是首先乃是针对别的东西而被规定的;其次它是在自己内部起规定作用的;第三,抛弃了这种划分的暂时性,它就是抽象的无规定性和直接性,而在这种无规定性中,它一定是开端。

根据第一条规定,是本身乃是针对本质区分的,因为它在随后的发展中表明它整体上只是概念的一个范围,并且把这个范围作为一种要素,使另一个不同的范围与它形成对照。

依照第二条规定,是乃是这样一个范围,在这个范围中有对它反思的规定和全部活动。这里,是将被确定为如下三项规定:

1)规定性,这样的;质

2)被扬弃了的规定性;量

3)在质方面规定的量;度。[①]

---

① Hegel, G. W. F.,: *Wissenschaft der Logik*, Suhrkamp Taschenbuch Verlag, 1993, S. 79.

非常明显，这一段说明规定了该书的走向。最后 1）—3）的说明，即是该书"客观逻辑"的三部分，1）则是第一部分"规定性（质）"。

同样明显的是，这一段说明中，"规定"是一个关键词，它不仅是 1）中的题目，因而被对象化，成为谈论或借以谈论的对象，而且是一个用来说明的用语。这一点在第一小段关于"是"的说明中表现得淋漓尽致。"是"乃是《逻辑学》的核心概念，是"客观逻辑"的核心概念：是其第一编的题目。"规定"一词与"是"相关，因此有助于对"是"的理解，我们可以重点探讨一下。

非常清楚，第一小段有三层意思，分别乃是对是的说明，说明中都使用了"规定"一词，因此可以看出，"规定"具有对是的说明作用。第一层意思说，是乃是针对别的东西而被规定的。即使我们不知道这里的"规定"是什么意思，从这里的说明也可以看出，这里所说的"是"，并非一个独立的东西，而是一个与其他东西相对的东西，乃是与其他不同的东西在一起的。假如我们知道"规定"是一种说明作用，则可以看出，是乃是起说明作用的，但是它要与一个不同的东西在一起，就是说，它是对另一个东西起说明作用的。第二层意思说，是乃是在自己内部起规定作用的，这就是说，它自身也有规定作用，也起规定作用。按照前面的理解，是乃是起说明作用的。这两层意思表示了一个清晰的认识：是乃是起规定作用的，与规定相关。第三层意思明确地说要抛开前面两个意思。由于此前的说明都与规定相关，因此抛开前两层意思即是抛开规定性，所以黑格尔说这就是无规定性。由此可见，第三层意思来自前面的论述，字面上也是可以理解的。这样就说明，是乃是开端，是无规定性的。

从以上说明我们获得关于是的三个认识：其一，它与一个不同的东西相关，对后者起规定作用；其二，它自身起规定作用；其三，它可以是无规定性的。问题是，这里所说的这个是究竟是什么？假如联系后面黑格尔所明确谈论的"系词"，我们可以认为这里所说的乃是"S 是 P"中的"是"这个词，"S"和"P"乃是它所连接的两个词，前者是被说明的，后者是关于前者的说明，也可以说是规定。所以，"是"乃是系词，与主语"S"不同，"是"自身也起着说明作用。即便认为黑格尔这里没有区别语言和语言所表达的东西，说的可能是该词所表达的东西，我们也可以认为这里所说的乃是与系词相关的，因而与"是"这个词相关的。我认为，这样的理解是没有问题的。

　　有人可能会认为，黑格尔这里是关于客观逻辑的论述，不能依据他后面关于主观逻辑的论述来讨论，而只能从这里的论述来理解。我认为，这样认识也是有道理的，因此我们放弃他关于主观逻辑的说明，联系他此前的论述来理解。黑格尔说要在逻辑中寻找出发概念，他所说的逻辑一定与他所掌握的逻辑理论相关，与他后面所说的主观逻辑相关，而这样的逻辑的基本句式是"S 是 P"，因此"是"乃是其可以考虑的第一个概念。若是认为这样的认识依然有些主观，有些人为因素，那么我们还可以看一看黑格尔的具体论述。比如他在谈论说明方式时说："科学说明所涉及的东西，乃是在各个逻辑句子中都出现对直接性和间接性的规定，因而出现对它们的对立句子和它们的真的讨论。"① 这里的"句子"显示出关于语言的考虑，至少含有关于语言层面的考虑。若是认为这里的"句子"（Satz）有翻译问题，过于凸显关于语言的考虑，应该译为"命题"②，那么也可以看到，这里所说的"逻辑命题"是以句子的形式表达的，其中的"直接性"和"间接性"，暗含着关于肯定和否定的表达，因此这里所谈的是"S 是 P"和"S 不是 P"这样的表达，它们的对立是明显的，真假也是不同的。特别是，这里谈到"规定"，后者直接与"直接性"和"间接性"联系在一起，因此直接与"是 P"和"不是 P"联系在一起。所以，无论是联系主观逻辑来考虑，还是结合此前的论述来考虑，都可以看出黑格尔在关于"是"的规定性说明中有语言方面的考虑。

　　引文 1 的其他部分对"是"做出进一步说明，提到本质，并提到概念的范围，而在对范围的说明中提到质和量，并在对后者的说明中提到度。本质、质和量这几个概念来自亚里士多德的范畴学说，都是传统哲学的基本而重要的概念，黑格尔显然是借用了，或者说，在这种意义上，他延续传统哲学的讨论方式。在我看来，关键之处在于这里关于"是"的范围的说明：对是的反思的规定和活动。将"是"看作语言中的一个词，它就是表达认识的用语，而它所表达的自然是思维活动以及思维活动的方式和所产生的认识。所以，有了第一小段的说明，这里的说明都是可理解的，其主要作用就是说明以上说明的合理性，并由此引出 1）—3）的分类。

　　"是之一般分类"的说明属于客观逻辑，最后的分类是关于其三部分内容的分类，由此进入第一部分"规定性（质）"的论述，首先出现下面这段说明：

————————

① Hegel, G. W. F.,: *Wissenschaft der Logik*, Suhrkamp Taschenbuch Verlag, 1993, S. 66.

② 参见黑格尔:《逻辑学》，杨一之译，北京：商务印书馆，2017 年，第 52 页。

【引文 2】是乃是无规定的直接的东西；是和本质对比，乃是免除了规定性的，同样也免除了可以包含在它自身以内的任何规定性。这种无反思的是乃是那仅仅直接地依它自己那里的是。

因为是乃是无规定的，它也就是无质的是；但是，这种无规定性的特征，只有在与**规定的东西**或质的东西对立之中，才自在地属于是。这种**规定了的**是本身与一般的是相对立；但是这样一来，一般的是的无规定性也就构成了它的质。因此，要指出：

第一，**最初的**是（*Sein*），乃是依自身被规定的，所以，

第二，它过渡到**此是**（*Dasein*），乃是**此是**；但是此是作为有限的是，揭弃了自身，并过渡到是与其自身的无限关系，即过渡到，

第三，**自为之是**（*Fürsichsein*）。①

这段话很简明，是导论性的、说明性的，目的就是最后三句话，即划分出该部分要论述的三章内容。这一点，对照随后三章的题目可以看得非常清楚：第一章论述"是"，第二章论述"此是"，第三章论述"自为之是"。尽管这里仅是导论性的简要说明，但是关于规定性的说明还是有一些提示作用的。

第一小段说"是"乃是无规定的东西，因而乃是依自身的是。有了引文 1 的说明，这句话就是自明的了。特别是这里还谈到是与本质的对照。本质是范畴，而且是一个与其他诸范畴形成对照的独特范畴。前面说过，范畴是以谓词的方式表达的，比如"是 P"。"是"与它对照，则将二者区别开来，因此"是 P"有规定性，范畴（P）有规定性，而"是"没有规定性。所以，是可以是依自身的。这与引文 1 的说法似乎有些不同，那里说是乃是有规定性的，但是抛去这种规定性，它就是无规定的和直接的。但是如前所述，所谓抛去规定性，相当于只考虑是一词本身。所以，两处说法不同，意思是一样的。对是可以有两种考虑，一种是在句子中考虑，即考虑它所规定的东西，这样它就是有规定的，无论这规定是什么，比如是不是本质。另一种是只考虑是本身，将它与其所联系的东西做对照，区别开，无论所对照和区别的东西是什么，比如是不是本质，这样它就是无规定的，它就是依自身的。依据这样一种区别的方式，黑格尔得出关于是的说明：是一般

---

① 黑格尔:《逻辑学》上卷，杨一之译，第 68 页；译文有修正，参见 Hegel, G. W. F.: *Wissenschaft der Logik*, Band Ⅰ, Surekamp Verlag Frankfurt am Main, 1969, 第 115 页。

是有规定的,但它本身又是无规定的,因此围绕是的探讨就含有不同层次,也会涉及这其中的变化关系。所以,他的三步探讨非常明确:首先要探讨依自身的是,即无规定的是,他称这一步为"是",然后再探讨有规定的是,他称这一步为"此是",这是从前者过渡而来的探讨,最后再做更进一步的展开的探讨,他称这一步为"自为之是"。

以上意思是清楚的,值得注意的是关于这三步之间的关系的说明:"过渡"。字面上可以看出,"此是"乃是在"是"一词上增加了"此"所形成的表达式,因此表达的意思比"是"要多。"自为之是"乃是在"是"一词上增加了"自为",也可以说,将"此是"的"此"改为"自为",表达的意思比"是"肯定多,比"此是"是不是多,需要看具体说明,区别却是明确的。"过渡"一词表明,"自为"的意思肯定更多,限于篇幅和本书的目的,我们不讨论"自为之是"及其相关问题。下面我们以黑格尔关于"是"与"此是"的论述为例,说明其间所说的"过渡"的含义,以此进一步讨论与规定性相关的问题。

二、"是"与规定性

从"是"这一章开始,黑格尔进入了关于他的哲学体系的细节的探讨,也可以说,他开始展开他的相关思想认识的详细论述。他的初始概念有三个:"是""不者"和"变"。在我看来,字面上是三个,其实可以看作两类,即"是"和"不者"一类,这两个确实是传统逻辑中的常项,可以做初始概念。"变"这一概念是另一类,是黑格尔自己提出的,旨在说明前二者之间的关系,并借助前二者说明运动发展的环节和变化过程。由于其间涉及真假,也可以看作语义方面的说明[①]。不过,这不是我们这里要讨论的。此外,"不者"的基本意思是对"是"的否定,含"不是"的意思。我们的目的不是讨论黑格尔的逻辑学,而是探讨他关于"规定性"这一概念的使用和说明,这里又主要是讨论"是"与"此是"的过渡关系,并由此说明"规定性"所起的使用。因此我们只看黑格尔关于"是"的说明:

---

① 我曾详细讨论过这里所涉及的与真相关的问题,参见王路:《"是"与"不者"——黑格尔逻辑学的核心概念》(上、下),载《清华西方哲学研究》,2020 年夏季卷,第250-270 页。

【引文 3】是，纯是，——没有进一步的规定。在它无规定的直接性中，它仅仅等于自己，而且针对其他东西也不是不相等，在它的内部没有差异，根据外界也没有差异。通过任何规定或内容，在它规定的内容或通过这种内容把它规定为与另一个东西不同，它就不会保持它的纯粹性。它是纯无规定性和空，在它看不到任何东西，即使这里可以谈论观看；或者它仅仅是这种纯粹的空的观看本身。在它同样很少可以思考某物，或者它仅仅只是这种空思考。这种是，这个无规定的直接的东西实际上就是不者，而且比不者既不多，也不少。[①]

这是《逻辑学》中关于"是"这个开端概念的说明。其中第一句显然是以"规定"来说明的，只不过是说它没有规定。换句话说，是本来应该是有规定的，但是这里以它做开端，做初始概念，因而如引文 1 所说，消除了它自身的规定性，因而它没有规定。后面的都是关于这一句所说的"没有进一步的规定"的说明。

如前所述，"是"乃是系词，可以在系词的意义上理解。在这种意义上，也可以在一个词的意义上理解。若将"是"仅仅看作一个词，它确实是没有含义的，因为它是系词，它的含义是系词含义。而这个词只有放在句子中才会体现出它是一个系词，才会体现出它的系词含义。人们通常认为，系词本身没有含义，它的含义来自它所联系的谓词。所以，即使知道它是系词，有系词含义，但是这样的系词含义实际上是与谓词结合在一起的，是由谓词决定的，也就是说，是通过谓词的规定体现出来的。

黑格尔的论述看似独特，其实与这种通常的认识是一致的。比如其中说到的"它规定的内容"看似是一个比较模糊的表达，既可以在"是"本身的意义上理解，也可以联系谓词，因而在"是 P"的意义上理解，但是联系其后所说的"通过这种内容把它规定为与另一个东西不同"，我们就会发现，这里乃是与"S 是 P"相关、基于"S 是 P"的说明。所谓"另一个东西"指的是"S"，主语所表达的东西，与主语不同的东西当然是"P"，即谓语所表达的东西，而这些又是关于"是"的说明，并且由于它们的出现，"是"变得失去了纯粹性。换句话说，若是保持"是"的纯粹性，主语和谓语就不能出现，这样就只剩下"是"。这样"是"固然可以

---

① 黑格尔:《逻辑学》上卷，杨一之译，第 69 页；译文有修正，参见 Hegel, G. W. F.: *Wissenschaft der Logik*, Band Ⅰ，第 82-83 页。序号为引者所加，为讨论方便。

说是纯粹的，但是失去了规定性，也就没有了规定的内容。所以，黑格尔的说明看似复杂，其实并不复杂，他不过是对"S 是 P"这一基本句式做出说明，他的说明方式则是将其中的"是"提取出来，将它作为一个初始概念，然后依据关于"S 是 P"的认识，对它做出以上说明。关于"S 是 P"的认识来自传统逻辑和传统哲学，在黑格尔时代，这是自明的常识性的认识，黑格尔的说明虽然有自己的想法和特色，但是他的认识却没有什么新鲜之处。所以，我们只要认识到他所基于的关于逻辑的认识，关于语言的认识，认识和理解他的论述并不是什么难事，对他的论述做出解释和说明也是很容易的。

客观而论，以上是关于引文的两种不同解释，一种依据语言的解释，比如依据"S 是 P"来分析，另一种不依据语言的解释，比如依据规定性。二者是有区别的，而黑格尔本人，特别是引文 2 本身只是后一种解释，似乎看不出关于语言的考虑。从解释的结果看，似乎前一种解释更清楚一些，但后一种解释更符合黑格尔本人的思想。在我看来，这主要是由黑格尔的论述方式造成的。他称这一部分论述为客观逻辑，相当于传统的本体论研究，所以他的论述似乎刻意回避了语言方面的考虑。当然，他这样做的原因可能有两个，一个是他批评康德区别形式和内容，而他强调对逻辑的改造，因而更强调内容方面的东西，所以他谈论规定性，另一个是他确实尚不能、也还没有将语言和语言所表达的东西区别开，他以为只有这样才能既延续传统，又以他的方式提出新的见解和理论。关于这个问题后面我们会专门讨论，这里仅想指出两点，其一，无论他是如何想的，他的论述都不可能没有关于语言的考虑，也不可能丝毫不显示出关于语言方面的考虑，比如他在关于"不者"解释中就谈到它与"是"的"对立的形式"，认为"也可以用单纯的'不'字来表示它"[①]。所谓对立的形式显然指"是"与"不是"，这无疑是关于语言方面的考虑，至于"'不'字"（词）则是直接关于语言的说明。其二，与"客观逻辑"相对应，《逻辑学》中还有"主观逻辑"，内含关于概念、判断、推理的论述。所谓判断指基于"S 是 P"形成的各种不同形式的判断，因此相关论述非常明确地会与语言相关，因而会有关于语言层面的考虑。这两部分内容大体上是对应的，我们择要看一些相关论述。

---

① 黑格尔：《逻辑学》上卷，杨一之译，第 71 页。

　　黑格尔认为："判断是在概念本身中建立起来的概念的规定性。"① "判断在判断差异性中的进展就是概念进一步的规定。"② "判断可以叫作概念最近的实在化，在这种情况下，实在表现为它作为一般被规定之是进入此是。"③ 这些论述中关于规定性的说明与前面引文中的说明差不多，因此可以认为是延续了前面的说明，与前面的说明是一致的。所以，这些说明中看不到关于语言的考虑也是正常的。但是黑格尔还有进一步的说明，比如他说：判断"包含两个叫作主词和宾词的独立的项"，"它们要通过判断才会被规定"，"判断规定之具有主词和宾词这些名词，是适当的、需要的"④。这些论述明确提到"主词"和"谓词"（宾词），⑤ 显然包含了关于语言的考虑，由此所说的判断，则是有主词和谓词组成的东西，因而也涉及语言层面的东西。为了更好地说明这一点，我们看一段完整的论述：

　　【引文4】由于主词总是表达被规定的东西，因此也更表达直接是的东西，但宾词则表示普遍的东西，本质或概念，所以主词本身最初只是一种名字；因为宾词才表达出它是什么，宾词包含着在概念意义上的是。这**是**什么，这**是**一株什么植物？等等，所追问的这个"是"，常常仅仅被理解为名字，假如体验到这个名字，人们也就满足，并且知道这个东西**是**什么。这就是在主词意义上的是。但是要概念，或至少要本质和一般普遍的东西才会给予宾词，而在判断的意义上（人们）是就宾词去询问的。⑥

　　这段话显然是语言层面的说明，可以简单地划分为两部分。第一部分是关于主词和谓词的说明：主词是被规定的东西，谓词是普遍的东西，即本质或概念。换句话说，主词是被规定的东西，谓词是用来做出规定的。"所以"引导的是基于这一说明而做出的进一步说明：主词是名字，谓词表达主词是什么。也就是说，

---

① 黑格尔：《逻辑学》下卷，杨一之译，第293页。

② 黑格尔：《逻辑学》下卷，杨一之译，第293页。

③ 黑格尔：《逻辑学》下卷，杨一之译，第293页；译文有修正，参见 Hegel, G. W. F.: *Wissenschaft der Logik*, Band Ⅱ Surekamp Verlag Frankfurt am Main 1969, 第302页。

④ 黑格尔：《逻辑学》下卷，第293-294页。

⑤ 德文 Prädikat（英文 predicate）的中文译名有"谓词""谓语""谓项""宾词""宾语"。所引译文中为"宾词"。本书一般只对引文 Sein 和 Wahrheit 这两个词及其相关用语的中译文做出修正，所以保留引文的"宾词"，但是在讨论中采用"谓词"这一用语。

⑥ 黑格尔：《逻辑学》下卷，第294页；译文有修正，参见 Hegel, G. W. F.: *Wissenschaft der Logik*, Band Ⅱ, 第303页。

所谓规定即是说明主词所表达的东西是什么。这些说明很直观，不会有任何理解的问题。如果说有什么问题的话，则是关于谓词的说明：包含着是，而且后者乃是概念意义上的。谓词包含着是，显然是指"是 P"，它由"是"和"P"组成。之所以说这里的"是"乃是概念意义上的，因为"是"属于谓词，而谓词表达的是概念。尽管如此，从这样的说明可以看出黑格尔对"是"的强调，这说明他知道，"是"一词属于谓词部分，但与谓词还是有区别的。这些说明可以看作是理论性的，可以认为还是比较清楚的。

接下来的说明是进一步的说明，是举例说明，其中谈到"这是什么"，这显然是一个具体的举例说明。它不仅用来说明主词，也用来说明谓词，而且可以起到这样的说明作用。这是因为，它是日常语言的表达，体现的是一种最基本的表达方式，其中包含着主词和谓词。当然，我们也可以把它看作是一个句式，因为其后还有一个"这是一株植物"的说明，后者才是一个具体的例子。但是，即使仅仅是一个句式，它也可以显示出关于语言的考虑："这"是主词，"什么"是谓词？其中的"是"被黑体强调，说明了它的独特性；它在主词和谓词之间。因此字面上就出现了三个问题：一是它自身，二是与主词的关系，三是与谓词的关系。对于它自身，即独立的"是"，乃是可以追问的。我认为，这里至关重要的是要看到，黑格尔所说的"所追问的这个'是'（Sein）"显然是指"这**是**（ist）什么"中的"是"。这里的表达非常清楚地告诉我们，"是"可以成为思考的对象，可以被追问，因而可以名词形式出现，但是它的基本意思，它最主要的意思，来自其动词形式。这里我们清楚地看到 Sein 和 ist 的对应。也就是说，"是"这个词的名词形式和动词形式乃是对应的，意思也是对应的，不会因为形式的不同而改变。

由于主词被看作"直接是的东西"，因此主词是名字，"是"似乎也可以被理解为名字。黑格尔对此的解释是"体验到这个名字……知道这个东西是什么"，对照他关于谓词的说明则可以看出，他大致是想说明，知道一个名字的意思是一回事，做出判断是另一回事，因为判断是由主词和谓词一起构成的，而谓词是做出本质或普遍的说明，后者则是判断主要考虑的东西。在这样的说明中，判断的意义和重要性就显示出来。当然，这是黑格尔关于判断的论述，因此他在这里强调判断的作用也是正常而自然的。

【引文 5】进行判断本身在于：通过判断，一个宾词才会与主词联系，假如不发生这种联系，那么，主词和宾词就始终是原来的样子，前者是一个存在着的对象，后者一个在头脑中的表象。——但加到主词上去的宾词，也应该适合于主词，这就是说，应该是自在自为地与主词同一的。通过这种加上去的意义，进行判断的主观意味和主词与宾词漠不相关的外在的长在，便又被扬弃了。"这行为**是好的**"，这个系词表明，宾词属于主词的是，并且并非仅仅外在地与它联系着。在**文法**的意义上，那种从主词和宾词漠不相关的外在性出发的主观关系，也完全有效；因为这里外在地联系着的乃是词。①

这段话是关于判断的进一步说明，第一，说明的是判断的作用，它使主词和谓词发生联系。第二，它又有一个举例说明："这行为**是好的**"，并且在相关说明中明确谈到"系词"，而且用这个词指例子中的"是"。所以我们看得非常清楚，在关于判断的说明中，黑格尔使用了"主词""谓词""系词"这些用语，并且明确地称它们为"词"。它们显示出黑格尔有明确的关于语言的考虑。第三，这里不仅有关于语言层面的考虑，而且有关于语言所表达的东西的考虑，比如，在判断之外，主词指"存在着的对象"，谓词指"头脑中的表象"。第四，这里还有关于它们之间关系的论述，比如语言层面的联系是文法性的，是外在的，然而主词和谓词的联系固然有外在性的一面，但是二者通过判断产生了一种联系，而且并非仅仅是外在的。

人们经常批评传统哲学不大区别语言和语言所表达的东西。从这里就可以看出这种批评还是有缺陷的。在黑格尔看来，词是有表达物的，在判断之外，尤其是如此，比如可以表达外界的东西，也可以表达心中的表象。但是到了判断之中，它们成为词，形成词与词之间的关系。由于判断使它们形成了联系，因为扬弃了它们所表达的东西的本来的意思，比如主词的含义，比如主词和谓词所表达的东西本来是不搭界的，现在却发生了关系，而且是自在自为地同一的。所以非常明显，黑格尔是有关于语言的考虑的，而且他似乎也有关于语言和语言所表达的东西的区别的考虑。但是，他的区别主要是在于判断之内和判断之外，而在判断之内，他似乎更多地说的是语言层面的。特别是，这段话是关于判断说的，是在主观逻辑部分说的，与客观逻辑部分形成对照。这就说明，他似乎也是认为自己在

---

① 黑格尔:《逻辑学》下卷，杨一之译，第 296 页；译文有修正，参见 Hegel, G. W. F.: *Wissenschaft der Logik*, Band Ⅱ, 第 304-305 页。

从语言层面进行说明，与此前探讨的客观逻辑是不同的部分。我认为，我们应该将这两部分联系起来看，这样也就可以看出，这部分关于语言层面的考虑，构成了前面关于客观逻辑的探讨的基础，或者至少可以成为那一部分的基础。

基于以上认识，我想再次强调，引文 5 中"这行为是好的"中的"是"（ist）乃是动词形式，"系词"是对它的称谓，"属于主词的是"（Sein）中的"是"则是名词形式，这里我们再次看到"是"一词的动词和名词形式的对应说明。这再一次清晰地说明，"是"一词的含义或主要含义来自其动词形式，而其动词形式乃是系词，因此"是"一词的含义乃是"是"。

特别需要指出的是，以上认识和结论仅仅是依据以上为数不多的几段引文做出的。黑格尔的类似论述，甚至更明确的、更直接的论述很多，比如他说，"系词表达出，主词是宾词"[①]，"系词乃是作为一般的是的还不曾规定的关系：A 是 B"[②]等等。我们之所以不引这些话来讨论，来佐证，主要原因在于，以上引文都是各部分开始处的论述，它们要么没有明确提到系词，要么提到系词但相关论述也不是那样明确。我想指出的是，黑格尔有许多明确的关于系词、关于"S 是 P"的论述，相比之下，引文 1—5 却不是那样明显。但是即便仔细分析还是可以看出，这些地方所说的"是"乃是与语言相关的，而从语言层面考虑，它是系词意义上的东西。认识到这一点，也就可以看出，黑格尔关于是的论述，实际上是有关于语言的考虑的，也是依据关于语言的考虑的。他关于语言的考虑，有些地方清楚，有些地方不是那样清楚，但是仔细分析还是可以看出来的。特别是他的主观逻辑部分，关于语言的考虑是非常清楚的。

应该认识到，黑格尔在论述"是"的过程中，基于语言或借助语言来考虑问题，这个特征是非常明显的。他的这一特征在他的主观逻辑部分是如此，在他的客观逻辑部分也是如此，而且也应该是如此。因此，引文 1 和 2 中关于"是"的说明，虽然没有或者说看不出语言层面的考虑，但是我们也可以借助并联系黑格尔与语言相关的论述来考虑。这样我们可以看得更加清楚，所谓"是"，即是"S

[①]　黑格尔:《逻辑学》下卷，杨一之译，第 299 页；译文有修正，参见 Hegel, G. W. F.: *Wissenschaft der Logik*, Band Ⅱ，第 308 页。

[②]　黑格尔:《逻辑学》下卷，杨一之译，第 300 页；译文有修正，参见 Hegel, G. W. F.: *Wissenschaft der Logik*, Band Ⅱ，第 309 页。

是 P" 中的 "是"，即这个联系主词和谓词的系词。它属于谓词部分，带有对主词的规定。黑格尔以它做出发概念，即把它单独考虑，不放在句子中考虑，不联系主词和谓词来考虑，因此说它是没有规定的，是纯粹的。

三、"此是" 与规定性

引文 2 说，从 "是" 过渡到 "此是"①，这表明，"此是" 乃是对 "是" 的进一步说明。这一点是容易理解的。"此是" 一词由 "此" 和 "是" 组合而成，字面上就多出一部分来，意思当然会更多一些。前面明确了黑格尔关于是的说明，现在我们来看一看他关于此是的说明：

【引文 6】此是乃是**规定了的**是；它的规定性乃是**是的**规定性，即质。**某物**由于它的质乃是与**他物**对立的，乃是**可变的**和**有限的**，不仅是与一个他物对立着否定的，而且是在它自身绝对否定地规定的。它这种首先与有限的某物相对立的否定，乃是**无限的东西**；这种显示出这些规定的抽象对立，消解于这种无对立的无限的东西中，即消解于**自为之是**中。

因而此是的研究便有了这样三部分：

甲、**此是本身**；

乙、**某物与他物，有限性**；

丙、**质的无限性**。②

这是客观逻辑部分第二章 "此是" 的开篇语，主要有两层意思。一是阐明关于此是的一般性看法，二是指出随后的工作，而其中最主要的就是关于此是本身的论述，这也是我们要考虑的。

---

① 本书引文中 "Dasein" 的中译文是 "实有"，海德格尔的《存在与时间》中是 "此在"，讨论中有人认为应该译为 "亲在" "缘在"，等等。我不赞成这些译语。我认为，这个词的核心乃是其中的 Sein，而后者应该译为 "是"。在以前的讨论中，我曾随不同引文将 Dasein 这个译语修正为 "此是"（参见王路：《解读〈存在与时间〉》，北京大学出版社，2012 年）、"实是"（参见王路：《逻辑与哲学》，清华大学出版社，2017 年）。本书涉及黑格尔和海德格尔的讨论，为了讨论方便，统一修正为 "此是"。

② 黑格尔：《逻辑学》上卷，杨一之译，第 100 页；译文有修正，参见 Hegel, G. W. F.: *Wissenschaft der Logik*, Band I，第 115 页。

　　关于此是的说明与关于是的说明形成明确的区别：一个有规定，一个没有规定。结合前面的论述，我们可以认为，没有规定的乃是"是"，有规定的则是"是 P"。现在说此是乃是规定了的是，在我看来，就可以在"是 P"的意义上理解。基于这一认识，引文 6 中关于"此是"的说明都可以理解，特别是其中与是相关的说明，与规定性相关的说明，都是容易理解的。比如此是的规定性乃是是的规定性，单独的"是"没有规定性，与谓词一起就有了规定性，就是说，"是"没有规定性，但是，"是 P"有规定性。又比如，"是 P"表明是对某物的规定性，因而是某物的质，该物由于有了这种性质，因而与其他事物形成对立。这一点是容易理解的。由此引申，谈论可变性，谈论有限性，谈论自为之是等等，也是可以理解的。由于后者不是我们这里考虑的东西，因此不展开探讨。仅从以上论述可以看出，此是与是乃是有联系的，从语言层面说，可以将它们的关系看作单独的系词与系词加谓词的关系。从它们所表达的东西层面说明，可以将它们的关系看作"是"这个词不加谓词时和加上谓词时所表达的东西之间的区别。引文 6 这里的论述似乎看不出语言层面的考虑，但是如上所述，黑格尔在论述"是"的过程中明显有关于语言的考虑，因此我们可以借助关于语言的考虑来看这里的论述，这样来理解和解释黑格尔的思想，一方面可以说得更清楚一些，另一方面是更容易说清楚一些。

　　在"主观逻辑"部分，黑格尔谈论判断，如上所述，谈论判断的主系表结构，谈论"是"如何联系主词和谓词而形成判断，然后进入关于判断的具体论述。他那里的论述分四部分：此是判断、反思判断、必然判断、概念判断，这四部分内容大致相当于康德范畴表所划分的四类，只是一、二两类的次序不同。此是判断相当于质的范畴，谈论的是肯定判断、否定判断和无限判断。这样的顺序安排不影响逻辑中关于判断的质的说明和关于量的说明，也符合黑格尔所说的从"是"到"此是"的过渡。

　　传统逻辑关于判断有两个分类，一个叫质的分类，分为肯定和否定，另一个叫量的分类，分为全称和特称。康德为这两个分类分别加了一项：无限和单称。黑格尔显然延续了康德的分类，或者说他因循康德的范畴表的论述方式，将质的分类归为此是判断。无论黑格尔的论述与康德有什么不同，有多么大的不同，从他论述的方式可以看出，所谓此是判断指或者相当于"S 是 P"和"S 不是 P"这样的表达式。因此我们可以依据"S 是 P"的方式来理解和考虑他所说的此是判断。

在进入关于肯定判断和否定判断等具体讨论之前，黑格尔有一段简要说明如下：

【引文7】在主观判断中，人们是要使同一个对象双重化，对象一方面
是在其个别的现实中，另一方面是在其本质的同一中或说在其概念中；个别
的东西被提高到它的普遍性之中，或者说，普遍的东西在其现实中个别化了，
两者是一回事。在这种方式之下，判断是真理，因为它是概念和实在的一致。
但判断的状况最初并不如此；因为最初它是直接的，当其时在它那里还没有
发生规定的反思和运动。这种直接性使最初的判断成为一个此是判断，这种
判断也可以叫作质的判断，不过只是在以下的情况才可以，即，质不仅属于
是的规定性，而且抽象的普遍性也包括在其中，这种普遍性，由于它的单纯
性之故，也同样具有直接性的形式。

此是判断也是内在判断；因为直接性乃是它的规定，但在主词和宾词的
区别中，主词是直接的东西，从而在判断中乃是第一和本质的东西，所以宾
词具有非独立的形式，以主词为基础。①

这是在"此是"标题下的说明，以后就进入关于肯定判断的论述。肯定判断
指具有"S 是 P"这样句式的判断。如果说肯定判断就是此是判断，那么我们就
可以根据肯定判断来理解。如果说此是判断还有专门的含义，那么引文7的说明
至关重要，因为这似乎是唯一一段关于此是判断的说明。

这段话不长，共两小段。第一小段可以分为两部分：以第二个句号为界。仔
细分析可以看出，前一部分谈论的是判断，而不是此是判断。也就是说，尽管它
谈到对象和本质，谈到现实和概念，谈到个别和普遍，甚至谈到符合论的表述，
但是所有这些都是围绕着判断来谈论的，与此是判断似乎没有关系。如果说这些
关于判断的说明就是关于此是判断的说明，那么就可以围绕判断来理解此是判断。
如果它们不是关于此是判断的说明，那么就需要有其他关于此是判断的说明。后
一部分谈到此是判断，因此我们可以依据后一部分来理解。

"并不如此"针对的是此前关于符合论的说明。由此可见，如果认为符合论
表达的是一般的判断情况，那么这里区别出与它不同的情况，并且把这种不同的

---

① 黑格尔：《逻辑学》下卷，杨一之译，第301-302页；译文有修正，参见 Hegel, G. W. F.:
Wissenschaft der Logik, Band II，第311页。

情况称之为最初的状况，说它是直接的。这样的表达暗含着后来的状况，而所谓后来的状况乃是这里和这时尚未出现和发生的。从判断章的论述看，"此是判断"是第一节，"反思判断"是第二节，与这里所区别的判断状况也大致相应。从内容上看，此是判断只涉及肯定和否定这样的情况，而反思判断涉及全称、特称和单称这样的情况，至少从复杂程度上来说，反思判断明显超过此是判断。特别是，这里的区别说明是针对此前所说的符合论，因而涉及与真相关的说明。"S 是 P"这样的东西可以只是一个句式，因而可以是没有真假的，而加上量词以后，比如"所有 S 是 P"，却一定是有真假的。所以，此是判断与反思判断形成区别，或者说，不含量词的判断与含量词的判断形成区别。这样的认识肯定是有道理的。黑格尔虽然没有这样明确的说明，但是他这里的区分和说明至少暗含着这样的认识，或者至少与这样的认识相关或可以与这样的认识相关，因此他的区别是有道理的。由于我们不在这个问题上展开讨论，我们可以假定他的区分和说明是有道理的。我们还是只看他关于此是判断的说明。

此是判断无疑也是判断，问题在于，此是判断是什么，为什么称一个判断为此是判断。明确了这一点也就可以看出，"直接性"是其最主要的说明，它还有一个补充说明："质的判断"。从这个补充说明来看，既可以在传统逻辑的意义上来理解，也可以在黑格尔所说的"规定性"的意义上来理解。在前一种意义上，它指"S 是 P"这种意义上的东西，或者与这样的东西相关，在后一种意义上，如前所述，它指"是 P"这种意义上的东西，或者与这样的东西相关，而引文 7 这里又是直接与判断相关，因此可以在判断，即在"S 是 P"的意义上来理解，引申一些，可以在与判断的表达方式相关的意义来理解。这一点从引文中关于"质的判断"的限定性说明也可以看出来：属于是的规定性。如前所述，是自身没有规定性，即便有，那也是依自身的规定性。但是，当是与谓词结合起来以后，它就有了规定性。这里的普遍性可以看作是关于"是 P"的进一步说明，我们可以假定它是有道理的，不做进一步的考虑。

理解了第一小段的意思，第二小段的意思就容易理解了。它谈论的乃是主词和谓词之间的关系，并以这种关系来说明直接性。主词是第一和本质的，谓词以主词为基础，主词是直接的，谓词是关于主词的。这些说明，基于"S 是 P"是很容易理解的。或者说，从这样的说明，很容易看到"S 是 P"这样的表述方式。"内在"一词的德文是"Inhärenz"，意思是内在的、固有的。字面上很明显，这里讨论的是判断，所说的主词和谓词等等都是关于判断的说明，因而与主词和谓词相关的说明，比如对象和概念等等，也都是与判断相关的说明。因此，这里其实看不出关于此是判断的说明。换句话说，假如将引文 7 看作是关于此是判断的说明，我们并不能获得关于此是判断的认识，或者说，我们尚不能获得关于此是判断与判断的区别的认识。认识到这一点也就可以看出，"内在判断"大概是说，一个 "S 是 P"这样的判断自身就带有此是判断，或者，此是判断乃是一般判断自身所带有的判断，是一般判断自身所固有的判断 [①]。

综上所述，在关于此是判断的说明中，我们看到两点，一是对一般判断的说明，二是由此引申出对不同判断的区别，比如最初的直接的状况和后来发生规定的反思状况。前者被称为"此是判断"，后者虽然没有说，但是暗含着"反思判断"这样的说明，而这也恰恰是此是判断之后的进一步说明。从这些说明可以看出，也许语义上会如上所述有一些区别，但是句法上其实没有什么区别。也就是说，"此是判断"一词对判断其实没有提供什么实质性的说明。之所以要说它，大概是因为此前有关于"此是"的说明，因此这里也不得不说一说。基于这一认识，现在我们再来看黑格尔在"客观逻辑"部分关于此是的论述：

【引文 8】此是从变发生。此是乃是是与不者单纯地合而为一。此是由于这种单纯性而有了一个直接物的形式。它的中介，即变，处于它的背后；中介扬弃了自身，因此，此是便好像是最初的、可以作开始的东西。它首先是在**是**的片面规定之中，而它所包含的另一规定，**不者**，也将在它那里与前一规定对立而显露出来。

它不是仅仅是，而是此是；从字源上看来，它是在某**一地方**的是；但是空间观念与这里不相干。在变之后，此是就是带有一个**不是**的一般的是，所以这个不是也和这个是一起被吸收到一个单纯的统一体中去了。因为具体的整体乃是在是的形式中，即在直接性的形式中，所以被吸收到是中的**不是**便构成了**规定性**自身。

⋯⋯

---

① 顺便说一句，"内在判断"是对中译文"附属判断"的修正，"Inhärenz"的英译文为 "inherence"，参见 Hegel, G . W. F.: *The Science of Logic*, translated and edited by Giovanni, G. D., Cambridge University Press, 2010, 第 557 页。

此是相当于前一范围的**是**,不过,是乃是无规定的东西,因此它在自身并不发生规定。但此是却是一个规定了的是,一个**具体的东西**,因此,在它那里,便立刻出现了它的环节的许多规定和各种有区别的关系。①

如引文 6 所述,"此是"这一章共分三节,第一节是"一般的此是",显然是关于此是的整体性说明。引文 8 即是这一节的内容。这一节共分四小段,省略号处是第三小段,是关于规定性的说明。省略了它,不会影响我们关于此是的理解。有了前面的讨论,现在可以两种方式来讨论这段话,一种是依据"客观逻辑"部分的论述来讨论,另一种是借助"主观逻辑"部分的论述来讨论,当然也可以不做这样的区分,将它们融为一体,作为一个大的背景来讨论。我们依据这种划分方式来讨论,这样做有助于更清楚地说明黑格尔关于此是的看法和用意,也有助于最终做出整体性的说明。

首先我们借助"主观逻辑"部分的论述来讨论。如前所述,此是判断与判断几乎没有什么区别,因此可以在一般的判断的意义上理解此是。判断的基本句式是"S 是 P"。此是乃是规定了的是,相当于"是 P",因此可以在"是 P"的意义上理解此是。假定这一点是清楚的,现在借助它来看引文 8。

第一小段首先谈及变。"变"与"是"和"不者"一起构成黑格尔逻辑学的三个初始概念。它是被用来说明"是"与"不者",以及二者自身变化和相互转换的。简单说,"是"没有规定,"不者"也没有规定,但是,"是"可以向不者转换,不者也可以向是转换,这即是变。这是最直观的,还涉及真假,是黑格尔思想中比较容易理解的东西,一如通常所说的肯定转换为否定,否定转换为肯定。但是黑格尔关于"变"的认识并不是这样简单,还有如下想法:是自身没有规定,但是可以成为有规定的,这也是一种变,也是对自身的否定。(不者也是同样。)比如,"是"自身没有规定,但是,"是 P"就是有规定的了。因此"是 P"乃是对是的否定,导致其发生的即是变。又比如,"是 P"乃是一种规定,它自身又包含着否定,即"是 P"意味着"不是 Q",包含着对"是 Q"的否定。假如对黑格尔这样的理解是正确的,我们就可以将"此是"看作"是 P",这样就会发现,为什么说此是从变发生。

---

① 黑格尔:《逻辑学》上卷,杨一之译,第 101-102 页;译文有修正,参见 Hegel, G. W. F.: *Wissenschaft der Logik*, Band Ⅰ,第 116-117 页。

因为它从"是"演变而来，表达为"是 P"，又包含着"不是 Q"，因此将是与不者"合而为一"。当"是 P"呈现出来以后，我们只看到此是，看到这种规定性，而看不到变。但是眼前的"是 P"只是一种规定性，是片面的规定性，因为它已经显示出与"是 Q"的不同，后者也是一种规定，因而尽管我们看到的乃是"是 P"，但是实际上它与"是 Q"的对立已经呈现出来。

第二小段谈论词源。既然与词相关，就可以依据词的形式和用法来考，这样就有经验的东西可以依据，因此这一小段说明应该是最清楚的。不仅如此，"是 P"也是从语言层面考虑的，因此我们应该重视这里关于词源的论述，由此出发，看一看两方面的论述是不是对应。"此是"的德文是 Dasein，这是由 Da 和 Sein 形成的组合词，是 ist da 的名词形式。字面上即可以看出，它的动词使用方式是在 ist（是）上增加了 da［（在）那里］，它的名词形式是将二者合而为一。词的形式和使用方式清楚了，现在看黑格尔关于词源的说明。既然是词源，当然要考虑它的动词形式，因为这是名词的来源和依据。黑格尔的说明有两点：其一，它是在某一地方的是。这显然是依据 ist da 对 Dasein 做出的解释。"ist da"的字面意思是"是在那里（的）"，引申为"是在某一地方"，当然也是可以的。无论是"在那里"还是"在某一地方"，显然都可以认为具有空间含义。"Dasein"是它的名词，意思不变，只不过以名词方式表达，所以黑格尔说"在某一地方的是"。第二点说明由"但是"引入，显然有强调的意思。它强调的是空间观念在这里不相干，显然这是要弱化这里的空间含义。换句话说，黑格尔要借用 da 这一个词来表达，因而有 ist da 这样的表达方式，但是却不使用该词的字面意思，就是说，要使 da 这个词失去本来含义。在这种意义上，"ist da"（是 da）和"ist P"（是 P）的意思不就完全一样了吗？！认识到这一点，其他说明都是容易理解的，比如这个"是 P"也含有不是 Q 的意思，因此包含着"不是"，比如它形式上乃是"是"，但是包含着"不是"，比如它既包含着是的规定性，也包含着不是的规定性，等等。

第三小段相当于总结性说明，论述此是与是的区别。不过是重复和强调，是乃是无规定的，而此是则是有规定的，并且指出此是中还会出现各种不同的东西，其中环节、规定、区别、关系等等都是用来说明此是与是的区别。有了前面的说明，这些都是容易理解的。

以上是借助"主观逻辑"部分的论述来理解的。现在我们仅依据"客观逻辑"

部分的论述来理解。确切地说，我们仅依据引文 3 和引文 6 来理解。根据黑格尔的说明，是乃是无规定的，这是就是自身而言的，因而与其他东西无关。此是乃是规定了的是，即改变了是自身的状况，使它有了规定性，即所谓的质。也就是说，可以说是这样，这同时就意味着不是那样。促成这种情况的乃是变，因此可以看出，即使黑格尔没有明说，这里的是与此是也有一个明显的区别，这就是"是"和此是（"是 P"）的区别。前者无规定性，后者有规定性。后者不仅有规定性，而且包含着不是，而不是也是一种规定性。基于这种认识，现在我们来看引文 8。我们重点看第二小段。

"是"没有规定性，"此是"有规定性，字面上即可以看出，它的规定性主要来自其中的"此"。第二小段从词源的角度说明，"此是"的字面意思乃是"是在那里"或"是在某一个地方"，意味着具有空间含义。现在，黑格尔要弱化它的空间含义。也就是说，只借用"此"这个词，但不使用它的含义。这样一来，这个"此"在这里只是表示有一个词。一个词乃是有含义的，"是"的规定性就来自它所附加的那个词的含义。因此"此"没有含义，恰恰因为它不等于"此"这个词，而是表示任一个词，它的含义将来自它所代表的那个词的含义。由此可见，"此"相当于一个变元，它没有规定性，但是它这里可以代入具体的、具有不同含义的词，从而使"是"产生规定性。比如，当说"是 P"的时候，就意味着不是 Q，这时，"是 P"显示出是 P，即一种关于 P 的是，同时也带有了不是 Q 的意思。可以看出，"是 P"乃是一种规定，同样，"不是 Q"也是一种规定，因而"是 P"与"是 Q"的对立就显示出来。比如一事物是白的，就不是黑的，"是白的"与"是黑的"显然是对立的。

有了以上认识，第三小段的论述就很容易理解：此是乃是规定了的是，乃是具体的东西，在它那里会出现各种各样不同的情况。而所有这些都来自这个"此"。正因为它代表任一语词，因而代表任一语词所表达的情况，同时也意味着否定了其他许多语词，因而意味着否定了其他许多语词所表达的情况。

综上所述，黑格尔的表述方式是独特的，但是他的意思还是可以看出来的。他基于"S 是 P"这样的句式，将"是"作为初始概念，由此来构建他的逻辑学，并以此建立他的哲学体系。他显然知道不能孤立地看待"是"，而要在"S 是 P"的意义上看待它，这样就涉及系词与主词和谓词之间的关系。就这种关系而言，他显然认为"是 P"更为重要，因而他重点谈论它。他不使用传统的谈论方式，独出心裁地用"此是"来表达，并借助这个表达来谈论。问题是，"此"这个词本身是有含义的，因此"此是"字面上也会是有含义的，这种字面含义不是他想表达的意思，因此他要做出特别的专门的说明，消除其空间含义，使它成为一个代表一个词但是没有具体含义的东西，这样就可以相当于一个符号，起一个变元的作用。这样就可以满足他关于是所做出的那些说明。联系他关于"主观逻辑"部分的论述，我们可以看出他这样的意思，不联系他那里的论述，也可以看出他这样的意思，因为他关于词源的论述是清晰无误的，这就可以使我们可以看出他关于语言表达方式的考虑，并以此为线索来解析他的相关论述。若是将这两部分的论述结合起来，则可以清楚地看出，黑格尔关于"是"的论述有两种方式，一种是明确地以"S 是 P"这种方式谈论，包括他谈论"A 是 B"，谈论"主词是谓词"，另一种不是明确地以"S 是 P"这种方式谈论，比如谈论"此是"，这相当于谈论"是P"。但是无论以什么方式谈论，他背后的思想是一致的，因此他的论述中的共同之处是非常明显而清楚的，其中最明显的就是关于"是"这个词的论述，关于"此是"这一表达式的论述，特别是关于这个不定式的词源的论述。这不仅使我们获得关于"此是"的认识，而且使我们获得关于"是"的认识，还获得关于"是"与"此是"的关系的认识，以及黑格尔由此想说明的东西的认识。

四、规定性的实质

以上讨论清楚地表明，"规定性"是黑格尔讨论"是"这个问题时使用的一个重要概念。以上讨论还表明，黑格尔主要讨论的乃是"是"和"此是"等概念，而不是规定性这个概念，后者只是他使用的一个概念。即使他以这个概念为标题，他所讨论的也不是这个概念，而是借助这个概念来探讨和说明"是"这个概念。因此直观上就有一个问题，他为什么要使用"规定性"这个概念？不使用这个概念行不行？

从以上讨论可以看出，规定性这一概念在黑格尔关于"是"的讨论开始部分起着说明作用，比如说它被规定、起规定作用等等（引文 1）。但是，黑格尔最初关于"是"所要说明的却不是它有规定性，而是它的"无规定性"。也就是说，他要以"是"作为初始概念进行讨论，而作为初始概念，它是无规定性的。在黑格尔看来，因为是初始的、开端的，所以就不能有规定性，一旦有规定性，那就不会是初始的了，也就做不了开端。他将无规定性的获得称为"抛弃了"规定性。然而，这只是第一步，所以他同时称之为"暂时"的，因为这只是一个关于开端的说明。重要的还是后面关于"是"和"此是"（以及自为之是）的论述。不过，这一步非常重要，因为这样就刻画出两种情况，一种有规定，一种无规定，这样似乎自然而然也就获得关于"是"的"无规定性"的说明。所以，真正到了关于"是"的说明时，就可以开宗明义地说：它是无规定的东西（引文 2）。所以，从黑格尔论述的开始部分可以看出，规定性这一概念的确有一种工具性的作用：它是一个概念，描述和说明了一种性质或情况，同时借助它就可以获得"无规定性"这一概念，因而获得一种关于与规定性相反的或不同的性质或情况的说明。这样就相当于获得两个不同的、相互对立的概念，从而不仅可以用来进行说明，而且可以进行具有根本性区别的说明。与"是"相关，由此也就区别出两种完全不同的情况，并得到关于两种不同情况的刻画和说明。关键在于，黑格尔将这种无规定的"是"作为开端，也就是说，他从"规定性"这一概念出发获得了一个否定性的概念，并以此说明"是"的特征。所以，在黑格尔的说明的开始部分，规定性这一概念所起的作用是明显的、重要的，所达到的结果也是可以看到的。

从以上讨论还可以看出，在黑格尔具体讨论过程中，"规定性"这一概念也依然起着说明作用，比如在关于"此是"的讨论中说它乃是规定了的是（引文 6）。字面上即可以看出，"此是"与"是"乃是不同的，意思也会不同。"是"乃是无规定的，而"此是"则是有规定的，与规定相关的区别自然来自二者相区别的"此"。说这里有"过渡"，当然是可以的，即从无规定过渡到有规定。说这里背后的意思乃是变，也不难理解，即由没有规定变为有规定。说"此是"这里又包含着否定，似乎也有道理，因为"此是"乃是有规定的东西，因而也就意味着与其他一些东西形成区别。（当然一如黑格尔所说，由此还可以有进一步的过渡，还可以继续变，会涉及各个环节和不同的情况，等等。）

总结以上关于规定性的使用，可以认为基本上有两种结果，一种是有规定性，一种是无规定性。没有规定性的乃是"是"，有规定性的则是"此是"。所以，规定性的主要意思来自"此是"，与其中的"此"相关。进一步看，"是"和"此是"乃是围绕"是"做出的两种不同解释。一种脱离句子中的表达方式，即只考虑"是"

一词本身。另一种联系"是"一词的基本用法来考虑，即考虑它的谓述方式。因此"此是"大致可以相当于"是 P"。这一点，在黑格尔的论述中，有时候不是那样明显，比如引文 2、3 关于"是"的论述，引文 6 关于"是"与"此是"的论述，但是，我们毕竟可以看到他一些非常明显的相当于关于"是 P"的说明，比如结合他在"主观逻辑"部分的论述（引文 7），即使仅考虑"客观逻辑"部分的论述，我们依然可以看到他关于"此是"的词源解释，并以此强调这个词的形式而弱化它的含义。这就说明，黑格尔关于此是这个词是有语言层面考虑的，因此可以断定，他关于是这个词也是有语言层面考虑的。（更不用说他还有许多明确的关于系词的论述。）这样也就可以看出，规定性一词是黑格尔用来说明谓词的，是用来说明谓述方式的。

传统逻辑的基本句式乃是"S 是 P"，其构成部分被称为主词、谓词和系词。在中世纪，主词和谓词通常被看作是范畴词，而"是"这个词，即系词，被看作是助范畴词，即它自身没有意义，只有与其他语词相结合之后才有意义。这一思想来自古希腊，比如亚里士多德认为，人们可以在多种意义上说"是"，因此他区别出十种范畴，由此说"是"一词有不同含义。这些认识构成了对谓述方式的看法，在西方哲学中乃是常识。所以，黑格尔从逻辑寻找初始概念，选择"是"乃是自然的。不仅如此，他关于"是 P"这种与是相关的用法的看法也是自然的。他在讨论中将"是"与"是 P"区别开来，这种做法也是自然的，因为所有这些看法和做法都来自传统，与传统一致。甚至他在讨论中采用本质、质、量等范畴和方式与传统也是一致的。唯独不同的是，他在说明中采用了"规定性"这一用语，由此形成与传统的区别。其实如前所述，"规定"这一用语其他人也不是没有用过，但是黑格尔使它成为核心概念，这是不争的事情。因此我们要考虑，这是为什么？

应该看到，对"S 是 P"这种基本句式的看法，对系词的看法，西方哲学家基本上是一致的；由此而形成的关于形而上学的核心概念"是本身"的看法，西方哲学家大体上也是一致的。但是在西方哲学史上，与是相关的说明，围绕着是而形成的理论却是不同的。亚里士多德的范畴理论即是一种很好的说明，其中的核心概念乃是范畴，而在十个范畴中，最核心的则是"是什么"和实体。虽然他也谈及"规定"，但是仅在常识的意义上使用它，更没有用它做说明中的核心概念。这就说明，在关于"是"和与"是"相关的说明中，规定性并不是一个必要概念。认识到这一点，似乎就更应该考虑，为什么黑格尔要用规定性这一概念来探讨"是"。因此我们再一次问：在黑格尔关于"是"的论述中，为什么会以"规定性"作为核心概念？

在我看来，这主要与黑格尔构造他的逻辑系统的方式相关。如前所述，黑格尔要从逻辑中寻找出发概念，结果找到了"是"（和"不者"）。这一点不必多说，问题是，如何从这两个概念出发来构造他的逻辑系统。他希望他的逻辑系统是纯推演的，因此初始概念必须是纯粹的，即没有含义。引文1表明，他获得了这一结果，而获得的方式是消除"是"本身的含义。字面上看，黑格尔关于是的含义的说明涉及"别的东西"和"是"的"内部"，并没有提到语言，似乎不是在考虑"是"这个词和它的日常用法。但是他的说明明显有两个问题。其一，既然从逻辑中寻找初始概念，那就一定要考虑逻辑所提供的理论和认识，在这种情况下，如果不考虑"S是P"这一基本句式以及基于该句式而形成的各种命题，又会考虑什么呢？所谓的"是"和"不者"这两个初始概念又是从哪里得来的呢？所以，基于从逻辑寻找初始概念这一点，可以认为"是"与"不者"这两个概念一定是有关于句式的考虑的，因而一定有关于语言的考虑。其二，假如与语言无关，不借助关于语言的考虑，这里所说的"别的东西"和"内部"会是什么呢？所谓的"是"又会是什么呢？即便这一点本身尚不太清楚，那么这两个问题难道是没有联系的吗？难道我们不应该将它们联系起来考虑吗？而一旦联系起来考虑，自然就会涉及语言，因而会涉及"S是P"这一句式，而且我们可以从中获得关于黑格尔所说的东西的一种理解。认识到这一点也就可以看出，"规定性"这一概念的使用乃是与语言的考虑相关的。

现在可以看出，"规定性"一词乃是一个日常语言，没有歧义，用来说明"是P"的用法和意思是人们可以理解的。它在黑格尔的使用中似乎有两个好处，首先可以说明"是P"的含义，其次可以引申，即以它的否定方式来说明"是"的含义。而且，这种否定的方式也是黑格尔逻辑学的基本方式，由此构成他全部理论的核心背景。所以，"规定性"的说明作用至关重要。

但是，仔细分析可以看出，这里有一个十分有趣的现象，在黑格尔的逻辑系统中，"是"乃是初始概念，但是它的所谓含义，即"无规定性"，却不是初始的，因为它是从"规定性"这个概念得来的。反过来，"规定性"这一概念是关于"是P"的说明，但是，"是P"却不是初始，它从"是"经过"变"而得来。所以，从句法的角度说，"是"乃是初始概念，"是 P"则是生成的概念。而从语义的角度说，"规定性"乃是初始概念，而"无规定性"则是生成概念。它们的对应性是明显的，其说明的循环性也是显而易见的。黑格尔似乎没有认识到这一点，因为他没有明确的关于句法和语义的区别的认识，没有清晰的关于语言和语言所表达的东西的区别的认识。但是有一点是清楚的，即他认为应该从逻辑中寻找初始概念，然后从这个概念出发推出他的逻辑系统。他还认为，这个概念是有含义的，不是空洞的。他的做法就是从"是"这个词的日常用法出发，并将该词从日常用法中剥离出来，使之成为一个孤立的东西。而在解释过程中，他使用"规定性"这一概念，这是一个常识性概念，他认为这个概念是自明的，可以说清楚"是 P"的用法，因而可以围绕它说明"是"的意思，并由此得出关于"是"的说明。不仅如此，在以后的说明中，比如从是过渡到此是时，说明也是一致的。所以，他也会认为，他的说明是自明的，人们只要字面上理解规定性，也就会理解他的相关说明，比如关于无规定性的说明，而只要明白了他那些关于"是"的无规定性的说明，也就可以明白他那些关于"此是"的有规定性的说明。

以上讨论并不是要全面地展现黑格尔关于是与此是的论述，也不是要评价他相关论述是不是有问题，有什么样的问题。我们的讨论旨在说明，在黑格尔关于是的讨论中他使用了规定性这一概念，他是如何使用的，以及他为什么要使用这一概念。我们的讨论表明，黑格尔的论述有一些富于启示的东西，比如从逻辑中寻找出发概念，从初始概念出发一步一步构造逻辑体系等等。在他的逻辑体系中，至关重要的无疑是"是""不者"和"变"这三个概念，以及与此相关的一些概念，比如"此是"，但是在关于这些概念的说明和探讨中，他使用了"规定性"这一概念。应该看到，"是"和"此是"等等可以是句法概念，至少可以从句法的角度来理解，而"规定性"肯定不是一个句法概念，即不能从句法的角度来理解。从今天的观点看，句法和语义是两个对应的层面，因此我们可以考虑，"规定性"是不是可以从语义的层面来理解。但是在黑格尔的说明中，我们看不到非常明确的对应性。这主要是他的论述方式造成的。比如我们曾指出的，他尚缺乏关于句法和语义的区别的认识，尚缺乏关于语言和语言所表达的东西的区别的认识。在这种情况下，既然我们认识到黑格尔用"规定性"这一概念对"是"和"此是"做出说明，似乎它就会具有语义方面的作用，那么我们就应该看一看它是不是起到了这种作用，它是如何起这种作用的。

　　非常明确的是，黑格尔从逻辑中选择了"是"和"不者"这两个概念，在对它们的说明中借助了"规定性"这一常识性概念。比较明确的是，他的说明乃是关于谓述方式的说明，也就是说，他的规定性乃是关于"是 P"的说明。但是在我看来，所谓关于"是 P"的作用的说明，不过是一个笼统的说法。确切地说，规定性乃是关于"是 P"这种表达方式的作用的说明，而不是关于它的语义的说明。由此得出的"是"本身的无规定性也是同样。所谓无规定性不是关于"是"这一句法形式的语义说明，而是关于它的作用的说明，而且这种说明乃是与关于"是 P"的说明相关的：由于"是 P"乃是有规定的，而"是"与它不同，消去了这种规定性，因而"是"乃是无规定的。这一说明的意义在于与直观一致，符合常识，因此黑格尔认为"规定性"达到了关于"是 P"的说明，因而无规定性达到了关于"是"的说明，人们也会接受这种认识。关键在于，"S 是 P"乃是表达认识的基本方式，逻辑提供了关于它的理论说明，围绕它人们有一些共同的基本认识。比如"S"乃是所说的东西，"是 P"乃是对它的说明或规定，或者说是规定性说明，"是"乃是连接"S"和"P"的东西，主要和"P"联系在一起，构成对"S"、对主词或对主词所表达的东西的规定和说明等等。黑格尔的说明围绕这些基本认识，所以，一方面他有"A 是 B""主词是谓词"这样的说明，另一方面也有借助"规定性"做出的说明，即对"是"做出的说明。所以，"规定性"一词尽管是常识性的，但是它适合于关于"是 P"的说明，而后者又是"S 是 P"中最主要的部分，因而选这个用语符合直观，也可以获得充分的论证说明。至于说借助它的否定是不是可以说明"是"，这样的说明是不是会有问题，黑格尔似乎从来也没有考虑。在我看来，从语义的角度看，以"无规定性"来说明"是"乃是有问题的，因为它并没有告诉我们"是"的语义是什么。但是从论述方式来看，黑格尔的说明是可以理解的。我们至少可以看出，黑格尔在这样论述的时候是怎么想的，认识到这一点也就可以看出，黑格尔借助规定性这个概念，通过他这种说明方式想说明，他以"是"和"不者"为初始概念，借助"变"做媒介，对"S 是 P"这一认识方式和所涉及的过程做出他的体系化说明和解释。不仅如此，他把这样的说明和解释称为逻辑，并且以此分为客观逻辑和主观逻辑进行讨论，从而涵盖传统的形而上学和逻辑所涉及的全部内容。

第五章　胡塞尔论明证性

　　胡塞尔是现象学的创始人。现象学自二十世纪产生以来影响很大，但是它的影响与其说主要来自胡塞尔，不如说来自海德格尔。认真而恰当地评价胡塞尔和海德格尔对现象学的影响是一件困难的事情。这里面原因很多，其中一个主要原因与胡塞尔著作的内容和写作方式相关。胡塞尔注重科学和科学性，强调理性的层级和方法，依据数学和逻辑的作用和样板性，试图基于传统哲学的全部认识来构建现象学理论。这些内容在他的研究中贯彻始终，反复思考，同一题目和著作，反复修改和补充。所有这些，再加上他的表达方式，都给研究者带来困难。

　　比如，他的《逻辑研究》构成了现象学研究的基础，由此入手则可以认为，他的现象学研究基于逻辑，因此他的现象学始终涉及逻辑与哲学的关系。《纯粹现象学通论》是现象学最重要的著作，由此出发则可以认为现象学是什么，可以联系也可以不联系《逻辑研究》来进行研究。《形式逻辑和先验逻辑》虽是较晚的著作，但是仅从题目就会使人觉得这一研究延续了康德的思想，无疑是将逻辑与形而上学的研究结合起来。至于更晚的《经验与判断》，依然是在探讨先验世界与经验世界之间的关系。胡塞尔的研究非常广泛，著述极多。如果可以用现象学来称谓他的哲学，则可以说他的哲学始终与逻辑相结合。所以，现象学研究本身就有难度，而与逻辑研究相结合，无疑更增加了难度。

　　又比如，胡塞尔的工作重点之一是反对心理主义，因而要区别心理方面的因素和非心理方面的因素，但是他为了区别往往首先就要进行有关心理方面因素的讨论。由于他缺乏一个有效的办法做出区别，结果他许多旨在消除心理主义的讨论都变为关于心理主义因素的讨论，反而使他想说明的东西变得含糊不清。

　　再比如，胡塞尔的现象学几乎涵盖西方传统哲学中的所有问题，比如关于本质的问题，关于这东西的问题，关于是的问题，关于简单认识和复杂认识的问题，关于"我思"的问题,关于真的问题等等,而所有这些问题最终都要汇集一点:"向事物本身"。即便他借助了逻辑的理论,如判断,判断中的主词和谓词,谓述方式,"是"与"不是","真"与"假"等等,甚至也使用了一些自己的术语,如"noema",并由此做出一些区别,如 noema 的对象,noema 的行为等等,其做出的说明和获得的结果似乎并不十分理想,或者,他认为是说清楚了,而研究者并不认为他说清楚了。以上所有这些情况,都给关于胡塞尔的研究造成困难,在不同程度上阻碍了他的思想的传播和影响力的扩展。

本章不是专门关于胡塞尔思想的研究,不全面探讨他的思想,而是探讨他的"明证性"这个概念。确切地说,本章旨在借助这一概念简要说明胡塞尔的核心思想和思考方式。"明证(性)"是一个自明的概念①,在传统哲学中有时候也被采用,没有成为术语。但是在胡塞尔的著作中,"明证性"一词反复出现,被用来做说明。而且它在胡塞尔的著作中始终出现,使用频繁,似乎是胡塞尔的一个术语②。基于这一点可以认为,这是胡塞尔讨论中具有独特性的用语,由此可以看出胡塞尔一些独特的思考方式,围绕它来进行讨论,也可以使我们的讨论不必面面俱到。我们希望,借助关于明证性的讨论,可以获得关于胡塞尔现象学的一些认识,包括对他所讨论的一些主要问题的认识,以及关于他的论证方式的认识。

---

① 德文 Evidenz(英文 evidence)是一个法学用语,意为证据。在日常使用中,它的形容词形式是 evident,意思是明白的、显然的。现有中译文为"明证"或"明证性","明见"或"明见性"。以前我曾采用"明见性"一词,因为主要依据一个人的译本。本书讨论引文来自四部中译著作,涉及四个人的译语,从众使用"明证性"一词,行文中有出入之处不再说明。

② 胡塞尔在谈到自己长期以来对哲学的看法时说,"最初引导"他与逻辑相关的思考和工作的"就是一种明证性问题(Evidenzproblem),即形式数学科学之明证性(Evidenz)问题"(胡塞尔:《形式逻辑和先验逻辑》,李幼蒸译,北京:中国人民大学出版社,2019 年,第 9 页;参见 Husserl, E.: *Formale und Transzendentale Logik*, Den Haag, Martinus Nijhoff, 1974, S. 16)。随后他还谈到"数学真理的明证性"和"三段论真理的明证性"(参见同前)。由此可见,关于明证性的思考和认识在胡塞尔的思想中是贯彻始终的。在我看来,可以围绕明证性问题对胡塞尔思想做一个历史性的、详细的考察。限于篇幅和本书的目的,我们不做这样的考察,而只是基于这一认识,从胡塞尔关于明证性的一些论述出发,探讨他的相关思想。

一、"明证性"的使用和含义

"明证性"这一概念在胡塞尔的著作中反复出现。限于篇幅，我们的讨论仅限于前面提到的四部著作。在《纯粹现象学通论》中，它是"理性的现象学"这一章的核心概念，其中谈到各种各样的明证性：原初的和纯粹的明证，直陈的和确然的明证，充分的和不充分的明证，最后还谈到"明证现象学"[①]。这说明，胡塞尔关于明证的谈论与认识相关，与证明相关，与理性相关。在《形式逻辑和先验逻辑》中，胡塞尔谈到各种各样的明证性，比如与真相关的明证性，与命题相关的明证性，与对象相关的明证性等等。这说明，明证性与命题的句法和语义相关，与命题所表达的东西相关。《经验与判断》的导言有 14 小节，其中五小节谈到明证性，包括明证性层次、判断的明证性、对象的明证性、二者的回溯、经验的明证性等等。导言部分如此，可见明证性在全书中所占的位置和重要性。

胡塞尔现象学的基础是逻辑，因此可以说以上三著的基础是《逻辑研究》。虽然该书的目录中也有"明证性"这一概念出现，比如第 49 节谈到"逻辑学作为明证性理论"[②]，但是与其他三著相比简直微不足道。不仅如此，第 49 节属于第八章"心理主义的成见"，因此这里提及的明证性理论被认为是偏见，属于对心理主义的批判范围。即便如此，依然可以看出，明证性是与逻辑联系在一起的。也就是说，在胡塞尔的理论中，明证性从一开始就是与逻辑联系在一起的，至少是与逻辑相关的。假如说以上简要提及的乃是胡塞尔与明证性相关的比较成熟的论述，那么可以认为，《逻辑研究》中关于明证性的论述则是其最初的论述。所以，若想把握胡塞尔关于明证性的认识和使用方式，便应认真对待该著中的论述。胡塞尔最初比较明确谈及明证性的论述是在第一章第 6 节，该节谈论的是逻辑的定义以及关于逻辑的不同看法，并谈论逻辑的可能性及其论证。胡塞尔首先简单论述逻辑是科学，而科学意味着"与知识有关"，"科学的目的在于知识"[③]。然后就进入关于知识的讨论：

---

① 参见胡塞尔：《纯粹现象学通论》，李幼蒸译，北京：商务印书馆，1995 年，第 7 页，第 346-349 页。

② 胡塞尔：《逻辑研究》，倪梁康译，上海：上海译文出版社，1994 年，第一卷，第 4 页。

③ 胡塞尔：《逻辑研究》，倪梁康译，第一卷，第 8、9 页。

【引文 1】在知识中我们拥有真。在我们最终所依据的现时（aktuell）知识中，我们拥有它，以它作为正确判断的客体（Objekt）。但仅仅如此还不够；因为，并非每个正确的判断、每个与真相符的对一个事态（Sachverhalt）的设定或否定就是一个关于这个事态是或不是的**知识**。这里更需要的是——如果我们谈的是在最狭窄、最严格意义上的知识——明证性（Evidenz），即这样一种明白的确定性：我们承认的东西**是**，或者我们否认了的东西**不是**；我们必须用已知的方式将这种确定性与那些盲目的信仰、那些虽然决断但却模糊的意见区分开来，以免我们在极端怀疑主义那里触礁失败。①

这段话明确谈论明证性。它的引入方式引人注目：破折号为它增加了一个说明：与知识相关，与最狭窄、最严格意义上的知识相关。最后一句说要与一些不好的信仰、意见区别开来，这似乎是说明了谈论明证性的作用或意义。字面上看，这段话的核心是在谈论知识，这就说明，明证性是与知识相关的。应该看到，这是《逻辑研究》中最早出现的一段有关明证性的说明，因此也是胡塞尔著作中较早出现的一段与明证性相关的说明。它反映出胡塞尔对明证性这个概念及其用法的基本认识，值得我们认真对待。

我们先看关于明证性的说明。这里提供了两个说明，一个是说它是一种明白的确定性，这就表明，它是一种性质。另一个是冒号后面的说明，说明表明，所谓确定性有两种情况，一种为"是"（ist），另一种为"不是"（nicht ist）。前者与我们承认的相关，后者与我们已经否认了的相关。由于"确定性"与"明证性"乃是同位语，起说明作用，因此关于确定性的这种说明也可以看作是关于明证性的说明。也就是说，明证性有两种情况，一种为"是"，与我们承认的东西相关，另一种为"不是"，与我们已否定了的东西相关。"确定性"是自明的概念，不会有理解的问题。现在可以看出，有关明证性的理解，最重要的乃是这里所说的"是"和"不是"。

字面上可以看出，破折号前一句提到关于"事态是或不是的知识"，因此破折号后面和前面所说的"是"与"不是"乃是对应的，区别只是后边说时用动词（ist 和 nicht ist），前面说时用名词（Sein 和 Nichtsein）。由此可见，破折号是关于

① 胡塞尔:《逻辑研究》，倪梁康译，第一卷，第 9 页；译文有修正，参见 Husserl, E.: *Logische Untersuchungen*, Max Niemeyer Verlag Tübingen, 1980, Band I, S.12-13。

认识的进一步说明，在破折号之后提出明证性这一概念，而关于明证性的说明显示，最重要的乃是"是"与"不是"，而后者又是破折号以前就已经出现的。所以，为了更好地理解这里所说的明证性，我们要认真看一下破折号之前的论述。

非常清楚，这段话是在谈论知识，其中谈到真，似乎是想通过真来谈论知识，把它看作是正确判断的对象。这样的谈论很容易理解：知识与判断相关，判断有对错之分。但是，胡塞尔认为这样的认识是不够的，因此他此后一句的说明至关重要。这一句以"因为"引导，既解释了此前的看法，又引出后面那句含破折号的说明。可以看出，这句话是关于知识的说明，其中谈到许多东西：判断、事态、是和不是，正确的、与真相符的、设定和否定等等。从常识的角度出发，判断、事态、正确的、与真相符的等等比较容易理解，因此不必多说。是和不是、设定和否定，相对而言不太容易理解，因此我们重点考虑它们。

（一）这句话是由两个句子组成的。一句是："并非每个正确的判断就是一个关于这个事态是或不是的知识。"另一句是："并非每个与真相符的对一个事态的设定或否定就是一个关于这个事态是或不是的知识。"字面上看，"正确的判断"与"与真相符的对一个事态（Sachverhalt）的设定或否定"是并列的，可以看作是两个不同的东西，也可以看作是同位语，因而后者是对前者的解释或说明。抛开"并非"这一否定表述，二者相比较，显然"正确的判断"是自明的表述，不会有理解的问题，而"与真相符的对一个事态的设定或否定"则复杂一些，似乎可以看作起递进说明作用。而从与表语"关于事态是或不是的知识"的对应看，这一复杂表述显然是其中最主要的。加上"并非"，这里显然表达了两个意思：其一，有些与真相符的对一个事态的设定或否定乃是关于该事态的是或不是的认识，而有些与真相符的对一事态的设定或否定不是关于该事态的是或不是的认识。所以，这里的核心是关于事态的说明，同时又有两个对应性说明，一个是事态与认识，二者是对应的。事态是外界的情况，认识是关于事态的，二者不同，但是大体对应。另一个是"设定或否定"和"是或不是"，二者是对应的。"设定或否定"乃是与事态相关的，"是或不是"乃是与认识相关的，而认识又是关于事态的，因此二者既互区别，又相对应。这里的区别显示出不同的方面，即外界事物和认识这两个方面，也显示出认识的复杂性，它至少涉及两个方面，其一，对事态的设定或否定，其二，关于事态的是与不是。直观上看，事态和认识的区别是清楚的，比较复杂的是关于认识本身的说明。明确了这一点也就看出，真这一概念在这一说明的作用和意义。

这段话确实是在谈论认识，但是，"真"一词出现在其第一句话，因而是其说明的重点。这说明，真与认识相关。如上所述，"真"一词出现在关于"正确的判断"的递进说明中，这样来看，所谓正确的判断大概有两个意思，一是涉及对一事态的设定或否定，二是满足与真相符这一要求。但是，尽管这里表达了这两个意思，它们却不是这里要说明的主要意思。这里最主要的说明是与它们相区别的情况：它们并非就是关于事态的是或不是的认识。这就表明，认识乃是有不同情况的。有关于事态的是或不是的认识，而在这样的认识中，有所谓正确判断的认识，即与事态相符合的认识，也有其他一些不同的认识。这与破折号引出说明恰恰相对应：既然谈论最狭窄、最严格意义上的知识，这就意味着还有一些知识，它们不是那样狭窄，不是那样严格。所以，知识与真相关，这一段谈论至少有一个意思，这就是区别知识的不同情况，或者说不同层次，其谈论的目的则是最后所说的与一些信仰和意见区别开来。

从胡塞尔的论述方式看，他从认识出发谈论真，与真相关又谈及是与不是，并以此对认识做出区别。由于与真相关有了这样的区别，因此需要进一步做出解释。正是在这里，他引入了"明证性"一词。也就是说，明证性这个词旨在解释认识，而且与是或不是相关。而从他的说明看，"是"和"不是"本身表达了一种确定性。现在可以看出胡塞尔所说明的认识的不同层次：其一，认识与是和不是相关，后者显示出一种确定性，他称之为明证性；其二，是和不是涉及对事态的承认和拒斥；其三，判断表达认识，有正确的判断，也有不正确的判断；其四，正确的判断相当于对事态的与真相符合的设定或拒斥。

胡塞尔谈论认识，引入"真"这一概念，进而谈及"是"与"不是"。他在论述中涉及众多因素，但是"明证性"显然与"是"与"不是"相关。既然我们主要探讨胡塞尔对明证性这一用语的使用，现在就要问，这里所说的"是"和"不是"究竟是什么？

前面说过，传统哲学中不太区别语言和语言所表达的东西，胡塞尔继承了传统哲学的讨论方式，也有这个特征。认识乃是用语言表达的。语言所表达的东西则是多元的，因而表达的认识也是多元的，比如可以是关于外界的，可以是关于内心的。胡塞尔不太区别语言和语言所表达的东西，并不意味着他在论述中没有关于语言的考虑。比如"判断"一词的使用就有这样的问题。它究竟是指主系表这样的表达方式，还是指以这样的方式所表达的东西，还是不加区别地指二者的表达，乃是有歧义的。对于"是或不是"也存在同样的问题。如果说这里有关于语言层面的考虑，那么关于"是或不是"的论述就很容易理解。"是"乃是关于认识的表达，它所表达的乃是关于事态的设定或拒斥，它的表达可以是真的，也可以是假的。假如说这里的相关论述与语言无关，那么就要考虑，这里所说的"是或不是"究竟是什么，在与事态相关的说明中，是或不是与设定或拒斥有什么区别，等等。

我认为，引文 1 关于语言方面的考虑确实显示得不太充分，不是特别清楚。但是，它清楚地表明，胡塞尔关于明证性一词的使用和考虑与"是"相关。这就为我们的探索提供了一个思路，由此我们可以看他进一步的论述：

【引文 2】尽管如此，知识的（或者，对我们来说是同义的：认识的）概念中仍含有双重含义。最狭窄词义上的知识是关于某一个事态存在或不存在（besteht oder nicht besteht）的明证性；例如，S 是 P 或不是 P；因此，某一个事态在这种程度上还是在那种程度上是或然的，对此的明证性也是最狭窄意义上的知识；与此相反，在较广的、已改变了的意义上的知识则与事态本身的(而不是它的或然性的)存在（Bestand）有关。在后一种意义上，人们随或然性程度的不同来谈论知识的或大或小的范围，而较确切意义上的知识——关于 S 是 P 的明证性——则必须是一种绝对确定的、观念的界限，S 的是 P 的这种或然性乃是在上升的序列中逐渐接近这个界限。①

这段话显然还是在谈论认识，谈论认识的明证性。这里明确地说，明证性是最狭窄意义上的认识，同样明确地区别事态和认识。所有这些与引文 1 是一样的。但是字面上也可以看出，这里的论述发生了一些变化。在论述事态时用的表达是"存在或不存在"，而不是"设定或否定"，而在谈论认识时用的表达直接就是"明证性"，而不是"对事态的是或不是"。这就说明，明证性是可以直接来说明认识

---

① 胡塞尔:《逻辑研究》，倪梁康译，第一卷，第 10 页；译文有修正，参见 Husserl, E.: *Logische Untersuchungen*, Band Ⅰ, S. 14。

的。因此，明证性乃是与认识相关的概念。这是可以理解的，因为它被说成是最狭窄意义上的认识。但是在这里明确出现了"S 是 P"和"S 不是 P"这样的表达式，而且是以举例的方式出现的。这说明，它是用来解释和说明明证性的，而且它是自明的。至于为什么胡塞尔会认为它是自明的，为什么会用它来说明明证性，在我看来，只能从自明的角度去理解：这是逻辑著作中的论述，依据的是逻辑理论，而在逻辑理论中，"S 是 P"和"S 不是 P"乃是基本句式，表达两种相反的情况。明确了这一点，我们可以获得如下认识：若是不理解明证性，那么请考虑"S 是 P"，后者即是明证性。"S 是 P"乃是与对一事态存在的认识相关的，而且它体现的乃是最狭窄的意义上对一事态存在的认识。认识到这一点也就可以看出，这与引文 1 的论述是一致的："S 是 P"乃是关于一事态是的认识。

引文 2 后半段的说明显然是围绕着"S 是 P"谈论的，比如谈论它的意义的范围和程度，谈论它的明证性，甚至谈论"S 的是 P"等等。这些论述表明，与"S 是 P"相关会涉及许多情况和区别，有层次方面的，有结构方面的，有表达方面的等等，而所有这些都会与明证性相关。

对照引文 1 和引文 2，我们固然可以说前者没有显示出，而后者显示出关于语言的考虑，但是基于引文 2 的论述，我们显然不能说引文 1 没有关于语言的考虑。基于这样的认识就可以认为，明证性这个概念涉及许多东西，与认识相关，与真相关，与事态相关，但是归根结底它与"S 是 P"相关，因此应该在"S 是 P"的意义上或者说联系"S 是 P"来考虑明证性。认识到这一点也就可以看出，借助明证性这个概念，胡塞尔使自己关于认识的讨论紧密地与逻辑联系起来，并且直接建立在逻辑的基础之上。

二、明证性与真

今天我们知道，逻辑有句法和语义两个方面，而从语义的层面说，真乃是核心概念。胡塞尔在关于认识的谈论中，明确谈及真，并且把真作为对象。但是在相关论述中却明确提出明证性这一概念。前面的讨论表明，明证性这一概念是与逻辑联系在一起的，是与"S 是 P"这种最基本的表达方式联系在一起的。前面的讨论还表明，明证性这一概念也是与真联系在一起的，但它与真这一概念显然又是有区别的。所以，明证性这一概念是胡塞尔讨论中比较独特的东西。既然它与真这一概念既有联系又相区别，我们就可以从它与真之概念的关系这一角度着眼，看一看胡塞尔是如何看待和使用这一概念的。引文2涉及引文1中关于"是或不是"的论述，被我们提前讨论了。而在这两段引文之间，胡塞尔有一段关于明证性的论述，涉及"真"这一概念，可以为我们的理解提供帮助。

【引文3】这样，[1]我们所把握的知识概念便具有一个较广的，却并不完全松散的意义；我们将它与无根据的意见区分开来，使它成为对被设定的事态的存在的"标志"，或者说，使它成为对所做判断之正确性的"标志"。[2]正确性的最完善的标志是明证性，对于我们来说它就是对真本身的直接拥有。[3]在绝大多数的情况中，我们缺乏这种对真的绝对认识；恰恰相反，我们往往只是（只要考虑一下上述例子中记忆的作用便可）将明证性作为某个事态的或大或小的或然性来运用，在或然性程度相应"高"的情况下，人们通常会依据这种或然性来做出一个决然的判断。[4]一个事态A的或然性之明证性虽然不论证这个事态的真之明证性，但它却论证那种进行比较的和明证的价值评价，借助于这种价值评价，我们能够根据肯定的或否定的或然性价值的不同而将理性的设想、猜测与非理性的设想、猜测区分开来，将得到较好论证的设想、猜测与得到不良论证的设想、猜测区分开来。[5]任何真正的认识，尤其是任何科学的认识最终都建立在明证性的基础上，这种明证性伸展得有多远，知识的概念伸展得也有多远。^①

这段话大致有五层意思。[1]是关于引文1的概括说明，也是它的推论，说明认识这一概念具有不同层次，可以与意见相区别。[2]至[4]是围绕明证性的进一步说明，[5]则是基于这些说明的引申论述，说明明证性与认识特别是与科学认识具有非常重要的关系。所以我们重点看中间这部分论述。

[2]将明证性说成是"正确性的最完善的标志"。这句延续引文1的论述，因此容易理解。"对真本身的直接拥有"一句的字面意思是直接意识到（Innewerden）真本身，至少有一点很容易理解：明证性与真二者直接联系起来。通俗一些，这里的意思是说，我们可以做出正确的判断，即我们直接认识一种情

---

① 胡塞尔：《逻辑研究》，倪梁康译，第一卷，第9-10页；译文有修正，参见 Husserl, E.: *Logische Untersuchungen*, Band Ⅰ, S. 12-13。序号为引者所加，为讨论方便。

况（事态）是真的，并做出相应陈述。只不过这里将通常所说的正确性转化为明证性，因而将正确性与真的关系转换为明证性与真的关系。表述上虽然有些复杂化，但是有［1］的明确说明，我们还是可以认为这里的意思是清楚的，是可以明白的。［3］指出一种情况及其原因：缺乏对真的绝对认识，因为有时把或然性当做明证性。或然性有高低之分，依据或然性做出的判断也就会有程度上的区别，或者如同这里所说，不会有对真的绝对认识。很明显，这里区别出两种认识，一种是绝对的认识，这是与真相关的，另一种不是绝对的，是与或然性相关的。现在可以看出，［2］中关于正确性的说明为什么会使用"最完善的"一词。这是一个比较级表达式，似乎意味着相应还会有"完善的"或"比较完善的"或"不太完善的"等情况。这似乎说明，明证性是有程度区别的。"最完善的"情况与真相关，这似乎意味着其他那些完善的情况，即那些不是最完善的情况不与真相关。［3］中将最完善的情况称为对真的绝对认识，将其他情况称为与或然性相关。最重要的是，这两种情况都被称为明证性。

　　由此可见，与明证性相关至少有两种不同的情况，一种与真相关，一种与真无关。从认识的角度说，可以有与真相关的认识，确切地说，对真本身的认识。这种认识可以称之为明证性。从我们获得认识并做出判断的角度说，一般不会达到关于真本身的认识，所达到的是与事态相关的认识，而我们关于这种认识的表达是会受到事态的或然性程度影响的。这种认识也可称之为明证性。因此就有两种明证性。一种是与真本身相关的明证性，另一种不是这样的明证性，而是与事态的或然性相关的明证性。非常明显，［4］是基于［2］和［3］做出的说明，它明确论述"真之明证性"和"或然性之明证性"。这就清楚地表明，"明证性"这一概念是用来进行区别和说明的，既可以谈论与真相关的问题，也可以谈论不与真相关的问题，比如这里所说的与或然性相关的问题。现在可以看出，引文1第一句话所说"我们在知识中拥有真"，这是要谈论的主要的东西，或者说是最主要的东西。但是，认识涉及的东西非常多，有与真相关的，也有与真不相关的，因此要做出区别，要寻求一种谈论的方式。"明证性"则是胡塞尔的用语，是他讨论认识时，特别是讨论与真相关的问题时的用语。从以上引文至少可以看出，借助"明证性"胡塞尔做出了区别。

　　［5］的说明非常明确：认识与明证性相关，科学认识与明证性相关。这句话

很简单，但是有了［1］至［4］的说明，它的意思也就丰富多了。与认识相关，真似乎不是贯彻始终的问题，因为认识中会有一些与真不相关的问题，比如被称为或然性的问题；与真不相关似乎也不是贯彻始终的问题，因为认识中还有与真相关的问题。但是在胡塞尔的论述中，明证性却是贯彻始终的，因为它可以与真相关，也可以不与真相关。所以胡塞尔说，认识建立在明证性基础之上，随明证性的延伸而延伸。应该看到，这是胡塞尔在《逻辑研究》开始部分的论述，在谈论认识。这说明"明证性"这一概念是他从一开始就提出的，并且在以后的论述中要借用的。所以，这里所说的"伸展"大概也涵盖了他以后的叙述方式。这就意味着，以后在关于认识的论述中，免不了是要谈论明证性的。但是明证性这一概念是用来说明不同认识之间区别的，所以，它不是胡塞尔想说明的概念，而是胡塞尔在说明中使用的概念。

明确了这一点，我们再看一段话：

【引文4】作为一切认识之最终基础的明证性不是一种无须经过任何方法和工艺上的筹划就会随着对事态的单纯表象一同出现的自然附加物。否则人永远也不会想到去建立科学。［1］在用意象便可以获得成就的地方，繁琐的方法便失去了意义。如果可以在直接的觉察中拥有真，那还有什么必要去研究各种论证关系以及去设计各种证明呢？［2］然而，被表象的事态存在的明证性，或者被表象的事态的不存在的荒谬性（或然性与非或然性的情况与此类似）事实上只能在一组相对来说极其有限的原始事态中直接地表现出来；［3］无数真定律只是在受到方法上的"论证"之后才被我们视为真理，就是说，仅就定律思想而言，虽然人们在这里所做的是合乎判断的决定，明证性却并没有在这些情况中出现。［4］而在通常的情况下，一旦我们从某些认识出发，走上一条通向这个被考察的定律的道路，合乎判断的决定与明证性两者便会同时出现。［5］尽管对同一定律可以有多种论证的途径，可以从这些或那些认识出发进行论证，但决定性和根本性的东西在于：真理可以具有无限的多样性，它们如果没有这类方法上的工序就无法转变成我们的知识。①

---

① 胡塞尔:《逻辑研究》，倪梁康译，第一卷，第11-12页；译文有修正，参见 Husserl, E.: *Logische Untersuchungen*, Band Ⅰ, S. 15-16。序号为引者所加，为讨论方便。

同样是谈论认识，这段话谈的内容较多，似乎不是那样清晰。但是仔细分析，还是可以看出所谈的东西。大致说来，这里谈到两类情况，一类是观察，一类是证明。科学不仅包含认识，而且包含关于认识的论证，从而形成一个统一的整体。所以，观察是认识，证明也是认识，它们显示出认识的不同层级。与观察相关这里谈到事态，与证明相关这里谈到定律。很明显，这两类情况是不同的。尽管这只是一个大体上的说明，但是依循说明的线索，不难理解相关细节的说明。我们只看其中与明证性相关的说明。

首先，明证性被用在与事态相关的说明中，比如事态存在的明证性。与事态相关有许多说明，有些是前面引文未提到的说明，如对事态的表象，有些则是前面引文已经提及的说明，如直接的意识（Innewerden）、或然性的情况等等。这样，基于前面的说明，这里的论述是比较容易理解的。如前（引文 1）所述，所谓明证性即一种明白的确定性：我们承认的东西"是"，或者我们否认了的东西"不是"，即相当于"S 是 P"和"S 不是 P"（引文 2）。这里虽然没有明确谈及判断，但是可以看出所谈的乃是与判断大致相当的东西，而若是结合关于定律的论述中所说的"合乎判断的决定"，则可以明显看出这里所谈的是判断。由此可见，这里的说明与前面说明大致相同，是前面说明的延续。

其次，明证性被用在与证明相关的说明中，比如关于真定律的说明。但是我们发现，这里与明证性相关有两个说明，一个说它不出现，另一个说它出现。这样的说明与关于事态的说明显然是不同的。问题是，这种不同究竟说明了什么？

这段话第一句大致说明对事态的表象与建立科学是有区别的，其中谈到方法，并且说明明证性与它们的关系，此后则是具体说明。[1] 是第一个说明，指出意象与证明的区别。它的主要意思是说，在表象中，在事态中，尚不能直接意识到真，若想获得真，还必须考虑论证。也就是说，真与论证相关。当然这里也有一些附带的意思，比如论证与方法相关，而方法是复杂而麻烦的，相比之下，意象则是比较简单的事情。值得注意的是，[1] 中明确提及真，但是没有提及明证性。[2] 做出进一步的说明：这只是关于事态的说明，借助的则是明证性概念。意思是说，明证性在原始事态中表现出来，这一点可以理解。问题是它如何表现出来？依据引文 1，明证性是一种确定性，即我们承认的东西是，而依据引文 2，事态存在的明证性即是"S 是 P"。因此可以理解，这里说的事态是与我们的认识相关的，比如可以被表象，而明证性的表现则涉及关于这种认识比如表象的表达。这里可以看出胡塞尔论述中的不清楚之处。尽管如此，意思还是可以看出来的。认识到这一点也就可以看出，括号中的"或然性"并不是随意的补充说明，而是有明确用意的：这是最狭窄的知识，有明证性，但尚不是真，与真还是有区别的。所以，［2］中甚至没有提及真这一概念，也是容易理解的。现在可以看出，引文3中关于明证性完善性的说明是有意义的。借助完善性，一是说明明证性是有程度区别的，二是说明，［2］中所说的明证性尚不是最完善的，因而不是真。

　　［3］谈论真定律和真理，并且谈及论证，与［2］形成鲜明对照①。显然，真定律是真的，真理也是真的。但是，二者之间需要一个过程，这就是"论证"，后者属于此前所说的方法。这就说明，真理与［2］所说的东西是不同的，它需要有一些方法论意义上的东西。这些意思是清楚的。但是［3］明显有一点不是那样清楚。一方面它谈到真理，这显然涉及真，因而涉及明证性。另一方面它又说明证性不出现。这两种说法不是显得有些矛盾了吗？仔细分析可以看出，这里谈及两种情况，一种是我们把真定律看作真理，一种是真定律获得证明。后者是证明过程，属于方法论层面的。所谓明证性不出现，指的是不出现在这个证明过程中，包括做出合乎判断的判定。前面说过，明证性是"S是P"这样的东西，而且是与或然性相关的东西。胡塞尔在这里虽然没有说证明过程是什么，却将它看作是自明的，不必说。我们按照常识性的认识来理解，一个证明过程一定是由前提和结论组成的，比如具有"如果，那么"这样的表达方式。这与"S是P"这样的方式无疑是不同的，因此不会有明证性。此外，真定律当然不能是或然的，因此也会与那样的明证性不同。

　　值得注意的是这里所说的"真定律"和"定律思想"这两个用语。它们的德文是"wahre Sätze"和"Satzgedanken"。如果有意识区别语言和语言所表达的东西，这两个表达式的意思会有很大不同。Satz的字面意思是"句子"，应该也是具有"S是P"这样的形式，"句子思想"指的自然是它所表达的东西。若是缺乏这

---

① ［3］的译文不太容易理解，可以修正如下："无数真定律只有在得到方法上的'论证'之后才被我们视为真理，就是说，在这些情况下，纯粹就定律思想而言，即使出现合乎判断的判定，也不出现明证性。"我们不做关于翻译的讨论，只是借鉴这里的翻译进行讨论。

样的意识，也可以不做这样的区别，而将 Satz 看作是"命题""定理"等等①。胡塞尔不太注意区别语言和语言所表达的东西，因此 Satz 的使用可能有些含糊。即便如此，"定律思想"（句子思想）这一用语显然是在语言所表达的东西意义上使用的，因而指语言所表达的东西。所以，这里明显有关于"S 是 P"所表达的东西的考虑。明确了这一点，我们又看到，［3］说这里依然没有明证性出现，这就说明，在胡塞尔考虑的范围内，除了证明本身与事态表象等东西的区别外，同样是"S 是 P"及其相关表达，也依然是有区别的。至少有一点是明确的：事态表象是一回事，定律思想是一回事。它们之间的区别，胡塞尔在这里是借助明证性来说明的，前者有明证性，后者没有。从另一个角度看，这里似乎可以认为，后者有真，而前者没有真。不过胡塞尔没有这样说。

　　［4］是进一步的说明。这里，证明被说成是通向定律的道路，可以说是更明确了。有些认识与证明不同，在这里被说成是进行证明所由之出发的东西。有了这两点的区别，［3］的说明也会更加清楚一些。比如，合乎判断的判定属于证明过程，与定律是不同的。证明过程没有明证性，所以，合乎判断的判定也没有明证性。但是这里又说，明证性也会出现。显然，它只会出现在证明由之出发的认识中。有了这些说明，也就可以比较清楚地看出，［2］是关于一般认识的说明，［3］是关于证明过程的说明，［4］是关于［2］和［3］的说明。

　　［5］是基于前面论述的说明，很明显，这里最主要的乃是关于真的说明，形成对［1］的回应。这就说明，胡塞尔在关于认识的谈论中，最主要想说明的还是真。他认识到，认识是有层次的，比如表象和证明的区别，一般认识和经过证明所获得的认识的区别，一般认识和真理的区别等等。谈论认识无疑会涉及这些不同层次的东西，而在这些不同层次的东西中，显然真最重要，一如他所说，在认识中我们拥有真，真乃是认识的对象。要获得关于真的认识，势必涉及这些不同层次的区别，因此要对它们做出说明。从胡塞尔的说明来看，他似乎觉得不能借助"真"这一概念来说明，而要借助"明证性"一词。"明证性"只是他借用的概念，他的最终目的还是为了说明真。这大概是因为，明证性与"是"相关，可以与真无关，但是也会与真相关，比如那种最完善的正确性，那种对真的直接意识。正

① 比如引文 4 将它理解为"定律"，英译文将它理解为"命题"。参见 Husserl, E.: *Logical Investigation*, trans. by Findly J. N., Routledge 2021, p.19。

因为有这样的认识，胡塞尔既可以认为明证性是对真的直接拥有（引文3），也可以认为明证性呼唤着真（参见后面引文6）。明证性与认识固然有各种各样的联系，但是最让胡塞尔在意的依然是明证性与真的联系。

三、明证性与认识

引文1至引文4是《逻辑研究》开始部分的论述，是关于认识的论述，一些基本想法是比较清楚的，比如以下几点：

第一，认识与真相关。

第二，认识与判断相关。

第三，认识与"S是P"相关。

第四，认识与事态相关。

第五，并非所有认识都与真相关。

事态是外界事物的状况。认识是关于外界的。这一区别是清楚的。判断是用来说明认识的，真也是用来说明认识的。由于这是逻辑研究，因此这里所说的判断指具有"S是P"这样的表达。这一点是清楚的。不仅我们是清楚的，胡塞尔在论述这一点时也是清楚的。所以，他既有关于"是"与"不是"的论述（引文1），也有关于"S是P"和"S不是P"这样的论述（引文2）。今天我们清楚地知道，逻辑有句法层面的东西，比如"是"与"不是"，比如"S是P"和"S不是P"，也有语义层面的东西，比如"真"。胡塞尔显然也是有这样的认识的：在相关论述中，他关于二者的论述是有区别的，尽管有时不是那样清楚。

我强调引文1至引文4是《逻辑研究》中的论述乃是想指出，这是与逻辑研究相关的。既然是与逻辑相关的研究，那么对句法和语义无论有没有明确的认识，谈论"是"与"真"总是不错的，也是自然的，因为现有的逻辑理论提供了这样的认识。明确了这一点也就很容易看出，"明证性"并不是逻辑使用的语言，更不是术语，因此一个直观的问题是：在与逻辑相关的研究中，为什么会出现这个概念呢？为什么它好像还是一个非常重要的概念呢？可以看出：

第一，明证性与认识相关。

第二，明证性与判断相关。

第三，明证性与事态相关。

第四，明证性与"是"，与"S 是 P"相关。

第五，明证性与真相关。

也就是说，从逻辑的角度说，明证性似乎与真有相似之处，但是范围更广，因为它还涉及不与真相关的认识。由此可见，明证性不是逻辑术语，其应用范围超出逻辑。这里所谈的是认识，认识与逻辑相关，但是不限于逻辑，因此范围也更广。明证性涉及认识所涉及的所有东西。这样也就可以看出，明证性不是用来说明逻辑的，而是用来说明认识的。由于认识与逻辑相关，在这种意义上，明证性也可以用来说明逻辑或与逻辑相关的东西。

具体一些，明证性不是认识，也不是外界的东西，在这一点上，它与真有些相似，但是它又非常明确地与真不同。一方面，它可以说明与真相关的情况，即有所谓"完善的明证性"（引文 3），另一方面它也可以说明不是与真相关的情况，比如与或然性相关的情况（引文 3）。这样的区别说明恰好与前面一、四两点相应。这样也就可以看出，明证性是关于认识的说明，借助它似乎可以获得关于认识的说明。比如可以谈论认识的明证性，谈论事态的明证性，并且似乎还可以区别出认识的不同层次，比如最狭窄、最严格意义上的认识（引文 1），较确切意义上的认识（引文 2），以及"并非"它们那样的认识，比如与"或然性程度相应"的认识（引文 3）。从这些区别可以看出，明证性的说明作用与真的说明作用明显是不同的。

基于以上认识可以看出，胡塞尔认为，认识是与逻辑相关的，探讨认识需要基于逻辑，即借助逻辑的理论和方法。他之所以引入明证性这一概念，似乎是因为，在他看来，逻辑主要提供了从真这一方面关于认识的说明，但是认识是多元的、多层次的，仅用真这一概念尚不能对认识提供充分的说明，还需要借助明证性这一概念，因为明证性这一概念更为宽泛一些。所以，尽管他认为认识的对象是真，他还是要引入明证性这一概念，借助后者来说明认识。

我强调引文 1 至引文 4 是《逻辑研究》中的论述，意思是说，这是胡塞尔早期的工作和研究成果。以上讨论表明，胡塞尔的所谓逻辑研究并不仅仅是逻辑的研究，而是与认识相关的研究，实际上是超出逻辑范围的研究。"明证性"这一概念的使用清楚地说明这一点。它可以用来说明不同的情况，比如与真相关的情况，不与真相关的情况，判断的情况，事态的情况等等。无论胡塞尔是不是说清楚了，至少可以看出，明证性所说明的实际上是认识所涉及的不同情况，或者说区别与认识相关的不同层次、不同要素、不同范围。既然《逻辑研究》是胡塞尔现象学的基础，关于明证性的论述就会、或者至少有可能会贯彻他一生的研究，即贯彻现象学研究的始终。换言之，既然我们在《逻辑研究》中看到了这样一种思考方式，我们也就可以考虑，在他以后的著作中是不是也可以看到这样的考虑。如果可以看到，就说明他的这一考虑是有意义的，否则，关于明证性的考虑似乎就没有那么重要，或者说，即便它有意义，也仅仅是在《逻辑研究》中而已。事实是，借用明证性来做说明，这在胡塞尔的著作中是贯彻始终的，而且他的相关论述非常多①。因此，我们要考虑的就不是胡塞尔是不是有关于明证性的考虑，而是他这样考虑的最终目的是什么。从引文 1 第一句看，"真"显然是要考虑的重点，至少是之一。从引入"明证性"这一句看，明证性直接与"是"和"不是"联系起来。众所周知，"真"显然与"是"相关。这就说明，在明证性及与之相关的讨论中，是与真至少是需要考虑的。因此在下面的讨论中，我们着重围绕这一点来讨论。

在后来的《逻辑研究》②中，胡塞尔谈论思想与事物之间的关系，谈论意向性和设定行为及其相关物之间的关系，其中说到"极为松散意义上的明证性"和"严格的意义上的明证性"③，前者与感知相关，后者与认识的目的相关，他甚至说："明证性本身是一个最完整的相合性综合的行为。像任何一个认同一样，明证性也是一个客体化的行为，它的客观相关物就叫作'真之意义上的是'，或者也可以叫

---

① 有人认为胡塞尔有一条明证性原则，该原则在胡塞尔的研究中一开始不是特别清楚，但是在其整个哲学中是有意义的。我们不对这一观点展开讨论。参见 Ströker, E.: Husserls Evidenzprinzip. Sinn und Grenzen einer methodischen Norm der Phänomenologie als Wissenschaft. Für Ludwig Landgrebe zum 75. Geburtstag, *Zeitschrift für philosophische Forschung*, Jan. - Mar., 1978, Bd. 32, H. 1, p.3.

② 胡塞尔的《逻辑研究》有两卷，第一卷 1900 年出版，副标题为"纯粹逻辑导论"，引文 1 至引文 4 出自该卷。第二卷十几年后出版，本身又分上下两卷，其副标题分别为"现象学和认识（理）论之研究"和"关于认识的现象学解释之原理"。不考虑出版时间，仅从副标题也可以看出，同样是在"逻辑研究"的题目下，所谈并非逻辑。本书不考虑该书的形成与两卷内在的思想联系，简单称前者为《逻辑研究》，称后者为"后来的《逻辑研究》"或"《逻辑研究》第二卷"，参见 Husserl, E.: *Logische Untersuchungen*, Max Niemeyer Verlag Tübingen,1980, Band Ⅰ, Band Ⅱ/1, Band Ⅱ/2。

③ 参见胡塞尔:《逻辑研究》，倪梁康译，上海：上海译文出版社，1998 年，第二卷第二部分，第 120-121 页。

作'真'。"① 这里显然用明证性说明不同的认识情况。引人注意的是，在这一说明中，明证性直接与"真"、与"是"联系起来，这样也就有了以"明证性与真"为标题的第 39 节。在这一节中，非常清楚地看到胡塞尔借助明证性来说明真②。

关于真的看法很多，最典型的莫过于真之符合论。胡塞尔同样谈论符合论，尽管他用了自己的一些专门表达方式。比如他认为真乃是一种认同行为，真与事态相关，这里涉及外的东西（给予之物）和内的东西（意指之物）之间的一致性，而这种一致性就涉及明证性。这样，真与明证性就会发生关系。但是他明确指出，不能将明证性随便地解释为感觉活动，不能将严格的明证性随便地解释为对真的充分感觉活动③。他还明确地说：

【引文 5】从意向的立场来看，对明见性关系的理解又产生出如下三种方式的真，即作为**意向的正确性**（特别是**例如判断的正确性**），作为**意向与真的对象的适宜性**，或者说，作为**种类意向的符合认识的本质之正确性**。就最后一点而言，例如在定理的逻辑意义上的判断的正确性：定理"朝向"事物本身；它说：这是这样的，并且这确实是这样的。④

这一段话显然是在谈论真，同样明显的是，它从意向出发，借助明证性来说明真，而且对真做出三类说明。字面上看，这些说明非常简单，但理解起来有些麻烦。最后一类附有一个举例说明，相对来说似乎清楚一些，我们就从它着手讨论。

这里举的例子是逻辑定理，以此为例做了两点说明：一是朝向事物本身，二是说定理说的是"这是这样的"。"朝向事物本身"⑤是胡塞尔的观点，结合他在其他地方的论述，可以认为是自明的。若是不结合，则并不是那样清楚，因此需要

---

① 参见胡塞尔：《逻辑研究》，倪梁康译，上海：上海译文出版社，1998 年，第二卷第二部分，第 121 页；译文有修正，参见 Husserl, E.: *Logische Untersuchungen*, Band Ⅱ/2，第 122 页。

② 关于这一节，我做过专门讨论，这里不再重复。参见王路：《胡塞尔论真与真理》，《武汉大学学报》（哲学社会科学版），2021 年第 5 期。

③ 参见胡塞尔：《逻辑研究》，第二卷第二部分，第 122 页；Husserl, E.: *Logische Untersuchungen*, Band Ⅱ/2，第 122-123 页。

④ 胡塞尔：《逻辑研究》，第二卷第二部分，第 123 页；译文有修正，参见 Husserl, E.: *Logische Untersuchungen*, Band Ⅱ/2，第 123 页。

⑤ 关于这句话，现有中译文还有很多，如"面向事物本身"、"（回）到事物本身"等等。我们随引文用法，不做区别。

借助这里所说的"这是这样的"来理解。换句话说，"这是这样的"乃是朝向事物本身的，或者，朝向事物本身可以借助它来做到。

"这是这样的"被说成是定理所说的东西。但是"这是这样的"并不是定理，因此也不表达定理所说的东西，它只是关于定理以及定理所说的东西的说明。其中的"这"和"这样的"都是泛指代词，只有"是"这个系词是有具体含义的，即系词含义。胡塞尔当然知道这不是一条定律，从他的表达方式看，他认为这是自明的，没有任何问题。所以可以看出，胡塞尔认为这一表达和定理是一致的。既然说的是逻辑定理，我们就考虑一个具体的定理，比如矛盾律"一事物不能既是又不是"。这无疑是关于事物的说明，但不是关于具体事物的说明，而是关于事物情况的表述的说明。这样也就可以明白，为什么胡塞尔在关于它的说明中会谈及"种类"和"本质"。

现在再来看第一类说明就比较容易理解了。括号中也是举例说明，说的是判断的正确性。判断是自明的概念，其表达方式是"S 是 P"，因而可以用来举例。所以，正确的判断是什么意思，似乎也是清楚的，因此似乎也就有了关于意向的正确性的说明。但是，"S 是 P"并不是判断，它只是表达判断的基本句式。这一点胡塞尔是知道的，从他的论述方式也可以看出，他认为这是自明的。我们也会认为这是自明的，比如"雪是白的"就是一个与"S 是 P"相一致的正确的判断。

现在我们可以比较清楚地看出一、三两类说明的区别了。一类说的是判断的正确性，三类说的是定理的正确性，即逻辑意义上的判断的正确性。所以，同样是关于事物的说明，同样是朝向事物本身，同样与意向相关，说明却是不一样的。一类是关于具体事物的说明，是关于意向正确性的说明，另一类是关于普遍事物情况的说明，是关于种类意向的说明。而就这两种说明而言，胡塞尔似乎认为后一种难度更高一些，所以举例说明也就更多一些，更具体一些。在我看来，胡塞尔这两类认识和说明显然是有道理的，一类是关于判断的说明，另一类是关于定理的说明，二者当然是不同的，应该区别开来。

第二类说明显然与其他两类的说明不同，它说的是关于意向与真的对象之间的关系。这显然不是判断，似乎也不是定理，但是又没有其他进一步的说明，因此是不清楚的。假如我们把第三类说明看作是关于它的解释①，即它的另一种表述，则可以看出，这里实际上只有两类说明。或者，这里至少给出两种非常清楚的说明，一类是借助判断做出的说明，一类是借助定理做出的说明。由于判断和定理的区别是清楚，因此这两类说明的区别也是清楚的。

我认为，胡塞尔这里的表述不是特别清楚，因此我们也可以把第二类说明看作单独一类。即便如此，我们也很容易看出，它与其他两类说明方式是明显不同的。其他两类说的是"正确性"，而它说的是"适宜性"（Adäquatsein）。此外，在后者的说明中还包含了"真"这一概念。这就说明，在胡塞尔看来，正确性可以说明真，而适宜性并不能说明真，它只是与真相关。但是从明证性的角度出发却没有什么问题，因为这些情况是从明证性区别出来的。

现在可以看出，明证性与判断的正确性相关，因而可以说明意向的正确性，由此与真相关；明证性与定理的正确性相关，因而可以说明符合认识本质的正确性，由此与真相关，这里的认识也与意向相关，但是需要说明，这里乃是种类意向；明证性还与意向和对象之间的适宜性关系相关，由于这种关系涉及真的对象，因此也与真相关。在这些关于真的说明中，借助判断的说明依据常识，显然是清楚的，借助定理的说明依据逻辑，也是清楚的。最重要的是，即使仅从最后一句话也可以看出，这里区别出不同的层次。逻辑意义上的判断是一个层次："这是这样的"，它与"这确实是这样的"显然不是同一个层次。无论后者是什么，比如是对象性的还是真的对象，比如是事态还是意向。除了这种层次的区别，还有就是与真相关的区别：这里至少区别出判断的真、对象的真、逻辑意义上的判断的真。同样与真相关，它们却都是不同的，因而所涉及的真以及对这些不同的真的认识，无疑也是不同的。

在《纯粹现象学通论》中，胡塞尔谈论"一个明证判断'S 是 P'，以及'同一个'不明确的判断在诺耶玛上的不同，但在意义核心方面等同"②，谈论诺耶玛的不同层级，"是"的样态、"是本身"的样态、信念样态等等③，谈论从命题谈

---

① "三种方式"是中译文加上的，原文没有，我们也未做修正。原文中前两种说明之间用逗号，之后用分号。第三种说明在分号之后，以"bzw."引导，可以看作是关于前面说明的解释。

② 胡塞尔：《纯粹现象学通论》，李幼蒸译，北京：中国人民大学出版社，2014年，第183页。

③ 参见胡塞尔：《纯粹现象学通论》，第202-203页。

到判断、到"我思",谈论扩大的行为概念,包括知觉、判断、喜爱等特殊行为,由此区别意识行为和意识的对象和内容,并以"诺耶思"和"诺耶玛"对它们做出区别和分别称谓,同时还相应谈论它们的层次区别,谈论意指和意义的区别①。胡塞尔认为,"看"是一种基本的行为,由此会形成"明见性",他将这种明见性也称为"一般明证性"②。在他看来,最好选择明证性"作为最普遍概念"③,在诺耶玛的意义上"明证的命题"一词是直接可理解的④。他还区别出"原初的"明证性和"最终完全的"明证性、"充分的明证性"和"不充分的明证性"、"直接的明证性"和"间接的明证性"等等⑤。与此相关,他还谈论不同的真,比如理论的真、价值的真、实践的真⑥等等。在所有这些区别、借鉴、分析和说明的基础上,胡塞尔说:

【引文6】明证性事实上不是附着于一个判断(而且人们往往只在判断场合谈论明证性)之上的某种意识指号,它呼唤着我们,有如来自一较好世界中的神秘声音:"这就是真!"⑦

这种关于明证性的说明显然不如《逻辑研究》第二卷中(引文5)说的那样明确。尽管如此,至少有两点是清楚的,一点是明证性与判断相关,即与"S 是 P"这样的东西相关,另一点是明证性与真相关。胡塞尔的现象学论述的范围涵盖传统哲学的全部内容:从意向性出发,论述了从感觉意识到理性的全过程。尽管如此,由于他从逻辑出发,基于逻辑所提供的理论,因此"S 是 P"是他考虑问题的基点,他的考虑始终围绕着"S 是 P"进行。由于他的现象学讨论是与认识相关的,真又是与认识相关的核心问题,也与"S 是 P"紧密联系,因此在他的讨论中,真始终占据重要位置。但是,与"S 是 P"相关,有些探讨似乎与真相关,有些探讨似乎无法与真相关,所以胡塞尔借助明证性这一概念,这样他既可以论

---

① 参见胡塞尔:《纯粹现象学通论》,第 220-240 页。

② 参见胡塞尔:《纯粹现象学通论》,第 267 页。

③ 胡塞尔:《纯粹现象学通论》,第 269 页。

④ 参见胡塞尔:《纯粹现象学通论》,第 267 页。

⑤ 参见胡塞尔:《纯粹现象学通论》,第 267-277 页。

⑥ 参见胡塞尔:《纯粹现象学通论》,第 273-274 页;Husserl, E.: *Ideen Zu Einer Reinen Phänomenologie und Phänomenologischen Philosophie*, The Hague, Netherlands, 1976, S. 321-322。

⑦ 参见胡塞尔:《纯粹现象学通论》,第 281 页。

述在他看来无法与真直接联系起来的东西，也可以最终论述与真直接相联系的东西，并且借助明证性这一概念做出一种统一的论述，一种关于认识的统一论述。有了对真的明确讨论，可以获得关于真的明确认识，在没有这样的认识的情况下，提出关于真的考虑，将真描述成一种具有神秘色彩的东西，可能会给人们带来一些遐想。但是无论如何，"呼唤"总还是意味着让人们去追求。这就说明，所有那些关于明证性的说明，还是为了说明，明证性与真相关，最终人们还是要追求真。

在《形式逻辑和先验逻辑》中，胡塞尔谈论"确定的判断形式：'S 是 p'"①，并以此作基本形式，在此基础上展开讨论。他谈论判断的方式和意义，它们都涉及与意向相关的明证性，也就是说，一个判断不仅有形式，而且有所表达的东西，还有形成判断的原初活动。他谈论含混或模糊的判断形式和清晰的判断方式之间的区别，说到明确的、清晰的判断行为"对于'清晰的判断'来说就是明证性"②，还说到判断本身的明证性并不是经验的明证性，与后者是有区别的③。胡塞尔不仅谈论清晰的判断，而且就清晰性谈及两种明证性的区别。一种明证性与判断本身相关，他称之为在"判断本身达到了自所与性"的判断，另一种与逻辑相关，他称之为"'通过'其判断以达到自所与性"的判断④。这些论述非常简略，似乎不是那样清楚，但是认识到是在谈论逻辑，也就可以看出这里的区别。至少字面上可以看出，这与引文 5 的一、三两类区别是一致的，大致是相似的。

胡塞尔在谈论逻辑的过程中，也专门谈论真⑤。他认为，一方面，判断是真的或是假的，另一方面，判断是与实在相关的，是自身所予的。因此，相应这两种

---

① 胡塞尔：《形式逻辑和先验逻辑》，李幼蒸译，北京：中国人民大学出版社，2019 年，第 42 页。

② 胡塞尔：《形式逻辑和先验逻辑》，第 50 页。

③ 参见胡塞尔：《形式逻辑和先验逻辑》，第 50 页。

④ 参见胡塞尔：《形式逻辑和先验逻辑》，第 51 页。

⑤ 第 46 节的题目是"真与假作为批评的结果。真与明证性的双重涵义"（胡塞尔：《形式逻辑和先验逻辑》，第 107 页；译文有修正，参见 Husserl, E.: *Formale und Transzendentale Logik*, Den Haag, Martinus Nijhoff, 1974, S. 132）。这是第四章"对象立场和判断立场"的最后一节，具有总结性的说明。字面上即可以看出，判断是传统逻辑讨论范围之内的东西，而"对象"是超出传统逻辑讨论范围的东西。所以，在相关讨论这最后一节谈论真与明证性，用意也是明显的。真属于逻辑考虑的范围，明证性与真相关，可以借以讨论与逻辑相关的真，明证性也可以用于不与逻辑相关的东西，因此可以借以讨论更为广泛的问题。

情况就有两种意义的真，他称前一种意义的真为正确性，称后一种意义的真为现实性。他说：

> 【引文 7】明证性一词，在联系于这两个真之概念时，也具有一种双重意义：除了原初具有是真的和是现实的（这种性质）以外，明证性意味着作为被意念的范畴对象（"意念"）的判断的属性，……因此，对于后者而言，明证性意味着，在现实的一致性中产生正确性意识，此意识在相关于正确性时，其本身就是在前一意义上的明证性。[①]

非常明显，这里的论述是从真到明证性，借助真这一概念的两种意义来说明明证性的两种意义。真与正确性相关，即是正确性。明证性除了与真相关的意思以外，还有一种更为复杂一些的意思，比如与现实相关，与产生正确性相关。依据这样的认识来看逻辑，就会认识到一些区别，所以胡塞尔还谈及逻辑所谈的判断不是判断体验，不是判断的行为，与心理方面的行为和意识形成区别。

与真相关，胡塞尔还有许多论述。比如他认为，真与明证性相关，但是不能把明证性看作关于真的一种绝对的评判标准，否则一些明证性就会被取消，例如一些"外在的"明证性和一些"内在的"明证性[②]。比如他还认为，明证性乃是意向性的，是关于某物的意识的一般形态，所意识的对象会以不同的被意识方式出现在意识中[③]。从胡塞尔的论述可以看出，他的论述总是徘徊在逻辑之内和逻辑之外，或者说兼顾这两个方面。这一点是可以理解的，因为他论述的不仅是逻辑，而且是先验逻辑，或者说，他基于逻辑，借助先验逻辑之名来陈述他的现象学。明确了这一点也就可以看出，他有许多明确的与逻辑和真相关的明证性的论述，比如他说，逻辑原则的"明证性确实基于真和假这两个概念的明证性而获得"的[④]，比如他以矛盾律为例谈及逻辑原则，考虑它们是否具有"本质的一般性"，它们是不是"一种绝对明证的一般化"[⑤]；比如他谈到人们并不探讨是不是有真理，

---

① 胡塞尔：《形式逻辑和先验逻辑》，第 108 页；译文有修正，参见 Husserl, E.: *Formale und Transzendentale Logik*, Den Haag, Martinus Nijhoff, 1974, S. 133。
② 参见胡塞尔：《形式逻辑和先验逻辑》，第 131-135 页。
③ 参见胡塞尔：《形式逻辑和先验逻辑》，第 136 页。
④ 胡塞尔：《形式逻辑和先验逻辑》，第 165 页；译文有修正，参见 Husserl, E.: *Formale und Transzendentale Logik*, S. 200。
⑤ 胡塞尔：《形式逻辑和先验逻辑》，第 169 页。

而只是探讨如何能够找到真理，判断与事物状况相关，因而判断的明证性也就确立起相关的真判断和假判断的明证性，所以"判断的明证性能够有先决条件"，但是由于认知兴趣不同，其先决条件"不可能达到明证的固定化"①。

在胡塞尔看来，传统逻辑涉及"绝对的真"和"绝对的是"的问题，涉及真与对象的问题，真与经验的问题等等。但是，除了这些问题之外，"还应有相应的明证性问题。这些问题，由于我们想要加以理性陈述的任何问题都须根据明证性解决，故均应——提出"②。这就说明，胡塞尔认为传统逻辑所谈的内容是不够的，而且他是借助明证性来说明其所欠缺之处的。他以明证性为切入点，做出对应性说明，即以"明证性概念作为绝对的真和绝对的是的对应项"，从而做出一些区别，比如不完全和完全的明证性，非真正和真正的明证性③。我们不必细究他的这些区别，也不用探讨它们是不是有道理，仅仅指出，有了这些区别，他就可以以此为线索，进行下一步的探讨，特别是做出超出逻辑范围的探讨。比如这以后他谈及各种不同明证性：判断意义的明证性，与判断意义相应的"事物"的明证性，明证性的层阶结构，第一自身明证性即经验明证性，与判断的意义生成相关的明证性，前谓述经验的明证性，经验判断的明证性，而所有这些似乎可以归结为真和判断明证性向经验的原基础的追溯④，这样胡塞尔就可以以"明证性"的名义或借助明证性的视角进一步展开讨论。实际上也是如此，我们还看到胡塞尔讨论实质的明证性和形式的明证性，讨论外部经验的明证性和内部经验的明证性，如此等等。胡塞尔的讨论表明，明证性是一个重要的概念，关于明证性的研究是重要的，借助明证性这一概念来工作，比如进行批评同样是重要的，他自己也认为，而且他亲口承认他"认识到"，这是非常重要的⑤。

在《经验与判断》中，胡塞尔谈论逻辑的表达方式和应用，提出谓词判断作为考虑的核心。他在论述中提出层次的问题：区别出高层次和低层次，他认为逻

①　参见胡塞尔：《形式逻辑和先验逻辑》，第 169-170 页；译文有修正，参见 Husserl, E.: *Formale und Transzendentale Logik*, Den Haag, Martinus Nijhoff, 1974, S. 201-207。

②　胡塞尔：《形式逻辑和先验逻辑》，第 172 页。

③　参见胡塞尔：《形式逻辑和先验逻辑》，第 172 页；译文有修正，参见 Husserl, E.: *Formale und Transzendentale Logik*, S. 209。

④　参见胡塞尔：《形式逻辑和先验逻辑》，第 174-181 页；参见 Husserl, E.: *Formale und Transzendentale Logik,* S. 219。

⑤　参见胡塞尔：《形式逻辑和先验逻辑》，第 243-244 页。

辑的难题是在高层次提出的，但是在低层次中隐藏着一些前提，要在这些前提基础之上，才可以理解"逻辑学家的明证性"①。他甚至认为，只有这样，才能从总体上阐明整个逻辑传统②。在他看来，"判断的基础图型是系词判断，它所获得的基本形式是'S 是 p'"③，而且所有其他形式的判断都可以转换为这种形式，自亚里士多德以来一直是这样。也就是说，"S 是 P"是最基础的判断形式，围绕它形成不同层次。胡塞尔要探讨与之相关的问题，除了以上所谓高和低的不同层次之说，胡塞尔也认为它们属于逻辑问题范围的两面性，而借以说明这些区别的核心概念就是明证性。

胡塞尔认为，判断是认识：判断是真的，则是真正的认识；判断是纯粹所想的，则是纯粹号称的认识，即以为是真的，其实可能是假的认识。逻辑则是直接关于"判断的形式构成法则"的考虑④。逻辑学家探讨的问题是有明证性的，这是显然的。真判断是有明证性的，这也是显然的。但是号称的认识有可能达不到真，在胡塞尔看来，这样的判断，这样的认识活动，"用主观的话说，永远没有明证性；它绝不可能是明证的判断活动"⑤。基于这些区别可以看出，逻辑方面可以获得与真相关的认识，比如满足一些规则，就可以达到真。但是在认识中却不是这样，仅有逻辑所说的那些规则是不够的，因为即使满足它们的要求，仍然无法达到真。所以还需要有进一步的探求，看一看还需要什么条件。胡塞尔认为，"这些进一步的条件存在于主观方面并涉及理解和明证性的主观特征，涉及获得它们的主观条件"⑥，也就是说，一方面要探讨逻辑方面的明证性条件，即"这些形式的形成及其规律性，一方面要探讨达到明证性的主观条件"⑦。这些区别性说明是清楚的，值得一提的是胡塞尔还提到心理学方面的认识。他说：

---

① 胡塞尔：《经验与判断》，邓晓芒、张廷国译，北京：生活·读书·新知三联书店，1999 年，第 27 页。
② 参见胡塞尔：《经验与判断》，第 27 页。
③ 胡塞尔：《经验与判断》，第 29 页。"S 是 P"和"S 是 p"是胡塞尔的两个不同表达方式，所强调的东西会有一些区别，意思是一样的。我们在讨论中不刻意区别。
④ 胡塞尔：《经验与判断》，第 31 页。
⑤ 胡塞尔：《经验与判断》，第 31 页；参见 Husserl, E.: *Erfahrung und Urteil*, Felix Mainer Verlag, Hamburg 1999, S. 7-8.
⑥ 参见胡塞尔：《经验与判断》，第 32 页。
⑦ 胡塞尔：《经验与判断》，第 32 页。

【引文8】那些心理学的努力从来也没有涉及明证性本身，既没有涉及直接下判断者的明证性，也没有涉及逻辑学家的关系到判断的形式法则的（无可争辩的）明证性；他们并没有把明证性作为问题提出来讨论，相反，他们所涉及的只是明证性所带来的东西，只是凭借思想的清楚明白等等来避免错误。①

非常明显，这段话对心理学持否定态度，确切地说，在关于明证性的问题上，胡塞尔对心理学持否定态度。在他看来，心理学领域根本就不会有真正的明证性问题。所以，我们引这段话并不是为了讨论胡塞尔关于心理学方面的认识，而是为了说明胡塞尔以明证性做出的区别。字面上即可以看出，这里涉及几个层次。一个是逻辑学家的明证性，一个是下判断者的明证性。前者与形式规则层面的东西相关，后者是什么没有说，这就为以后的讨论留下空间。或者说，逻辑学家的明证性可以简单说清楚，而下判断者的明证性不是可以简单说清楚的，比如它可以与判断相关，可以与人相关，可以与意向性相关，可以与意向活动相关，可以与意向的内容或对象相关等等。此外，这里还明确谈到心理学方面没有提出明证性的问题，并由此提到"思想的清楚明白"等问题，这也就从另一个角度说明，明证性是与"思想"相关的，是与思想的清晰性相关的。总之，这里关于明证性的说明也许并不是非常清楚，但是有一点却是清楚的，明证性所涉及的东西可以很多，因此关于明证性可以谈的东西也很多。

实际情况也是如此。《经验与判断》一书导论共14小节，五个小节标题中出现"明证性"一词。以上讨论内容在前三小节，涉及"问题出发点的明证性"。在这以后还有四个小节标题中出现"明证性"一词，涉及范围包括："明证性问题的诸层次"，"判断的明证性"，"对象的明证性"，"从判断明证性向对象明证性的回溯"，"明证性判断之意向性"，"间接明证性和直接明证性"，"作为个体对象之明证性的经验"，"回溯到经验的明证性"等等。标题中不出现"明证性"，不意味着讨论与明证性无关，但是标题中出现了"明证性"，则说明讨论的重点一定与明证性相关。我们不必深入探讨该书的内容，仅从导论各小节的标题即可以看出，"明证性"一词在胡塞尔的讨论中举足轻重，至关重要。

---

① 胡塞尔：《经验与判断》，第33页。

简单归纳一下则可以看出，书名与判断相关，因而讨论会与逻辑相关，书名又与经验相关，这显然要超出逻辑的范围。所以，在以上所提及的明证性中，最引人注意的是"判断的明证性"和"对象的明证性"。判断的明证性会与"S 是 P"相关，会与真相关。对象会与"S 是 P"中"S"所表达的东西相关，会与经验相关，因而会与下判断的人相关，会与意向性相关，会与意向活动相关，会与意向的内容相关。所以，同样是围绕"S 是 P"，同样是谈论谓述判断和谓述形式，却可以谈及对象的自身被给予性，它在意识中的被给予性，它的谓述的前谓述形式等等。当然这样也就可以非常自然地谈论经验，谈论向经验的回溯，似乎由此还可以谈论逻辑的经验基础。

胡塞尔谈论的这些内容，其实并不是什么新鲜的东西，哲学史上早就有人谈过了，尽管人们谈论的侧重点可能有所不同。胡塞尔现象学的核心概念是"意向性"，与它相关的则是"向着事物本身"，而在讨论过程中，他还有一个概念就是"明证性"。可以看出，他试图借助这个概念使他的所有讨论串联起来，成为一个完整的整体。无论他的讨论是不是成功，他最终是不是达到他的目的，以上讨论至少表明，在他整个学术生涯中，他一直使用"明证性"这一概念，并且一直试图用这个概念对认识的不同层次做出区别，以此来说明他想要说明的东西。

四、明证性的实质

以上我们简要探讨了胡塞尔在《逻辑研究》《纯粹现象学通论》《形式逻辑和先验逻辑》和《经验与判断》这几部著作中关于明证性的论述。现在我们基于以上讨论，围绕明证性这一概念做更进一步的探讨。

胡塞尔称自己的研究为现象学，但是"现象"这个概念并不是他首先使用的，比如黑格尔就使用过，只不过后者说明的是精神现象。胡塞尔称自己的研究是关于"现象"的科学，是"哲学的基本学科"[①]。前面的讨论表明，他将现象学的研究建立在逻辑研究基础之上，并且将这样的方式贯彻始终。这一点从前面的讨论可以看得非常清楚。由此可见，胡塞尔的现象学有一个显著特征，这即是它的基础性和科学性。用我的话说，它是哲学研究而不是加字哲学研究；它是形而上学，

---

① 参见胡塞尔：《纯粹现象学通论》，第 42 页。

与逻辑紧密结合；它被称为现象学，但不是"现象哲学"。

《纯粹现象学通论》可以看作现象学的独立著作。它的第一编是"本质和本质认识"，其第一章第一节的标题是"自然认识和经验"。这就非常清楚地显示出其探讨与认识相关，而且表明其探讨会涵盖从经验到理性的整个过程。实际上也是如此，胡塞尔的探讨几乎涵盖了西方传统哲学中的所有问题，不仅如此，其讨论的方式也是一样的。比如他从经验出发，从自然认识出发。即便如此，他从一开始就把研究视野定位在"世界"，并且指出，"真实之是"、"现实之是"（实在之是）和"在世界中是"这些概念是相互一致的 ①。不仅如此，他还由此谈及"认识"，谈及认识的"对象域"，谈及相应的"正确陈述"和"直观"，谈及"对象变为自身所与的"和"原初所与的" ②。他的论述和论述方式表明，他延续了传统哲学的讨论方式，即从一开始就把认识与"是"直接对应和联系起来。

引文 1 和引文 2 表明，《逻辑研究》也是与认识相关的，因此我们可以而且也应该把胡塞尔的现象学研究与他的逻辑研究联系起来。对照胡塞尔在《纯粹现象学通论》开始部分关于认识的论述与引文 1 和引文 2 的论述则可以看出，它们似乎是完全对应的：比如"世界"与"事态"的对应，"正确陈述"与"正确判断"的对应，"真实"与"真"的对应。特别是，两处都谈及认识，都谈及"是"，并且把"是"作为谈论的核心。

基于逻辑来谈认识，会以判断为核心，"S 是 P"则是基本句式，"真"则是相应的语义。自亚里士多德以来，这是哲学的基本谈论方式，胡塞尔也是如此。但是，胡塞尔显然是看到，认识固然与真相关，但是还涉及更广泛的东西，有些东西似乎与真无关，无法和真一起谈论。

比如，将"S 是 P"看作判断，有形式层面的东西，也有意义层面的东西，还有所朝向的东西。胡塞尔认为，因此可以区别出"'判断 S 是 p'的意义"和"直接所判断的'S 是 p'"，二者不是等同的 ③。不仅如此，通过将"S 是 p"这个判断

---

① 参见胡塞尔：《纯粹现象学通论》，第 48 页；译文有修正，参见 Husserl, E.: *Ideen Zu Einer Reinen Phänomenologie und Phänomenologischen Philosophie*, S. 10。

② 参见胡塞尔：《纯粹现象学通论》，第 48 页；译文有修正，参见 Husserl, E.: *Ideen Zu Einer Reinen Phänomenologie und Phänomenologischen Philosophie*, S. 10-11。

③ 参见胡塞尔：《形式逻辑和先验逻辑》，第 113 页；参见 Husserl, E.: *Formale und Transzendentale Logik*, S. 139。

名词化，以此表明一个事态，"'判断 S 是 p'的意义"与这个事态也是不同的[①]。

又比如，将"S 是 P"看作判断，无论是形式还是意义，其中"S"是被说明的东西，是对象性的东西，"P"是对它的说明，是谓述性的东西，因此既可以整体考虑，也可以分开考虑。胡塞尔认为，关于"S"这样的判断对象，既可以做形式方面的考虑，例如"作为 a 的 S"，"作为与 Q 相关的 S"[②]，也可以考虑其"作为基底进入判断之中的对象"，即做出"关于个体之物的判断"，做出"经验判断"[③]。

关于"S 是 P"的考虑还可以有多种方式，比如将它看作心理事件。胡塞尔这方面的论述也很多，对此我们不予讨论。我们的讨论仅集中在以上提到的两类情况，基于它们来讨论胡塞尔的思想。

谈论认识，为什么一定要谈"是"与"真"？为什么一定要与真相关？在我看来，简单说，"是"乃是表达认识的最基本的概念，即"S 是 P"中的系词，也是逻辑理论所依据的基本句式。"真"乃是表达认识的语义概念，二者是对应的，特别是逻辑理论提供了关于它的一些认识。比如逻辑理论提供了关于矛盾律和排中律的认识，人们知道，它们是真的，而且是永真的。人们认识到，这样的认识与其他一些认识，包括科学的认识和日常的认识，都是不同的。因此人们相信，这样的认识是可以信赖的。但是人们又认为，它们是有特殊性的。由此人们还会问，真是什么？真之标准是什么？为什么可以说"是真的"？并且还会对这些问题进行探讨，比如康德探讨认识的普遍的真之标准。

胡塞尔的认识也是一样。引文 1 表明，他从研究的最初阶段就已经认识到，要把真放在关于认识的研究的核心地位。而从他的论述可以看出，"是"似乎是清楚的，"真"似乎大致也是清楚的。与认识相关，"是"似乎可以贯彻始终，"真"则不行，因为有些认识不是真的。对照胡塞尔与康德，也许可以说明这里的一些问题。康德将认识区别出感觉（感性）与理解（知性），他在理解层面才谈论真及其相关问题。这就表明，康德也知道，真之问题并不是在任何地方都可以谈论的。胡塞尔不区别感觉和理解，而是谈论认识，谈论意向，谈论面向对象，也就是说，他以一种统一的方式来谈论认识。他当然知道真这一概念在认识中的重要

---

①　参见胡塞尔：《形式逻辑和先验逻辑》，第 113 页。

②　参见胡塞尔：《经验与判断》，第 40 页。

③　参见胡塞尔：《经验与判断》，第 41-42 页。

性，但是他也知道，在这样的认识中，真这一概念不是贯彻始终的。所以，他要有一种谈论的方式，即区别认识的不同层次：有与真相关的，也有不与真相关的，同时谈论的方式却是统一的。因此他使用"明证性"这样一个概念。它的基本意思来自"是明证的"（is evident），即"是明白的"，"是显而易见的"。它可以与"是真的"相通，字面上又不相同。因此可以满足他关于认识的讨论。

比如关于"S 是 P"这样的判断，它显然可以在是真的这种意义上谈论，例如在正确性的意义上，这时胡塞尔可以谈论明证的判断，谈论真与明证性的对应含义[①]；它显然也可以在不是真的的意义上谈论，例如在或然性的意义上，这时胡塞尔也可以谈论判断意义的明证性，比如他说："意义说明可能是明证的，但也不一定必然如此"[②]；它显然同样可以在其主语的意义上谈论，例如在其所意指或体现的对象的意义上，这时胡塞尔也可以谈论对象的明证性，尽管不是谈论"S 是 P"的明证性，而只是主语相关的明证性，比如他认为，这里所涉及的某物，在逻辑中是空洞的，由此人们还不能获得"对象的明证性的东西"[③]；它显然还可以在与外界事物相关的意义上谈论，例如在它自身的含义及其所对应的事物的意义上，这时胡塞尔不仅可以谈论含义的明证性，而且可以谈论事物的明证性，比如他说命题的表达要获得一种符合性，这"不是根据判断意义的明证性，而是根据与这些意义相应的'事物'的明证性"[④]。除此之外，"S 是 P"这样的判断还可以在更为一般性的意义上谈论，例如在意向性的意义上，这时胡塞尔就可以谈论意向性的明证性，一如他说，明证性就是"意向性"的一般形态，就是"关于某物之意识"的一般形态[⑤]。

以上择要论述了胡塞尔关于明证性的论述，可以看出，在他关于认识的探讨中，"是"与"真"乃是最核心的，但是，"是"乃是贯彻始终的，"真"却不是贯彻始终的。认识涉及方方面面，如果说有一个认识层次和等级，"真"似乎是最高等级。所以，他谈论认识，一定要探讨真，但是却不能在方方面面都谈论真。

---

① 参见胡塞尔：《形式逻辑和先验逻辑》，第 107 页。
② 参见胡塞尔：《形式逻辑和先验逻辑》，第 113 页。
③ 参见胡塞尔：《经验与判断》，第 41 页；Husserl, E.: *Erfahrung und Urteil*, S. 19。
④ 参见胡塞尔：《形式逻辑和先验逻辑》，第 174 页。
⑤ 参见胡塞尔：《形式逻辑和先验逻辑》，第 136 页；Husserl, E.: *Formale und Transzendentale Logik*, S. 166。

比如关于主词所回溯的对象的谈论，似乎就是无法谈论真的。但是可以看到，在他关于认识的谈论中，有一个东西是贯彻始终的，这就是明证性。这是因为，明证性是可以用来说明所有与认识相关的东西的。比如他既可以谈论判断的明证性，也可以谈论对象的明证性，这样他的论述也就有了一种一致性的、可以贯彻始终的要素。

胡塞尔的论述基于逻辑，因此依赖于对逻辑的认识，也显示出对逻辑的一种传统认识：逻辑是研究形式的，不研究内容。可以看到，几乎他的所有著作都有对逻辑句法形式的明确论述，而且很多，比如关于"S 是 P"的论述，关于主词各种形式的论述，关于"S 是 P"这种基本形式向复杂形式的转换的论述。还可以看到，他也有许多关于判断内容和意义的论述，关于判断意义所对应的东西的论述，后者有时是事实，有时是事态，有时是意向对象，有时是心理对象等等。而在所有这些论述中，有时候谈及真，有时候不谈及真，所以，我们可以看到胡塞尔试图说明真的努力和企图，但是并没有看到他非常清楚的相关说明，比如我们可以认为他有许多关于真的论述，但是似乎无法说明他是不是有一个真之理论，他这个真之理论是什么。真显然是可以与句子和句子所表达的东西对应的，也可以是与句子所表达的东西相联系的。我认为，这里我们可以借助句子图式来探讨胡塞尔关于明证性的说明。

句子图式有三行，表示三个层面。它们分为语言、语言所表达的东西（涵义）和语义（意谓：真和假及其相关要素）。它们都是关于语言的，因此与语言之外的东西形成区别，比如在它们之外，可以有世界和世界中的东西，可以有心灵和心理的东西。依据句子图式，可以非常清楚地看出，胡塞尔所说的东西有些是语言方面的，比如意义，有些是世界方面的，比如事实、事态，有些是心理方面的，比如意念、意向。在胡塞尔的论述中，这些东西混在一起。尽管他也试图说明它们之间的区别，比如他批评人们将心理的东西和逻辑的东西相混淆，他试图将逻辑的东西与心理的东西区别开来，但是效果并不理想。特别是，由于所有这些东西都与认识相关，都可以借助明证性、在明证性的意义上来谈论，因此似乎获得统一的说明，但是实际上并没有说清楚。我们看一段胡塞尔关于判断意义的论述：

【引文 9】［1］从判断（被意念的纯对象）向判断意念（被意念的对象本身）的过渡，可以在任何层级上加以重复。这是一种可能的反思以及经常性态度变化的反复过程。但在此十分明显，我们返回了一种**最终的区别，在作为被意念者的对象**和**不是被意念者的对象**之间的区别。正是因此，我们谈到在此形式的普遍区域"对象一般"内的不同区域。一切高阶被意念者本身肯定属于被意念者或"意念"的区域。[2]我们不说意念，而是可能也说意义（Sinn），而且如果考虑到陈述，我们也可能谈陈述的意义（Bedeutung）。探讨一个陈述的意义（Bedeutung）或意义（Sinn）并对其加以阐明，显然正是从直接陈述的一判断的态度（在此态度中我们只"具有"相关对象）过渡到被反思的态度，在后一态度中相应的对象意念、事态意念被把握或被设定。因此我们也可能**将此区域称作意义的区域**。[3]对于自足的谓述判断，存在着事态意义（被意念的事态本身）；对于基底对象，存在的正是狭义的对象意义；对于关系，存在着关系意义，如此等等。①

在胡塞尔看来，判断是朝向对象的（S），判断是朝向对对象的规定的（P）。这是一个层次。此外，判断是朝向事态的（"S 是 P"所表达的东西）。这又是一个层次。所有这些都与判断行为相关，与意向相关，乃是"明证的判断行为的形式中"所具有的②。他的这些论述实际上是含有层次区别的，若是基于"S 是 P"来看，对象相当于"S"或主语所表达东西，规定相当于"P"或谓述方式所表达的东西，事态相当于具有"S 是 P"形式的判断所表达的东西。与这样的判断相关当然还会有做出判断的行为、意向，判断所针对的东西和所表达的东西等等。所以，胡塞尔表述了一个复杂的多层次的认识过程，他做出了一些区别，也做了一些相关说明。引文 9 则是对这样一个过程的进一步说明。其中[1]是关于判断层次的说明。尽管这一段论述并不是特别清楚，但是两个不同层次的区别还是可以看出来的。比如，判断有不同层次的区别，在一般对象性的领域，有被意念的对象的区别和不被意念的对象的区别。我们对此不做过多讨论，重点看[2]。

比较清楚的是，[2]将"意念"换成了"意义"，并由此谈及"陈述"。这就清楚地表明，胡塞尔将前面关于意念的讨论转换成关于意义的讨论，由于意义是与陈述相关的，因而将关于意念的讨论转换为关于语言和与语言相关的讨论。在

---

① 参见胡塞尔：《形式逻辑和先验逻辑》，第 112 页；Husserl, E.: *Formale und Transzendentale Logik*, S. 138。序号为引者所加，为了讨论方便。

② 胡塞尔：《形式逻辑和先验逻辑》，第 111 页。

关于意义和陈述的论述中，胡塞尔做出一个区别：一方面是关于陈述和判断，他称之为"'直接的'态度""直接的意义判断"①，另一方面是关于对陈述和判断进行反思，他称之为"反思的态度"、"反思的意义判断"②。似乎前者是与对象相关的，后者是与相应的意念相关的。这样就形成了一个区域，他称之为"意义区域"。

不太清楚的是，由于这一区别被描述成两种"态度"（Einstellung），因此就与意义相关而言，区别反而不是那样清楚了：比如直接的态度是如何与意义相关的，是指做出陈述和判断的过程和行为吗？反思的态度又是如何与意义相关的，是指一个陈述或判断做出来之后对它的思考吗？字面上只是可以看出，前一种情况与对象相关，而后一种情况与对象意向、事态意向相关。对象和对象意向当然是不同的。从意义的角度说，这两种对待陈述或判断的态度似乎也是有区别的。但是，意义是与陈述和判断相关的，无论对待陈述和判断的态度有什么区别，意义本身又是什么，又会有什么区别呢？在我看来，胡塞尔这里看到了一些东西，比如句子（陈述、判断），句子所表达的东西（意义），句子所表达的东西与之相关的东西（对象、事态），做出陈述和判断时的思考（意向或意念行为），做出的陈述和判断与之相关的东西（意向或意念对象），对所做出的陈述和判断进行反思（高层或高阶的考虑）等等。他认为这些东西是不同的，是有层次区别的，他想将这些不同的层次和区别表述出来。但是，他的表达并不是清楚的。

［3］是基于［2］的具体说明，事态意义对应着谓述判断，对象意义对应着基底对象，关系意义对应着关系。"意义"一词是明确的，但是其对应的东西却不是明确的。在胡塞尔看来，有了［2］的区别和说明，这里的说明是清楚的，因此他说得也非常简单。正是在这里，我们更加可以看出，［2］的说明是不清楚的。比如，"谓述判断"似乎是表达层面的，"基底对象"似乎是外界的个体的东西，即便这二者还是清楚的，因而是可理解的，但是"关系"是什么呢？它是表达层面的，还是外界的呢？"关系"不清楚，加上"意义"难道就会是清楚的吗？

胡塞尔没有这样的认识。他似乎认为他的论述是没有问题的，所以随后他没有做更多的说明。他认为，这两种对待判断的态度，或者说这两种判断——直接

① 参见胡塞尔：《形式逻辑和先验逻辑》，第113页。
② 胡塞尔：《形式逻辑和先验逻辑》，第113页。

的意义判断和反思的意义判断——中的情况是"属于一切判断本身的，因此也是属于意义判断的"[1]。这似乎也表明，他认为判断和判断的意义是有区别的，但是"意义"可以涵盖所有这些情况。所以他同时也会认为，明证性是与意义相关的，一如明证性是与对象本身相关的。判断确实是有意义的。问题是，判断的意义是什么？

引人注意的是胡塞尔在讨论意义时使用的两个词"Sinn"和"Bedeutung"。从胡塞尔的讨论来看，他从"意念"谈及 Sinn，又从"陈述"谈及 Bedeutung，二者似乎是有区别的。但是，"一个陈述的意义（Bedeutung）或意义（Sinn）"这个表达式表明，胡塞尔似乎是在同义词的意义上使用的。引文译者似乎也是这样理解的。仅从引文9和上下文的论述看，这样的理解似乎也是可以的：这是两个普通的德文词，没有什么特别的意思。但是应该看到，这是弗雷格使用的两个用语，是有明确区别的。弗雷格认为，句子的涵义（Sinn）是思想，句子的意谓（Bedeutung）是真值，二者有根本性的区别。借助句子图式，这一点也可以看得非常清楚。众所周知，胡塞尔读过弗雷格所有论著，并加以仔细研究，还做了批注。因此这里是不是有相关考虑不得而知，但是很明显，站在理解胡塞尔的立场上，有没有这样的考虑则是完全不一样的。我不准备对这个问题展开讨论，但还是要指出，在后面谈论逻辑的意义理论和真之理论的地方，胡塞尔还谈到"意义（Sinn）[或 Bedeutung]的纯粹形式理论"，而在相关讨论中，他确实谈到真，甚至说到"具有谓词'真的'这些真之问题（及其一切变体）超出意义范围的本质先天性"[2]。这就说明，胡塞尔对于 Sinn 和 Bedeutung 这两个词的使用不是随意的，而是有所考虑的[3]。即使不细究他的考虑是不是来自弗雷格，是不是与弗雷格的相关考虑有关，我们依然可以看出，胡塞尔认识到与意义相关会涉及非常复杂的问题，会涉及判断的问题，会涉及真的问题，还会涉及判断与之相关的东西的问题，以及更多与此相关的问题，包括意向和与意向相关的问题。他的讨论涉及所有这

---

[1] 胡塞尔:《形式逻辑和先验逻辑》，第 113 页。

[2] 胡塞尔:《形式逻辑和先验逻辑》，第 116 页；译文有修正，参见 Husserl, E.: *Formale und Transzendentale Logik*, S. 142-143。

[3] 比如还可参见 Husserl, E.: *Ideen Zu Einer Reinen Phänomenologie und Phänomenologischen Philosophie*, 第 124 节，第 256-259 页，该节专门讨论了 Sinn 和 Bedeutung, Bedeuten 和 Bedeutung 之间的关系。（又参见胡塞尔:《纯粹现象学通论》第124节，第238-241页）。

些问题的方方面面，也做出一些区别，但是他并没有真正说清楚其中的问题。

　　借助句子图式可以看出，认识是由语言表达的，句子是表达认识的基本单位，因此认识有语言层面的东西，即句子。句子有所表达的东西，因此认识有涵义层面的东西，即思想（称为命题、意义也可以）。句子的表达是有真之条件的，即在什么情况下是真的，满足相应的条件即是真的，不满足相应的条件即是假的，因此认识有真之条件层面的东西，即意谓。所有这些都是与语言相关的情况。语言是表达认识的，有关于世界的认识，也有关于心灵的认识，还有关于认识本身的认识。我们可以基于关于语言和语言表达的认识来寻找关于世界的认识，关于心灵的认识，以及关于认识本身的认识，并且做出说明，阐述我们的看法。不仅如此，我们还可以在这样的认识之上增加认识的要素，比如说出句子的人，所针对的对象，接受句子的人，所针对的对象等等。但是所有这些，最基础的是关于语言的考虑，即关于句子及其表达的考虑。语言表达是有层次的，句子表达是有结构的。这一点认识不清楚，所有其他认识都不会是清楚的，关于它们的说明也不会是清楚的。

第六章　海德格尔的"此是"

海德格尔是当代著名哲学家，其思想超出哲学领域，在众多方面产生影响。同为现象学的重要代表人物，海德格尔的追随者远远多于胡塞尔，影响也远远大于胡塞尔。与此同时，他获得的评价也不一样，褒扬很多，也有不少批评，一些批评甚至相当严厉。

海德格尔最重要的论述乃是关于"是"的讨论，他的论述涉及"是"的方方面面，终其一生。但是他关于"是"的最著名的论述是在《是与时》①一书中，该书也是他最重要的著作，影响巨大。在这部著作中，海德格尔以"是"为核心概念，不仅陈述了自古希腊以来关于"是"的各种不同看法，指出这些看法存在的问题，并致力于提出自己的看法。他的一个至关重要的认识是，传统哲学过于重视关于"是者"的考虑，而忽略了关于"是"的考虑，因此他的最主要工作就是追溯"是"的问题，对"是"进行发问，并通过关于"是"的追问来揭示与"是"相关的问题，阐述关于"是"的认识。在海德格尔关于"是"的讨论中，"此是"（Dasein）是一个核心的、重要的概念，它对于说明"是"起到重要作用。或者说，在海德格尔的论述中，它起着至关重要的作用。前面的讨论表明，康德和黑格尔都使用了"此是"这个概念，而且都是用来说明"是"，并且用于与"是"相关的讨论。这就说明，它是海德格尔讨论中的重要概念，但不是他自创的概念，而是延续传统使用的一个概念。这样，我们关于海德格尔的相关用法的讨论也就不会仅仅局限在海德格尔本人，而是有了一种超出其著作范围的意义。限于篇幅，我们的讨论只局限在《是与时》中。

---

① 德文 *Sein und Zeit*，中译文《存在与时间》。我认为应该译为《是与时（间）》，近年来也出现以《是与时》为标题的中译本。我曾专门讨论过这里的问题，这里不再重复。参见王路：《解读〈存在与时间〉》，北京：北京大学出版社，2012 年。

一、"此是"的结构特征

在《是与时》中，海德格尔首先将关于"是"的传统认识归为三类，即"是"乃是普遍的概念、不可定义的概念、自明的概念。他认为，传统哲学并没有说清楚"是"的含义。他认为，关于"是"的发问是很麻烦的事情，因为当我们问"'是'是什么？"的时候，我们就已经栖身于对"是"的理解之中了。关于是的发问涉及许多东西，包括是者、是的方式、对是的理解，以及发问者，这样也就会涉及发问者的是之方式。他说：

【引文1】彻底解答是的问题就等于说：就某种是者——发问的是者——的是，使这种是者透彻可见。作为某种是者的是之样式，这个问题的发问本身从本质上就是由问之所问规定的——由是规定的。这种是者，就是我们自己向来所是的是者，就是除了其他可能的是之方式以外还能够对是发问的是者。我们用**此是**［Dasein］这个术语来称呼这种是者。是的意义问题的突出而透彻的提法要求我们事先就某种是者［此是］的是来对这种是者加以适当解说。①

这段话非常清楚地表明，要用"此是"来称谓发问者，而这种发问者是"我们"，一种特殊的是者。字面上看，"此是"似乎成了一个专有名词，指我们，甚至成为"我们"的代名词。实际上并非如此。

这里与发问相关的最要紧的乃是是和是者。这里涉及是者的是之样式，涉及是的规定。我们既是是者，也是对是的发问者。因此用"此是"称谓我们，实际上是说，用"此是"称谓与是相关的一切东西，包括是者和发问者。而且在这种意义上，此是本身也就成为是者，因而也是某种是者。这样就可以看出，海德格尔要说明的乃是是，是与是者相关，为了可以说明是，他要用"此是"这个词，后者可以从各个方面对是做出说明。所以，用"此是"称谓"我们"只是一个说法，只是表明了"此是"这个词的用途可以非常广泛：它与是者相关，与是相关，与是之方式相关。

---

① 海德格尔：《存在与时间》（修订译本），陈嘉映、王庆节译，熊伟校，陈嘉映修订，北京：生活·读书·新知三联书店，2006年，第9页；译文有修正，参见 Heidegger: *Sein und Zeit,* Max Niemeyer Verlag Tübingen 1986, S. 7。

明确了这几点，也就可以以此为思路展开讨论。比如从是者出发，可以讨论"是者的'本质'在于它的去是（Zu-sein）"[1]，因而讨论是者在本质意义上的是什么和在存在意义上的是，以及二者之间的区别和联系。从"我们"出发也就可以谈论"我"，所以"这种是者的是总是我的是"[2]，与此相关还会连带说出人称代名词来："我是［ich bin］"，"你是［du bist］"[3]，"此是又是我自己向来所是的是者"[4]。所以，所谓此是，不过就是是的一种可能性。而在所有这些可能性中，最主要的则是是的存在性和本质性。海德格尔"把此是的是之特性称为存在论性质"，把"非此是式的是者的是之规定则称作范畴"，他认为要严格区别这两种情况[5]。

在我看来，海德格尔关于"此是"的论述并非十分明确，似乎还有些复杂，但是意思却比较简单。归根结底，"此是"与"是"相关，而他关于是的解释还是落实在传统的两种认识上，一种是"存在"含义，一种是系词含义，比如本质性或范畴。他似乎是想表现出与传统认识的不同，甚至说明存在含义优先于系词含义，但是他的论述最终表明，是的最主要含义还是系词含义。由于海德格尔关于"此是"的论述很多，我们不能一一涉及。限于篇幅，我想着眼于"此是"一词的结构以及海德格尔与该词结构相关的论述来探讨这个问题，我认为这样做固然可以节省篇幅，更主要的还在于可以把握海德格尔本人的思想，也可以更好地把握这个问题的实质。

在讨论黑格尔的时候我们说过，"此是"的德文是一个由 Da 和 sein 结合而成的组合词，是 ist da 的名称形式，它的字面意思来自这个动词表达式。黑格尔的论述表明，"Da"一词本身具有空间含义，但是他用这个词时消除它的空间含义，这样该词显示的结构性就非常重要，黑格尔正是利用该词的这个特征对是做出说明。引文 1 表明，海德格尔使用了这同一个词，他也是要用这个词来说明"是"。但是他与黑格尔的做法显然不同：黑格尔的用法很简单，结构性非常明显，表达得也比较明确，海德格尔却不是这样，他对"此是"的使用与该词的结构似乎没有关系，他只是用它来称为"我们"，这样的结果是使该词的相关讨论可以涵盖

---

① 海德格尔:《存在与时间》，第 42 页。

② 海德格尔:《存在与时间》，第 41 页。

③ 海德格尔:《存在与时间》，第 42 页。

④ 海德格尔:《存在与时间》，第 52 页。

⑤ 参见海德格尔:《存在与时间》，第 44-45 页。

许多东西。

需要指出的是，在最初或较早提出"此是"的地方没有关于其中"Da"的说明，因而没有体现关于该词结构的考虑和认识，并不意味着海德格尔没有这样的认识。恰恰相反，他不仅有这样的认识，而且也有论述，只不过他的论述不是在一开始，而是在后来。在关于"在-世界-之中-是"和"在-之中-是"的论述中，海德格尔说：

【引文2】这种本质上由在-世界-之中-是组建起来的是者其本身向来就是它的"此"。按照熟知的词义，这个"此"可解作"这里"与"那里"。一个"我-这里"的"这里"总是从一个上到手头的"那里"来领会自身的；这个"那里"的意义则是有所去远、有所定向、有所操劳地向这个"那里"的是。此是的存在论空间性以这种方式规定着此是的"处所"；而这种空间性本身则基于在-世界-之中-是。"那里"乃是**世界**之内来照面的东西的规定。"这里"和"那里"是可能的，仅当在"此"之中，也就是说，唯当一个是者是这样的，它作为"此"之是而展开了空间性。这个是者在它最本己的是中承担着非封闭状态的性质。"此"这个词意指着这种本质性的展开状态。通过这一展开状态，这种是者（此是）就会是同世界的此-是一体的，为它自己而在"此"。①

显然，这段话谈到"此是"的词义，专门谈到其中的 Da 的意思，关于它的一些解释性用语，如"这里""那里""处所""空间性"等等，与黑格尔所说的"空间含义"意思差不多。特别是，海德格尔称这些意思为"熟知的"，因此具有普遍性，我们不用多说什么。

同样明显的是，这里是结合"在-世界-之中-是"来谈论"此是"的，其中的"是"字相同，"在-世界-之中"和"此"这两个表达式不同，但是正因为这样，二者的对应性就非常突出。对照之下可以看出，"此是"乃是一个德文词，"在-世界-之中-是"则是海德格尔构造的表达式。引文2表明，在有了关于"在-世界-之中-是"的说明之后，现在要用"此是"来做出说明，特别是说明二者的对应

---

① 海德格尔：《存在与时间》，第154页；译文有修正，参见 Heidegger: *Sein und Zeit*, S. 132-133。

性。海德格尔似乎是想说明,他用"此是"称谓"我们",并进到"在 - 世界 - 之中 - 是"的说明,这是有道理的。前面的论述表明这一论述过程和论述方式是有道理的,这里则还要说明,即使从"此是"这一词本身来看也是有道理的。此是之此具有空间性,世界也有空间性,在世界之中则更具有空间性,所以此是与在世界之中是的对应性是显然的。

以上意思大体上是可以看出来的。但是仔细分析,还可以看出来一些与"此是"的结构性相关的说明。比如前面在讨论黑格尔的时候曾经说过,"规定"一词是与谓述方式相关的。这里也出现了这个词,说的是"此是"的空间性对其"处所"的"规定"(bestimmt),"那里"对世界里的东西的"规定"(Bestimmtheit)。"那里"是对"此"的解释,因此"那里"有规定的意思,"此"也就有规定的意思。规定性是一种谓述作用,这里虽然没有这样说,但是既然说到"规定",而且又是对"此是"中的"此"的说明或与这个"此"相关,我们就可以这样考虑,即海德格尔是不是也有这样的意思。即使字面上没有明确的这样的意思,那么它是不是隐含着这样的意思。

又比如"这里"和"那里"在"此"之中这一句。前者是有具体含义的,而"此"只有字面含义,并没有具体含义。假如将后者看作规定,起谓述作用,则可以看出,前者恰恰是这样的说明,符合"此"的作用。与这句话相关的随后解释,即"此"展开了空间性,似乎也与这样的意思相一致。对一事物的说明总是要说它是如此这般的,一如这里的引文所说,"一个是者是这样的"。可以看出,这里的"是这样的"中的"这样的"大致相当于"此是"中的"此",因此其中的"是"乃是是者之是,通过"这样的"作为"此"达到规定或谓述,后者这里则被称为展开了空间性。

再比如,有了以上说明,特别是在"一个是者是这样的"的说明下,也就可以直接谈论"此"意味着展开状态。现在可以看得非常清楚,"此"并不是具体的说明,更不是具体的空间状态的说明,"这里""那里"才是这样的说明。"展开状态"看上去不是关于构词结构的说明,与句法无关,但是实际上却不是这样,至少可以说它暗含着这样的意思。就是说,它展开关于是者的说明。顺便说一下,"展开状态"也是海德格尔讨论中使用的一个重要用语,是他进一步论述的重要概念。"展开状态"与"此"相关,因而与是之方式和结构相关。有了前面的论述,海德格尔很容易得出他的一个著名论述："此是就是它的展开状态。"① 而他对这个命题的解释是："这个是涉及这个是者之是，因此它就是是它的'此'。"② 海德格尔的相关讨论很多，我们只提及这两句，不予展开讨论。

如果说以上意思充其量只是暗含的，或者说只是我们解读出来的，那么这段话的最后一句则类似图穷匕见的效果。它出现了"此 - 是"（Da-sein）这个表达。"此是"是德文词，是康德和黑格尔都使用过的，但是"此 - 是"却不是，这是海德格尔独创的词，他在 Da 和 sein 之间加了一个小横线。他这样做的目的显然是要强调这里的 Da，而这种强调的动机依然还是为了最终说明是。

假如"此 - 是"这个词是海德格尔一开始就提出来并使用的，我们大概只能看他关于这个词是如何解释和使用的。但是事实并非如此。他是在关于"此是"做出大量论述之后才给出这个表达式的。因此关于"此 - 是"的意思就要从前面关于"此是"的讨论来获得。这样就可以看出，前面的讨论尽管有一些不清楚的地方，但是有一点还是可以看出的，这就是"此是"一词表达了一种结构性的东西，即通过"此"而与"是"相结合而成的东西。正因为"此是"具有这样的意思，因此海德格尔可以非常自然地、似乎是顺理成章地在其中加上一个小横线，将这种结构性的东西更加清楚地显示出来。当然，我们也可以反过来看。

假如"此 - 是"是海德格尔最终所要得到的表达式，那么很明显，该表达式最明显的特征就是其中"此"和"是"的这种组合结构。由于这并不是一个德文词，而是海德格尔构造的，他就要给出一个合理的说明，就要论证他使用它的合理性，因此就有了前面所有那些论述。所以，海德格尔使用"此是"一词的目的是可以看出来的。用它可以泛指许多东西，因此可以涵盖非常广泛的讨论，但是该词有一个最主要的特征，就是组合结构。这个结构与是相关，与是一词的最主要用法相关，而这恰恰是海德格尔在解释是的时候所需要的。

无论是从"此是"出发，最终得到关于"此 - 是"的说明，还是为了显示出"此 - 是"的合理性而首先从"此是"出发，通过对海德格尔相关论述的分析，包括对一些含混不清的表达的分析，我们还是可以看出，"此是"含有一种结构性

① 海德格尔:《存在与时间》，第 155 页；译文有修正，参见 Heidegger: *Sein und Zeit*, S. 133。

② 海德格尔:《存在与时间》，第 155 页；译文有修正，参见 Heidegger: *Sein und Zeit*, S. 133。

的东西。这种东西，海德格尔看到了，而且是想加以利用的。所以，在获得"此-是"这一表达之后，他就可以明确地使用这一表达。这样就使该表达的结构特征非常明确地显示出来。但是，即使不使用这一表达，或者，即便只是使用"此是"，由于有了相应的"此-是"的说明，也就可以在同样的意义上来理解。在我看来，清晰的表达是海德格尔需要的，但是更多时候，他更喜欢使用那些不太清晰的表达。在他看来，似乎后者更有发挥想象的空间，更有利于他表达自己的思想。

需要指出的是，英译者认为，"Dasein"这个词在《是与时》中起重要作用，也为说英语读者所熟悉，最简单的办法是保留这个词不翻译，除非在一些相对较少的特殊段落，在这样的地方，"海德格尔以小横线分开这个词（"Da-sein"），以表明它的词源构造：字面意思是'是-在那里'"[①]。英译者不仅明确提及"词源构造"，因而涉及该词的结构特征，而且在关于字面意思的说明中使用了"是-在那里"（is-there）这样的表达方式，以此凸显其结构特征。相比之下，中译文"此在"和"在此"的缺点就暴露出来了：它们是两个不同的表达式，意思也不同，后者更没有显示出结构特征。

二、此是的系词特征

认识和把握"此是"一词的结构特征，有助于理解海德格尔关于这个词的使用，特别是有助于澄清他那些不是非常清楚的而是模棱两可的表述。如上所述，认识到"此是"的结构特征，也就可以看到它与"在-世界-之中-是"的对应性，即"此"与"在-世界-之中"的结构对应性，这样，海德格尔的许多论述就比较容易理解，比如他说要依据"在-世界-之中-是"的"这一是之建构来看待和领会此是的这些是之规定"，要从"这一建构的解释"着手分析此是的工作[②]。又比如他谈论"在-世界-之中-是"这个"复合名词的造词法"，认为要整体看待，不能分割。但是，正由于这种构造性的表达，人们很容易看出"这一建构的构成环节具有多重性"[③]，

① Heidegger, M.: *Being and Time*, tran. by Macquarrie J. / Robinson E., 北京：中国社会科学出版社，1999年，第27页脚注。
② 参见海德格尔:《存在与时间》，第62页；译文有修正，参见 Heidegger: *Sein und Zeit*, S. 52-53。
③ 参见海德格尔:《存在与时间》，第62页；译文有修正，参见 Heidegger: *Sein und Zeit*, S. 53。

而且非常明显，由此可以与世界联系起来，所以也就有了关于"在世界之中"的探讨，从而追问"世界"的本体论结构等等。正因为可以探讨世界，因此传统哲学中所讨论的所有那些问题都可以融入进来。再比如，从"在 - 世界 - 之中 - 是"还可以进到"在 - 之中 - 是"。该表达式虽然去掉了"世界"，但是依然保留了与"此是"相应的结构：其中的"在 - 之中"对应"此"。这样也就可以有了与"在 - 世界 - 之中 - 是"不同的讨论，包括可以得出两种含义，一种是可以对它补充"世界"的含义，即海德格尔说的本质或范畴的意义，另一种是它不加"世界"的含义，即海德格尔所是的存在论含义①。即便如此，"在 - 之中 - 是"与"在 - 世界 - 之中 - 是"所表达的也都是"此是"的是之含义。也就是说，前者尽管字面上明显不同，却都与"此是"对应，因而都是"此是"意义下的讨论，而且也可以是"此是"意义下的讨论，可以与"此是"相关，也可以借助"此是"。

引文 2 表明，从"此是"可以得到"此 - 是"，这样就更加凸显了"此是"的结构特征。应该看到的是，"此 - 是"并非仅仅在引文 2 出现，而是在专门论述"在 - 之中 - 是"的第五章多次出现，仅从标题看它就在三小节出现。特别是，其中第34 小节的题目"此 - 是与言谈，语言"直接将它与语言联系起来。这至少表明，它是与语言相关的，至少可以从语言的角度来考虑它。如果说海德格尔关于"此是"的使用和说明中暗含着关于语言的考虑，那么我们当然也可以探讨那些与语言相关的暗含的考虑，包括考虑的方式，比如引文中所说的"规定""是之样式"等等。但是既然他有明确的关于语言的考虑，我们直接讨论这一部分就可以了。这样做比较简单，所得结论也会更容易令人信服。

第五章第 31 小节题目是"此 - 是——作为理解"。虽然字面上没有提及语言，但是很显然理解会与语言相关，因此这部分内容也会与语言相关。与这部分相关的第 33 小节题目是"命题——解释的衍生样式"，看上去与语言相关的意思就比较明显了。"命题"一词的德文是"Aussagen"，字面意思是"说出来的"，因此直接与语言相关。34 小节紧接其后，明确宣称进入关于"此 - 是"与语言的论述，可以说是比较自然的。在我看来，关于语言的考虑，几乎贯穿《是与时》一书始终。在其开始部分，海德格尔总结了关于"是"的几种看法，其中之一认为"是"

---

① 我曾详细讨论过海德格尔的一些相关论述，这里不再重复。有兴趣的读者可以参见王路：《解读〈存在与时间〉》，第 113-146 页。

乃是自明的概念。他在解释中说，在"一切命题"（Aussagen）中都要用这个"是"，他还举例"天**是**蓝的"加以说明，这充分显示出他关于语言的考虑[①]。从第五章的内容看，既然"此 - 是"与理解相关，理解与解释相关（32 小节），解释与命题相关，由此也就可以看出，"此 - 是"与命题相关。应该承认，"命题"是一个比较清楚的概念，没有什么歧义。我们就直接从海德格尔关于命题的论述进入讨论。

海德格尔对命题有三点说明：其一，命题意味着"展示"。其二，命题相当于"谓述"。其三，命题意味着"传达"，"说出来"。他还附有举例说明："这把锤子是（ist）太重了"[②]。字面上即可以看出，"谓述"是从语言层面说的：着眼于主谓结构，因而考虑了"是 P"这样的表达方式。他的说明则也显示了他的相关认识：被说的不是谓词，而是"锤子"，"进行说明"和"进行规定的"则是"太重了"，二者对应，但是从含义的角度说，谓词比被说的东西要窄。谓词的含义基于被说的东西的含义，"主语和谓语"是"进行谓述联系的环节"[③]。

从表达方式的角度看，"主语"和"谓语"显然是语言层面的东西，"被说的"似乎是指主语，但是似乎也可以指主语所表达的东西，"含义"则指主词和谓词所表达的东西。"谓述"则指以谓词进行表达或含有谓词的方式。海德格尔明确谈到"设置主语、设置谓语，以及相互设置两者"，显然有关于语言层面的考虑。但是从他的论述看，他似乎又不太注意区别语言和语言所表达的东西。但是，既然他明确使用了"主语"和"谓语"这两个词，在这种意义上谈论"谓述"，我们就可以认为他是从语言方面来考虑的。特别是围绕他给出的例子，他关于主语"锤子"和谓语"太重了"的说明，恰恰留出了"是"这个词，因而也凸显了这个词，由此也就表明，命题含有主词和谓词两个部分，它们通过"是"而联系起来，这即是"谓述联系"，这样的表达方式即是谓述。

除了关于主语和谓语及其关系的论述，海德格尔还指出，"任何谓述都只有作为展示才是它所是的东西"，主语和谓语是相互联系的环节，它们"是在展示

---

① 参见海德格尔：《存在与时间》，第 5 页；译文有修正，参见 Heidegger: *Sein und Zeit*, S. 4。我对这段话的意思以及它与语言相关思考的特征曾进行详细讨论，这里不再重复，参见王路：《解读〈存在与时间〉》，第 67、68 页。

② 参见海德格尔：《存在与时间》，第 181-182 页；Heidegger: *Sein und Zeit*, S. 154-155。

③ 参见海德格尔：《存在与时间》，第 181 页；Heidegger: *Sein und Zeit*, S. 155。

范围之内"产生的①。这就说明，谓述是与展示相关的。由此可见，他关于命题的第一点说明也有关于谓述的考虑。而他关于命题的第三点说明重点在于"说出来"，字面上即可以理解，若是区别语言和语言所表达的东西，则可以在两种意义上理解，一种是语言层面，即以谓述的方式说出。若是从语言所表达的东西层面理解，则是谓词所表达的东西。海德格尔不太区别二者，但是以谓述的方式说出总是需要的。认识到这一点也就可以看出，第二点说明中所谈的"进行规定的"乃是关于谓词的说明。而在第三点说明中，我们也看到同样的说明，比如命题是"以规定方式展示出来的东西"②。这样也就可以看出，海德格尔关于命题的第三点说明也有关于谓述的考虑。所以，在关于命题的三点说明中，第二点清楚地表明有关于主谓结构的考虑，其他两点看似没有专门论及主谓结构，但实际上依然有关于主谓结构的考虑。正因为如此，海德格尔说，从这三点说明的整体意义上可以得出，"命题是有所传达有所规定的展示"③。这句话是关于三点说明的概括，可以看出，明确说出的是"展示"，是"规定"，是"传达"，"谓述"反而没有说出。在我看来，这主要是因为，"谓述"是显然的，因而不需要说明。但是，"传达""规定""展示"却是需要说明的。而在这需要说明的三种情况中，"规定"是不需要说明的，至少不需要过多说明，因为前人已有论述。"传达"也不需要过多说明，因为它主要是说明，命题是有所表达的东西的，这是常识。真正要说明的则是"展示"，因为这是海德格尔自己做出的说明。引文2说到"此是"中的"此"，说后者的意思是"展开状态"（Erschlossen）。这里谈论命题，将它解释为规定和"展示"（Aufzeigen）。无论如何，结构上的近似和意思上的相似，总还是可以看出来的。

有了以上说明，海德格尔就可以对命题做出进一步说明。比如他说，"命题总已经活动于在-世界-之中-是的基础之上"④。这种关于命题的说明显然没有谈及谓述，与前面的说明完全不同，却与海德格尔关于此是的说明相一致，并且又直接与"在-世界-之中-是"联系起来。但是正由于他有关于谓述的说明，因此我们也可以借助他关于谓述的说明来理解，这样就可以借助主谓结构，在谓述

---

① 参见海德格尔：《存在与时间》，第181页；Heidegger: *Sein und Zeit*, S. 155。
② 参见海德格尔：《存在与时间》，第182页；Heidegger: *Sein und Zeit*, S. 155。
③ 参见海德格尔：《存在与时间》，第183页；Heidegger: *Sein und Zeit*, S. 156。
④ 参见海德格尔：《存在与时间》，第183页；译文有修正，参见 Heidegger: *Sein und Zeit*, S. 156。

的意义上来理解这里与世界相关的说明。所以，海德格尔关于命题的说明是有用意的，其中关于主谓结构的说明更是有用意的。

命题的基本句式是"S 是 P"，它的核心或者说谓述的核心是系词结构。所以，关于命题的说明很容易将系词凸显出来，这样也就要有关于系词的说明：

【引文 3】[1] **系词**现象表明，本体论问题对 logos 的阐释产生了何等深入的影响，反过来，"判断"的概念又通过其引人注目的反冲对本体论问题产生了何等深入的影响。[2] 系词这一纽带表明了：首先是综合结构被当作自明的，而且综合结构还担负了提供尺度的阐释职能。[3] 但若"关系"和"联系"的形式性质不能从现象上对关乎实事的 logos 结构分析提供任何助益，那么系词这个名称所指的现象归根到底就同纽带和联系毫不相干。[4] 只要命题和是之领会乃是此是本身在存在论上的是之可能性，那么无论"是"在语言上以其自身表达出来还是以动词词尾的形式表现出来，这个"是"及其阐释终归要同存在论分析工作的问题联系起来。①

非常明显，这段话不是讨论系词结构，而是对关于系词的探讨的总结性说明。[2] 中的"纽带"一词是一个形象的比喻，说明系词的方式，说明中的"结构"一词显然指"S 是 P"，"自明的"一词则指人们对它的认识。这句话很容易理解，自古希腊以来，随着逻辑的产生和发展，关于系词的这种认识已经是自明的。此前海德格尔也做过相应的论述，说明人们自古希腊以来如何关注 logos，如何形成逻辑和相关认识。[4] 中所说的"是"则直指系词的表现形式，说明它在表达中有多种方式，既有"ist"（是）这样的第三人称单数形式，也有其他不同形式，一如前面提到的"我是（ich bin）"，"你是（du bist）"。这些论述与系词的形式和结构相关，与语言和表达方式相关，这一点应该是比较清楚的。

同样非常明显，这段话除了关于系词结构的说明外，还有一些论述不是关于系词结构的，比如 [3]、[4] 中说的"实事"和"存在论"，以及与它们相关的内容，比如"是之可能性"。这些说明至少字面上、至少看上去不是与语言相关的。这就说明，在海德格尔关于系词的论述中有两方面考虑，一方面是关于系词结构

---

① 海德格尔:《存在与时间》，第 187 页；译文有修正，参见 Heidegger: *Sein und Zeit*, S. 160。序号为引者所加，为讨论方便。

的考虑，即关于语言方面的考虑，另一方面不是这样的考虑。这两个方面在［1］中表现得比较清楚："系词现象"是关于此前自古希腊以来对该问题讨论的称谓；本体论对 logos 的影响和"判断"对本体论问题的影响是海德格尔对传统哲学的总结性说明。"本体论"（ontologisch）指与"是"（on）相关的研究，已经约定俗成。"判断"是传统逻辑中的核心概念，也是传统哲学中的核心概念，与"S 是 P"这种基本句式相关。［1］中引号的用法说明海德格尔的相关考虑。从他的论述来看，他所强调的显然不是系词结构的形式和语言方面，而是他在这里所说的另一个方面。但是他在相关论述中关于系词结构的考虑，关于语言方面的考虑乃是毫无疑问的，是显而易见的。

众所周知，海德格尔在探讨"是"的问题时，总是批评前人没有把"是"的意思说清楚，批评人们在研究中遗漏了"是"这个词原初的本来的一些含义。传统哲学的相关研究基于传统逻辑，关于"是"的解释在很大程度上依赖于逻辑提供的理论和方法，形成关于系词的认识。海德格尔称这样的研究为"系词现象"，一方面区别出本体论和逻辑两个方面的研究和相互促进，另一方面又指出这两个方面不能脱节，应该相互结合。在他看来，传统哲学这方面是有缺陷的。他认为，"是"有两方面的意义，除了形式方面的意义外，还有一个更为重要的方面，他称之为"现成性"。他认为：

【引文 4】logos 被经验为现成的东西，被阐释为现成的东西；同样，logos 所显示的是者也具有现成性这种意义。人们始终没有把是的这种意义从其他的是之可能性区别出来，突出出来，结果形式上的"某物 - 是"那种意义上的是也就与它混在一起；甚至人们还尚未能够仅仅把二者的区域划分出来。①

这段话论及是的两种意义，一种为现成性，另一种则与它不同，比如形式上的意义。海德格尔认为人们没有区别出这两种意义，人们甚至不知道如何区别它们。很明显，形式的意义是逻辑提供的，是传统哲学重点讨论的，这不是海德格尔要谈的。他要谈的是前一种意义，即是的现成性意义。他的工作一是要区别是

---

① 参见海德格尔:《存在与时间》，第 187 页；译文有修正，参见 Heidegger: *Sein und Zeit*, S. 159-160。

的形式方面的意义和现成性意义，并且还要谈论是的现成性意义。

"现成性"一词的德文是 Vorhandenheit，相关用语"现成的东西"的德文是 Vorhandene。该词的词意来自其形容词 vorhanden，意思是手边的、现有的等等。"是"有这种所谓现成性的含义，这完全是海德格尔自己对传统哲学活动的解释："人们在寻找如此这般现成的 logos 的结构的时候，首先找到的是若干词汇的**共同现成的是**。"[①] 其中重点强调的"共同现成的是"这一表达式的德文是 Zusammenvorhandensein。这是由 zusammen（共同）、vorhanden（现成的）和 sein（是）这三个词组合而成的词，是 ist vorhanden zusammen（是共同现成的）这一表达的名词形式。这是海德格尔自己构造起来的表达式。他关于传统哲学的解释是不是有道理姑且不论，但是他以这种煞有介事的表达方式使"现成的"和"是"在字面上紧密地不可分割地联系在一起，这样他就获得了一个概念，这就是"Vorhandensein"（现成的是），并因而获得"现成的东西"和"现成性"这样的概念。不仅如此，它们还与"是"直接相关，并被说成是"是"本来和原初具备的意义，因而也就可以用来说明"是"。可以看出的是，海德格尔在说明中想做出一些区别，包括关于世界的说明，关于世界的解释的说明，因此，同样是 Da-sein，依然是会有一些区别的。比如在世界之中的情况是原初的，命题是与有关世界的理解相关的，是导出的。但是他的说明并不是那样清楚，包括他自己构造的概念。限于篇幅和我们要讨论的问题，我们不对海德格尔所区别出和要探讨的所谓现成性意义展开讨论，而只是要指出，即便他的这一区别是有道理的，他也是依据了关于是的形式方面的考虑，因而依据了关于是的结构方面的考虑。

值得注意的是，海德格尔在说明中使用了"某物 - 是"（Etwas-Sein）这个表达式。它是 ist etwas 的名词形式，说的又是形式方面的意义，因此尽管没有明说，该表达式中的"是"一词的系词特征应该是不言而喻的。借鉴这一表达方式及其说明可以看出，海德格尔所说的"此 - 是"（Da-sein）也会有这样的意思。首先，它们的构词方式是一样的，其次，它们关于"是"的说明也大致是一样的。即便是区别出"是"的形式方面的意义和"现成的是"的是的意义，这种结构方式总是一样的。所以我认为，"此 - 是"这个表达式是有用意的，它的用意之一即是提醒人们，要看到这里与"是"相关的这种结构方式。

[①]　海德格尔：《存在与时间》，第 186 页；译文有修正，参见 Heidegger: *Sein und Zeit*, S. 159。

认识到这一点也就可以看出，既然海德格尔用"此 - 是"来说明"此是"，当然是想借助这种与"是"相关的结构方式来说明"此是"。即便他想强调的是其中的"此"，他想借这个"此"来强调是者的现成的的是之性质，他总归没有忘记、没有忽略"此 - 是"的这种结构，所以，他从"此是"出发谈论"在 - 世界 - 之中 - 是"和"在 - 之中 - 是"，再到谈论"此 - 是"，与"是"相关的结构始终是他谈论的基础。他固然可以强调与系词不同的含义，比如"现成性"，也可以强调不是系词的那个"此"，但是他的所有这些讨论都与是相关，都基于关于与是相关的结构的考虑。

三、此是与真

命题与真相关。命题的核心概念乃是"是"，因此是与真相关。海德格尔在"此是、展开状态、真"的标题下也讨论了与真相关的问题。他一方面延续传统看法，认为真之处所是判断，并讨论了真之符合论的观点，另一方面又从真之概念的起源入手，认为希腊文中的 alethesia 一词的一些意思没有被 Wahrheit 一词体现出来，比如"被揭示状态（去蔽）"①，然后基于他的这一认识谈论真。海德格尔与真相关的论述很多，最典型的说法莫过于："'真是'（真）等于说'是 - 进行揭示的'"②。其中的"真是"的德文是 Wahrsein，它是 ist wahr 的名词形式，括号中"真"（Wahrheit）一词的补充说明显示了"真"这个词的意义，也就是说，至少它的最主要的意思是"是真的"。这里不是要探讨海德格尔关于真的论述③。我们主要探讨，海德格尔在相关讨论中有没有关于结构的考虑，如果有，这样的考虑是如何起作用的。在我看来，第一个问题是显然的。"是 - 进行揭示的"这一表达本身就显示出一种结构：其中的小连线显示出"是"与"进行揭示的"之间的一种结构。所以，我们重点考虑的是第二个问题。海德格尔认为：

【引文 5】命题是真的，这意味着：它在是者本身揭示是者。它在是者的被揭示状态中说出是者、展示是者、"让人看见"是者。命题的**"真是"（真）**

① 海德格尔：《存在与时间》，第 252 页；参见 Heidegger, M.: *Sein und Zeit*, S. 219。

② 海德格尔：《存在与时间》，第 252 页；译文有修正，参见 Heidegger, M.: *Sein und Zeit*, S. 219。

③ 我曾讨论过这个问题，参见王路：《海德格尔论真之概念的起源》，《北京大学学报》（哲学社会科学版），2021 年第 2 期。

必须被理解为**揭示着的－是**。所以，如果符合的意义乃是一个是者（主体）对另一个是者（对象）的肖似，那么，真就根本没有认识和对象之间相符合那样一种结构。

　　作为"揭示着的－是"，那个"真是"从本体论上来说又只有根据在－世界－中－是才是可能的。我们曾通过在－世界－中－是这种现象认识了此是的基本建构。这种现象也是真之源始现象的**基础**。我们现在应当对真之现象进行更深入的研究。[①]

这段话分两小段。非常明显，第一小段是关于符合论的论述。符合论的基本看法是，真乃是认识与对象的符合。海德格尔将传统认识的表达方式转换为自己的表达方式，比如将"对象"转换为"是者"。在这一说明中，黑体字强调的表达中出现了"揭示着的－是"，而所强调的则是要在这种意义上理解真。这就说明，"揭示着的－是"这一表达在与真相关的讨论中至关重要。字面上即可以看出，这一表达有一个小连线，显示出一种结构，这样我们至少字面上可以联想起"此－是"这个表达及其相关说明，并由此进一步联想到"此是"。

　　如果说这种联想在第一小段还仅仅是联想，那么第二小段则把它具体化了。其中所提到的"在－世界－中－是"明显也是有结构的。最重要的是，这里围绕着"真是"谈论了"在－世界－中－是"和"揭示着的－是"之间的关系。这就说明，二者可以是相互联系的。从字面上看，二者有一个共同的要素"x-是"，由此形成了共同结构；"在－世界－中"和"揭示着的"则是不同的，但是它们都与"x-是"相联系，因此形成相互对应的表达式。这样也就表明，这两个表达式的结构是一样的，意思却不同，也就是说，"进行揭示的"乃是与"在－世界－中"相关的，因而是与世界相关的。

　　再进一步，第二小段从"在－世界－中－是"谈到"此是"。字面上依然可以看到其中的共同要素"是"，因此也可以看到"此"与"在－世界－中"的对应性。这样也就可以看出，即使不联系"此－是"，也可以看出"此是"是有结构性的，因为它与"在－世界－中－是"乃是对应的。

[①] 　海德格尔：《存在与时间》，第 251-252 页；译文有修正，参见 Heidegger, M.: *Sein und Zeit*, S. 218-219。

　　我们终于可以看出，在关于真的说明中，海德格尔从"揭示着的 - 是"出发，进到"在 - 世界 - 中 - 是"，再进到"此是"。经过这样的说明，字面上说要进行更深入的研究，其实却要结合"此是"对真之现象进行研究，而所谓关于此是的研究，实际上是要从"揭示着的 - 是"着手，实际上则依然是与"在 - 世界 - 中 - 是"相关。所以，"此是"一词不仅在其构词方式上是有结构的，而且在海德格尔的思想中，在他用意中也是有结构的。所以他的这些想法在他的论述中总会以这样那样的方式显示出来。

　　认识到这一点也就可以看出，海德格尔在与真相关的论述中，同样谈及此是，他的表述有时会显示出关于"是"的结构性的考虑，有时这样的考虑则不是那样明显。比如他说："把真'定义'为揭示性和进行揭示的 - 是，也并非单纯的字面解释，而是出自对此是的某些状况的分析"①；"真是，作为进行揭示的 - 是，乃是此是的一种是之方式"②。这些与此是相关的论述明确提及"进行揭示的 - 是"，因此可以看作有关于"是"之结构的明确考虑。而另外一些论述则没有出现小连线这样的表达，比如"首要'真的'，亦即进行揭示的，乃是（那）此是"③；"只有通过此是的展开状态才能达到最源始的真之现象"④；"此是只要本质上是其展开状态，作为展开的东西而展开着、揭示着，那么，它本质上就是'真的'"⑤；"此是乃是'在真之中'的"⑥。这些论述字面上似乎没有关于"是"之结构的考虑。但是仔细分析，有些论述联系上下文是可以明显看出来的，有些论述不明显，但是联系与"揭示着的 - 是"的相关论述也是可以看出来的。

---

① 海德格尔:《存在与时间》，第 253 页；译文有修正，参见 Heidegger, M.: *Sein und Zeit*, S. 220。
② 海德格尔:《存在与时间》，第 253 页；译文有修正，参见 Heidegger, M.: *Sein und Zeit*, S. 220。
③ 海德格尔:《存在与时间》，第 253 页；译文有修正，参见 Heidegger, M.: *Sein und Zeit*, S. 220。
④ 海德格尔:《存在与时间》，第 254 页；译文有修正，参见 Heidegger, M.: *Sein und Zeit*, S. 220-221。
⑤ 海德格尔:《存在与时间》，第 254 页；译文有修正，参见 Heidegger, M.: *Sein und Zeit*, S. 220-221。
⑥ 海德格尔:《存在与时间》，第 254 页；译文有修正，参见 Heidegger, M.: *Sein und Zeit*, S. 220-221。

与真相关的说明涉及"揭示着的 - 是"与"展开状态"的关系，对此我们可以多说几句。引文 2 中谈到"展开状态"，说"'此'这个词意指着这种本质性的展开状态"，因此，"展开状态"乃是指"此是"中的"此"，由于这乃是与"是"相关的论述，因此可以看出这里有结构性的考虑。前面我们说过，海德格尔由此得出他的著名论断："此是就是它的展开状态"。"此是"一词乃是由"此"和"是"构成的，既然可以说"此"是展开状态，似乎当然也就可以说"此是"是展开状态。因此，同样是谈论"此是"，分开谈论"此"时有关于结构的考虑，合起来谈论"此是"时也会有关于结构的考虑。

在与真相关的论述中，海德格尔大谈"揭示着的 - 是"，由于后者与此是相关，因而海德格尔也要论及它与"展开状态"的关系。从结构性考虑，若将"展开状态"看作关于"此"的对应说明，则可以将它看作与"揭示着的"的对应说明，若看作关于"此是"的对应说明，则可以将它看作与"揭示着的 - 是"的对应说明。认识到这一点也就可以看出，"揭示"与"展开"这两个表达式的意思在海德格尔的使用中差不多是一样的。实际上也是如此。这两个词都是海德格尔刻意使用的，"展开状态"是海德格尔关于此是的一般性说明，而"揭示性"是他在关于真之概念起源的论述中使用的。如前所述，他认为 aletheia 的一部分含义没有被发掘出来，他称这部分含义为"揭示性"，使用"是 - 进行揭示的"来表达。他甚至随意使用"真（揭示性）"和"揭示性（真）"这样的表达①。结合起来可以看出，此是与展开状态相关，也与真相关，而真又与揭示性相关，因此似乎展开状态会与揭示性相关。因此海德格尔认为，"只有通过此是的展开状态才能达到最源始的真之现象"②，所以，他在探讨真之概念的起源时依然依循"展开状态"这一认识，同时又与揭示性联系起来。比如他认为：

【引文 6】真之现象的存在性的 - 本体论的阐释得出如下命题：1. 在最源始的意义上，真乃是此是的展开状态，而在世界之中的是者的揭示状态就属于这种展开状态。2. 此是同样源始地在真和不真之中。

在真之现象的传统阐释的视野之内，若要充分洞见上述命题，就必须先

---

① 参见 Heidegger, M.: *Sein und Zeit*, S. 222, S. 225。

② 海德格尔：《存在与时间》，第 254 页；译文有修正，参见 Heidegger, M.: *Sein und Zeit*, S. 220-221。

　　行指明：1. 被理解为符合的真，通过某种特定修正来自于展开状态；2. 展开状态的是之方式本身使展开状态在来源处的变化首先映入眼帘并指导着对真之结构的理论解释。[①]

　　这是海德格尔在论述真之概念的起源时的论述，是结论性的说明，简明扼要，便于我们讨论。字面上看，"揭示状态"与"展开状态"已经是自明的概念，因为这时已经有了关于揭示性的充分论述，比如前面提过的"真是，作为进行揭示的 - 是，乃是此是的一种是之方式"，比如"揭示活动乃是一种在 - 世界 - 中 - 是的是之方式"[②]等等。所以我们也将它们看作自明的，我们只谈论这段话中的结构性考虑。

　　第一小段是关于真之原初含义的两个说明，第一个说明依据的是"展开状态"，并且说明，揭示状态属于它，因而也就说明了二者的关系。在说明揭示状态时使用了"在世界之中"（innerweltlich）这一形容词，但是，这个表达与"在 - 世界 - 中"显然是对应的。这就说明，尽管这一用语中没有结构性的表达出现，但是在有了那么多结构性的表达和说明之后，这里的表达当然是一种修辞性的，意思与那些结构性的表达无疑是一样的。所以，就像"展开状态"与"此是"相关，与"此"相关，因而会有结构性的考虑一样，这里所说的"揭示状态"会与"在世界之中"相关，会与"在 - 世界 - 中"相关，因而也会有结构性考虑。

　　第二小段是与符合论相关的两个说明，这两个说明都依赖于展开状态，但是分别提到修正和来源处的变化，所提之处都与揭示性相关，因此也就有与上面同样的考虑。即使认为这些说明是隐晦的，不清楚的，尚不能说明有结构性的考虑，但是"真之结构"的提及说明有结构方面的考虑，至少会涉及与"真是"或"是真的"，或者涉及与"真（揭示性）"等相关的考虑，因而会涉及结构性的考虑。

　　引文 6 中没有"-"这个小连线，似乎没有结构性的表达，所以结构性的考虑似乎也就不是特别清楚。但是应该看到，"展开状态"和"在世界之中"这两个表达，即使字面上也是带有结构的含义的。"展开"的东西当然是可以有结构的，而"在

[①] 海德格尔：《存在与时间》，第 256-257 页；译文有修正，参见 Heidegger, M.: *Sein und Zeit*, S. 223。

[②] 海德格尔：《存在与时间》，第 253 页；译文有修正，参见 Heidegger, M.: *Sein und Zeit*, S. 220。

世界之中"含有"在 - 之中",本身就是一种结构。当把"揭示性"和它们结合在一起的时候,自然也会对它做出相应的考虑。更何况海德格尔还有如下明确的说明:"作为'揭示着的 - 是',那个'真是'从本体论上来说又只有根据在 - 世界 - 中 - 是才是可能的。我们曾通过在 - 世界 - 中 - 是这种现象认识了此是的基本建构。"①所以,无论是谈论展开状态,还是谈论揭示状态,都会涉及是在世界之中的,因而涉及在 - 世界 - 中 - 是,并涉及"此是",因为这个"此"指的就是这种展开状态。当把"此"和"是"分开讨论的时候,当然可以谈论它的展开状态,当然可以谈论它的揭示状态,但是这样的谈论就表明,这样的考虑就在"此"和"是"之间看到一种结构,这样的考虑就是有结构性的。海德格尔说:

【引文7】此是作为构成性的,它通过展开状态从本质上说乃是在真之中的。展开状态乃是此是的一种本质的是之方式。[1]**唯当此是是,才"有"真**。[2]是者唯当一般而言如同此是**是**,才是被揭示和被展开的。唯当一般而言如同此是**是**,牛顿定律、矛盾律,各真理才是真的。[3]此是一般而言(过去)不是之前,没有真理会是,而此是一般而言不再是了之后,没有真理还将会是,因为在这些情况下真理就**不能是**作为展开状态和揭示活动或被揭示状态的。在牛顿定律被揭示之前,它们不是"真的"。但不能由此推论说,它们是假的,更不能推论说,在与是相关的层次上不再可能有被揭示状态的时候,牛顿定律就会变成假的了。这种"限制"也并不意味着减少"真理"的真是。②

这段话论述此是与真之间的关系,其中谈到此是的"构成性",谈到此是的展开状态,称后者是前者的一种本质的"是之方式",还谈到展开状态和揭示状态等等,基于前面的讨论,可以认为这些论述是自明的,是有结构性考虑的,不必多说什么。我们要考虑的只是这里提到的牛顿律和矛盾律,为了简便,我们只谈矛盾律。

这里说矛盾律是真理,是真的。这显然是以矛盾律作举例说明,也就是说,要以矛盾律来说明真,说明此是,并说明与此是和真相关的展开性和揭示性。矛

---

① 海德格尔:《存在与时间》,第 251-252 页;译文有修正,参见 Heidegger, M.: *Sein und Zeit*, S. 218-219。

② 海德格尔:《存在与时间》,第 260 页;译文有修正,参见 Heidegger, M.: *Sein und Zeit*, S. 226。

盾律是：一事物不能同时既是又不是。由此可见，说的是矛盾律，指的则是"一事物不能同时既是又不是"这句话，或者说想到的是这句话。这句话所表达的东西是真的，这句话所表达的东西是真理。"矛盾律"和"一事物不能既是又不是"显然是不同的，前者是后者的名字，后者是前者所命名的东西。字面上看，矛盾律是关于"事物"的说明，该说明则是"不能既是又不是"。借助现代逻辑则可以表达为"并非一事物既是如此又不是如此"。总之，在矛盾律的表述中，"是如此"总是要出现的。由此可见，矛盾律这样的表述是有结构的，这种结构体现出它所要说明的是者（事物）与展开状态（是如此）之间的关系。没有这展开状态，也就不会有矛盾律，矛盾律也就不会是真理。没有对这展开状态的认识，也就不会有对矛盾律的认识，因而也就不会认为矛盾律是真的。所以，借助矛盾律海德格尔要说明的是，展开状态乃是此是的一种本质的是之方式，之所以是"本质的"，因为它是重要的、主要的、不可或缺的。但是在我看来这里大概还有另外一个意思：它可以是范畴的，可以是关于是什么的，可以是在-世界-中的。即使不考虑后一种意思，仅从"是之方式"也可以看出，这是有结构的，因为它与"此是"相关，它要展开，它具有一种展开性。

四、此是的实质

以上论述表明，海德格尔在关于此是的探讨中是有结构方面的考虑的，这种关于结构的考虑显然是起作用的。所谓结构，简单说即是"S 是 P"，就是系词结构。但是从他的论述看，他一开始以"此是"称谓"我们"，似乎"此是"并没有结构的意思。这样就有一个问题，在他关于"此是"的论述中，关于结构的考虑究竟占一个什么样的位置。

应该指出，引文 1 来自导论，其他引文来自具体章节的讨论。非常明显。引文 1 明确了要用"此是"称谓"我们"，从而使"此是"成为讨论的重要概念，以致《是与时》第一部第一篇开篇即说："在是的意义中，首先被问及的东西即是具有此是性质的是。"[①] 也就是说，由于在导论中已经出现并说明了"此是"，因此它

---

① 海德格尔：《存在与时间》，第 48 页；译文有修正，参见 Heidegger, M.: *Sein und Zeit*, S. 41。

在正式讨论中可以看作是自明的，后面的相关讨论也就顺理成章。所以，引文1的论述值得重视。

还应该指出，引文1来自导论第二小节"是之问题的形式结构"，但是它并不是"此是"一词最初出现的地方。在此前的论述中，海德格尔就已经使用了这个词，就已经为引文1的使用埋下伏笔。为了更好地把握海德格尔的思想，现在我们看一下他的相关说明。

在导论第一小节，海德格尔将关于"是"的传统看法归纳为三类，即普遍性、不可定义性和自明性，他认为这些看法是有问题的，没有说明是的含义，因此提出要对是进行发问。在第二小节，他认为，关于是的发问会涉及三种东西：所问的东西、被问及的东西，以及发问者。他认为，当问"'是'是什么？"的时候，我们就已经栖身于对"是"的领会之中了①。他的意思很明确，我们想对"是"发问，发问本身就已经依赖于对是的理解，因为我们是通过"是什么？"来发问的，因此这一发问本身就已经用了"是"这个词。所以他认为"是"的含义是含糊不清的，需要发问。我们看他接下来的一段说明：

【引文8】[1]只要使是成为问之所问，而是又总意味着是者的是，那么，在是之问题中，被问及的东西恰就是那是者本身。不妨说，就是要从是者身上来逼问出它的是来。[2]但若要使是者能够不经歪曲地给出它的是之性质，就须如是者本身所是的那样通达它。从被问及的东西着眼来考虑，就会发现是之问题要求我们赢得并事先确保通达是者的正确方式。[3]不过我们用"是"（seiend）一词可称谓很多东西，而且是在种种不同的意义上来称谓的。[4]是乃是一切，包括我们所说的东西，我们意指的东西，我们这样那样对之有所关联行止的东西，是也是我们自己的所是以及我们如何而是。是就在这-是（Dass-sein）和如此-是（So-sein）中，就在实在、现成性、持存、有效性、此是（Dasein）中，就在"有"（er gibt）中。②

这里明确谈到几个用语及其含义。被问及的东西是"是者"（Seiend），这是

---

① 海德格尔：《存在与时间》，第7页；译文有修正，参见 Heidegger, M.: *Sein und Zeit*, 第5页。我曾详细讨论过这个问题，参见王路：《解读〈存在与时间〉》，第15-17, 78-80页。

② 海德格尔：《存在与时间》，第8页；译文有修正，参见 Heidegger, M.: *Sein und Zeit*, S. 6-7。序号为引者所加，为讨论方便。

因为，海德格尔认为，"问题之所问应该得到规定而成为概念"①，他还认为，"使是者被规定为是的就是这个是"②。这些话看似玄奥，结合他关于"'是'是什么？"的提问，就可以看出，玄奥的只是他的用语，意思其实也很简单。问的乃是"是"，即所谓是者，问它"是什么"，若要回答，则说"'是'乃是如此这般"，即说出对它的规定。其中联系这个是者和对它的规定的就是系词"是"。这显然是基于"S是P"这样的结构而对"'是'是什么？"的说明。字面上可以理解，凡可以用"是"来说的，都可以称之为"是者"。所以，[1]的意思并不复杂，"是"乃是被问及的东西，所以被称为"是者"。所谓从是者问是，不过是因为"'是'是什么？"就是这样一个问题，从这样一个问题出发只能如此。也正因为如此，才有了[2]的"它的是之性质"、它之"所是"、达到它的"正确方式"之说，这些不过是该问题中的"是什么"或"什么"的替换说明而已。

[3]是关于"是"一词的使用说明，说它可以称谓许多东西。此前在关于传统看法概括中海德格尔曾谈到"是"乃是自明的概念，其中一个说明是：在一切命题中都要用这个"是"。这里与那里的说明是一致的，命题的表达是多样的，既然都要使用"是"一词，该词可称谓的东西当然也就多了。这一点是自明的，不必多说，需要说明的是以下两点。其一，此前的说法明显可以与"S是P"的考虑联系起来，这里则似乎不是那样明显。但是二者一联系，关于"S是P"的考虑也就显示出来了。其二，此前说命题中使用的是"Sein"，这里说用的是"seiend"，似乎有所区别。实际上，Sein是名词，而seiend是该词的分词形式，意思是一样的。海德格尔更多使用的是后者的名词形式Seiend(e)，即可以用"是"来说明的东西，比如称"是"（Sein）为"是者"（das Seiend），因为前者是所要被问的东西。在我看来，海德格尔这里用seiend这一形式，而不是用其他形式，比如ist，主要是因为这里的论述与是者（Seiend）相关，而他把"是"也称为是者。

[4]是关于[3]的解释或进一步说明。这里的说明有两部分。第一部分可以看作是理论性说明，第二部分则是举例说明。二者结合，我们可以获得关于是的看法。理论性说明提到"一切"，意味着所有东西，加上其中所说的"我们所说的东西"，则可以看出，这里涵盖关于语言的考虑，因而会有与"S是P"相关的

---

① 海德格尔：《存在与时间》，第6页；参见 Heidegger, M.: *Sein und Zeit*, S. 5。

② 海德格尔：《存在与时间》，第8页；译文有修正，参见 Heidegger, M.: *Sein und Zeit*, S. 6。

考虑。而举例说明中给出的"这 - 是"（Dass-sein）和"如此 - 是"（So-sein）则显然与语言表达相关。"dass"是语法词，引导一个句子，即引导一个具有"S 是 P"的句子，"Dass-sein"则是一个这样的从句表达式的名词形式。"So-sein"乃是"ist so"（是如此这般的）的名词形式。这两个表达式中的小连线将 sein 与另一部分分开，目的显然是凸显其中的结构。这样的结构显然是语言表达的结构，是与系词相关的结构。从海德格尔的表达方式看，这两个表达式为一组，与其他说明相区别，说明他也认为，这两个表达式与其他表达式不同。

举例说明的第二组表达式很多，其中就有"此是"一词。从这一组用语来看，大部分是类似于性质说明的用语，比如"实在""持存""有效"。它们可以被看作哲学讨论中的用语，有的还是常用语，比如"实在"。夹杂在它们中间的"现成性"一词的德文是 Vorhandenheit，这个词并不是哲学讨论中的用语，至少不是常用语。但是，它是海德格尔后面讨论中要使用的概念，特别是他谈论真之概念起源时与"揭示着的 - 是"相关的概念。它在这里排在"实在"一词之后，也就为后面讨论埋下伏笔。伏笔是海德格尔写作中的常用手段。除了"现成性"以外，这一组还出现了"此是"一词。意思是不是清楚姑且不论，既然与这些词并列，似乎也被海德格尔看作与它们类似的词，词性似乎也应该大体一致，至少可以看出，它们不会与语言考虑相关。最后一组只给出一个表达式："有"（es gibt）。从给出方式看，这显然有关于语言方面的考虑，一是加了引号，二是它不是名词形式，而是语言使用中的方式，或者说，它本身就是语言中的一个表达式。此外，它的字面意思是"有""存在"，在德文中，它有时候是与"ist da"对应的表达。这里把它排在"此是"一词之后，尽管有分组区别，但不知是不是还有借以说明"此是"的意思。

不管怎样，这里毕竟出现了"此是"一词。既然使用了这个词，也就说明它是一个正常使用的词，它自身有特定的意义。也许正因为有了这样的使用，海德格尔在以后的论述中就可以继续使用这个词。再由于他认为我们自己就是"是者"，因此他也就可以如引文 1 那样说，他要用"此是"（Dasein）这个术语来称呼"我们"这种是者。这样似乎就把"是"的问题变为"就某种是者（此是）的是"的问题。海德格尔在此基础上再进一步认为，由于"发问又是某种是者的是之样式"，是之问题"就包含有发问活动同发问之所问的"的关系，也就是说"具有此是性质的是者同是之问题本身有一种关联性，它甚至可能是一种与众不同的关联"，结果，在关于探究是的活动中，似乎"此是具有优先地位"①。

值得注意的是，关于此是的优先地位这句话是第二小节的最后一句，随后三、四这两小节都进入关于是之问题的优先地位的论述。我们用不着深入讨论，从字面上也可以看出，既然海德格尔已经得出此是具有"优先地位"，这以后他就可以论述优先地位，尽管标题中说"是之问题"的优先地位，但是由于此是与是相关，又业已谈到此是的优先地位，因此"此是"就成为论述中不可或缺的概念，甚至会是主要概念，处于显著的位置。比如海德格尔说：

【引文9】是总是某种是者之是。是者全体可以……分解为界定为一些特定的事质领域。这些事质领域，诸如历史、自然、空间、生命、此是（Dasein）、语言之类，又可以相应地专题化为某些科学探索的对象。②

这显然是在谈论是与是者的关系：是与是者相关，而是者被分为一些不同的领域。从这些领域的命名可以看出，它们可以算是一种大致、粗略的认识分类。值得注意的是，"此是"被列入其中。这显然是有些怪异的。它既不像"历史"和"语言"，不是学科名称，也不同于"自然""空间"和"生命"，不是关于物理世界现象的说明。如果说这些名称体现了一种分类的话，我认为绝大多数哲学家是不赞同的，而原因就在于"此是"一词。但是，引文9是在引文1之后，即此前海德格尔已经说过，他用"此是"称谓"我们"这种是者。所以无论我们是否理解和赞同，也许在他看来，我们乃是是者，这里在谈论是者，因此可以涵盖我们。我们是人，人与自然、空间、生命同属物理世界的现象，因此可以并列谈论。但是在这种情况下，引文9所说的"是者"指的就是人，对是者发问之人。也许是为了突出和强调"此是"，海德格尔选择了引文中的说法。但是这种讨论方式与通常的哲学讨论方式显然是有差异的。

对照引文8则可以看出另一个问题：如上所述，那里所谈的都是一些性质，而这里所说的可以称之为对象。这两种用法中的"此是"，无论是意思，还是所指

---

① 参见海德格尔：《存在与时间》，第10页；译文有修正，参见 Heidegger, M.: *Sein und Zeit*, S. 8。

② 海德格尔：《存在与时间》，第11页；译文有修正，参见 Heidegger, M.: *Sein und Zeit*, S. 9。

的东西，都是不同的。也许在海德格尔看来，引文 8 是引入这个词，要顾及它的字面意思，经过一些说明和论述之后，比如引文 1，就可以按照自己的意思来使用它，比如引文 9。尽管这是海德格尔经常使用的修辞方法，但是在我看来，对于"此是"这样一个重要概念，毕竟还是有些太过随意了。对照一下黑格尔对这个词的使用，海德格尔的随意性是非常明显的。引文 2 表明，他不是不知道"此是"一词的构词方式、使用方式和词义的来源，他不会不知道黑格尔关于这个词的使用和说明。所以他的使用方式至少表明，在他的使用中，"此是"一词是有歧义的。

我认为，海德格尔本人是知道他关于这个词的使用是有歧义的。所以，他要以非常明确的方式来说明，而且要反复说明他用"此是"来表示什么。引文 1 是第一次这样的说明：他用"此是"称谓"我们"这种是者，对是的发问者。引文 9 之后的论述，他再次强调："诸种科学都是人的活动，因而都包含有这种是者（人）的是之方式。我们用此是（Dasein）这个术语来表示这种是者。"[1] 从称谓"我们"到称谓"人"，"此是"的称谓已然悄悄发生了变化。而后还有第三次说明：

【引文 10】此是能够这样或那样地与之发生交涉的那个是，此是无论如何总要以某种方式与之发生交涉的那个是，我们称之为存在（Existenz）。这个是者的本质规定不能靠列举关于实事的"什么"来进行。它的本质毋宁在于：它所包含的是向来就是它有待去是的那个是；所以，我们选择此是（Dasein）这个名称，纯粹就其是来标识这个是者。[2]

这段话有三个句号，可以看作两句话。第一句论述此是与是的关系，第二句先是强调第一句的核心思想，即此是与是的关系，然后在这一论述的基础上说明"此是"的称谓：就此是之是而言的是者。同样是关于此是的称谓的说明，同样是关于是者的说明，但是在这里，"我们"不见了，"人"也不见了，可见的只有是和是者，这样也就变为直接关于是者的说明。有了这一说明，海德格尔可以堂而皇之地在是和是者的意义上谈论此是，当然，这并不妨碍他在需要时也可以在"人"的意义上谈论此是，在"我们"的意义上谈论此是。我的问题是：这些变

---

① 海德格尔：《存在与时间》，第 14 页；译文有修正，参见 Heidegger, M.: *Sein und Zeit*, S. 11。

② 海德格尔：《存在与时间》，第 15 页；译文有修正，参见 Heidegger, M.: *Sein und Zeit*, S. 12。

化说明了什么？海德格尔关于"此是"的说明为什么会有这样的变化？

字面上可以看出，"我们"和"人"都是具体的概念，有具体的含义，也是经验性的概念。"是者"不是这样的概念，它不是具体的概念，不是经验性的概念。与"我们"相比，"人"是更普遍的概念。从"我们"到"人"的称谓暗含着论述中一种普遍性升级的变化。而与"人"相比，"是者"则是更普遍的概念，从"人"到"是者"的称谓暗含着论述中再一次普遍性升级的变化。由于"我们"和"人"都是经验性的概念，因此它们之间的普遍性升级依然是经验性说明中。但是，由于"是者"不是经验性概念，因而从"人"到"是者"的普遍性升级就发生了一个变化，这就是从经验性说明上升为非经验性说明。这个变化是重大而根本的。有了这个变化，海德格尔以后在关于此是的说明中，就可以不再局限于经验范围。

这种普遍性升级的变化说明，海德格尔最初以"此是"来称谓"我们"，但这显然是不够的，随后他又以"此是"称谓"人"，但这还是不够，直到最终他以"此是"称谓"是者"。所谓不够，指的是一定不能停留在具体事物和经验层面，一定要在普遍的意义上谈论此是。这是因为，此是并不是谈论的目的，而是手段，真正要谈论的还是"是"。这个是乃是普遍的，因而用以谈论它的此是必须也具有普遍性的意义。这一点，即使仅从字面上也是可以看出来的。是者（Seiend）与是（Sein）直接相关。此是（Dasein）与是直接相关，也与是者相关。因此可以直接谈论它们，这样关于它们的谈论也在同一个层面。而当用"此是"来称谓"我们"和"人"的时候，就出现一个问题：此是与后者字面上没有什么关系，这样就需要对这样的"称谓"做出说明。也就是说，"我们"和"人"本身是有含义的，它们的含义还是常识性的，人们可以自明的方式使用它们并理解它们的含义，却不会将它们与"此是"相对应，也不会使它们的含义与此是的含义联系起来。但是海德格尔却不直接使用它们，而要以"此是"来称谓它们，这显然与通常做法相悖，因此他需要明确说明，并且反复地强调和说明。

假如以上看法是有道理的，就会产生两个问题。其一，既然以"此是"来称谓"我们"和"人"，为什么最终还要以"此是"来称谓"是者"？其二，既然可以以"此是"来称谓"是者"，为什么还要先以"此是"来称谓"我们"和"人"？我认为可以将这两个问题结合起来考虑，它们显示出海德格尔对关于是之问题的认识，对哲学史的认识和把握，以及他考虑和阐述该问题的方式。

"是"乃是形而上学的核心概念，乃是形而上学研究中最主要的问题。"是"乃是西方语言中使用的一个基本用语，是语法中的系词，在表达中不可或缺。语言表达认识，认识形成科学，人们关于"是"的认识实际上也是关于科学的认识。亚里士多德说，一门科学乃是关于是的一部分的认识，而哲学是关于"是本身"的认识，由此树立了哲学研究的方向，被后人称为形而上学。引文9表明，海德格尔是知道并赞同这一认识的。其中所列事物被称为不同的是者、属于不同的科学领域，与是形成区别。不同之处仅仅在于，"此是"被命名为一类事物领域，比如指人，这样也就形成了此是与是的区别。这样，是与是者实际上显示出一种区别，这一区别也是学科之间的区别，特别是哲学与其他学科的区别。

自亚里士多德提出研究"是本身"以来，形而上学围绕它展开，获得发展，产生了诸多问题和理论。比如"存在"概念的引入和讨论，笛卡尔提出"我思故我是"，康德区别感觉（感性）和理解（知性），区别形式逻辑和先验逻辑，以及众多哲学家和学派提出各种不同观点和理论，包括主客二分、物理世界和心灵世界的区别，以及关于心灵和意向的讨论，心理主义的发展和对它的批评讨论等等，所有这些内容构成了形而上学的框架和理论，成为哲学家讨论的场所和发挥聪明才智的用武之地。海德格尔不仅了解这些内容，而且似乎想在他关于"是"的讨论中将所有这些内容包括进来。即使仅从前面几段引文也可以看出，他的"此是"不仅可以与"是"相联系，因而与本体论相联系，与本质和范畴相联系，而且可以和"我们"和"人"相联系，因而可以和"我"和主体，以及和"我思"联系起来，也可以与在-世界-中联系起来，因而可以和世界中的事物和情况联系起来，还可以和"存在"以及存在论联系起来（引文10）。这就表明，海德格尔实际上是想借用"此是"对传统哲学来一番整体上的说明和解释。当然，在所有这些说明中，他也知道，最重要的还是与是相关的此是，即那种最一般意义上的是者。所以，他一方面要多次强调他用"此是"称谓"我们"和"人"，另一方面他也不得不说明，"此是乃是一种是者，但并不仅仅是置于众是者之中的一种是者"①。后一种说明本身就表明，此是可以有两种意义，一种是引文9或引文8中所说的意义，另一种意义这句话没有说，但很明显是有的。根据前面的讨论，我们可以

---

① 海德格尔:《存在与时间》，第14页；译文有修正，参见 Heidegger, M.: *Sein und Zeit*, S. 12。

称这种意义为普遍性含义。这显然表明，海德格尔并不想混淆引文 9 或引文 8 那种意义上和普遍意义上的此是，更不想仅仅在前者的意义上谈论此是，他不仅要区别出这两种不同意义上的此是，还希望通过这样的区别可以更好地谈论此是。他的进一步解释如下：

> 【引文 11】其与是相关的不同之处在于：这个是者在它的是中与这个是本身发生交涉。那么，此是的这一是之建构中就包含着：此是在它的是中对这个是具有是的关系。而这又是说：此是在它的是中总以某种方式、某种明确性对自身有所领会。这种是者本来就是这样的：它的是乃是随着它的是并通过它的是而对它本身开展出来的。对是的领会本身就在于此是的是之规定。此是这种与是相关的不同之处在于：它乃是本体论意义上的。①

第一句中的"其"和"这个是者"指"此是"，所谓不同，意思是与自然、历史那样的是者不同。在关于这种不同的说明中，大致可以看出海德格尔借用"此是"来称谓"我们"和"人"与普遍性含义的作用。

这段话没有出现"我们"和"人"这样的用语，直接讨论此是和是，因此许多论述似乎都可以在普遍性意义上理解。比如，此是与是有关系，具有是的关系。这是显然的，因为字面上即是可见的。又比如，是者（此是）之是通过是而展开。这是容易理解的，因为此是即是它的展开状态。但是，有些论述在"我们"的意义上理解似乎也是可以的。比如，此是对是具有是的关系，是者（此是）在其是中会与是相关。这是可以理解的，因为我们对是进行发问，当然会与是有关系。还有一些表达，似乎在两种意义上理解都可以。比如，此是以某种方式在它的是中被理解。这里的"理解"一词的德文是 versteht sich，这种反身动词的使用方式表明，这里的论述与 Dasein 一词自身的意义相关。但是由于谈到"理解"，而在此前关于"是"的讨论中，海德格尔一直在谈论"理解"，似乎也可以与理解者相关，因而与"我们"相关，与我们对"是"的理解相关。

值得注意的是这段话的开头和结尾，它们虽然都是关于此是与是相关的不同之处的说明，但二者却不相同。开始句是具体说明，说此是与是本身相关。为的

---

① 海德格尔：《存在与时间》，第 14 页；译文有修正，参见 Heidegger, M.: *Sein und Zeit*, S. 12。

是由此展开讨论。结束句是讨论之后的结论,说此是乃是本体论意义上的[①]。这是海德格尔经过讨论得出的结论,当然也是他自己想要得出的结论。从这个结论可以看出,这显然是一种具有普遍性意义的说明。由此也就可以看出,这种最普遍意义上的此是,才是海德格尔想要采纳、使用和讨论的东西。

　　既然海德格尔要在这种普遍性意义上使用"此是"这个词和谈论此是,为什么他不直接这样谈论,而是劳费周折,从称谓"我们"的"此是"出发呢?在我看来,除了这样做可以比较容易讨论一些与经验相关的东西,包括讨论笛卡尔论题之外,大概还与海德格尔的修辞方式相关。海德格尔熟悉传统哲学关于"是"这个问题的看法,知道讨论该问题的困难,批评传统哲学多注重关于是者的探讨,而忽略了关于是的探讨,他提出要对是进行发问,因此他的所有讨论都从对"是"的发问开始。这里涉及与"是"相关的主语和谓语是自然的,与发问者相关也是自然的。传统哲学关于主谓结构的讨论很多,但是罕见关于发问者的讨论,所以他要从发问者出发。问题是,发问与"是"相关,但是作为发问者的"我们"却与"是"没有关系。只有通过对"是"发问,我们才会与"是"发生关系。或者说,正因为对是发问,我们就有了与是的联系。但是这种联系不是与是相关的直接联系,因为在这种意义上,我们可以和所有我们发问和思考的东西发生联系。海德格尔解决这个问题的办法是用"此是"来称谓"我们"这样的发问者,这样就使我们成为"此是",尽管只是一种特殊的"此是",但是至少字面上就与"是"联系起来,因此似乎也就有了直接的联系。这样一来,不仅从这种特殊的此是可以过渡到具有普遍意义的此是,而且以后所有关于此是的探讨也涵盖这种特殊的此是。这样,除了开始时需要对这样的"称谓"做出一些说明外,以后就不再需要了。因为"此是"本身就是一个德文词,一个德国哲学中使用的词,而且是康德和黑格尔在讨论"是"的问题时使用过的词。这样就可以借助一个词,即"此是",涵盖整个传统哲学中关于是的探讨,并且整体地、一贯地阐述海德格尔自己关于"是"的认识,关于哲学的认识。

---

① 引文 11 中"与是相关的"和"本体论的"这两个词的德文分别是 ontisch 和 ontologisch。它们的词根 on 乃是希腊文"是"一词的分词形式,也是亚里士多德所说的"是本身"(to on hei on)。Ontologie 是"本体论"一词的德文形式,字面意思是"与是相关的学说(观点)"。我们依据该词的传统译法翻译其形容词,特此提示,但不做进一步讨论。

　　海德格尔的解释本身似乎可以自圆其说。但是他的解释却不是没有问题的。他这种"称谓"的做法是不是自然姑且不论，是不是可以接受也不必考虑，在我看来，至少有一个问题是明显的：他的"此是"用法混淆了与"是"相关问题上经验意义上的考虑与先验意义上的考虑。别的不说，仅从前面重点探讨的结构性考虑来看，"此是"可以从"此"和"是"的组合来考虑，因而可以探讨其中所说的"此"，可以谈论它的"这里"和"那里"，以及它的展开状态，由它可以谈论"此-是"，可以谈论命题和真，可以谈论揭示着的-是等等。所有这样结构性的说明显然是具有先验意义的说明，至少从中可以看到海德格尔试图在先验的意义上做出一些说明。但是它们怎么会与"我们"相关呢？换句话说，说关于它们的考虑与"是"，与"是者"相关，与"此是"相关，总还是可以的，但是所有这些考虑与"我们"没有什么关系，既在字面上没有什么关系，实际的、具体的考虑中也没有什么关系。反过来说，即便不考虑"我们"，不以"此是"来定义我们，以上考虑似乎也是可以成立的。

　　最后我想谈一下翻译问题。以上讨论表明，Dasein 这个词是一个组合词，含有一种结构。海德格尔的论述显示了关于这种结构的考虑，依赖于这种结构的考虑，甚至可以有 Da-sein 这样的用法和相关论述。我认为，这个词最主要的部分是 sein，后者应该译为"是"，即与"是"相关。"Da"可以译为"此"，后者也有表示位置的意思，与 Da 多少会有一些对应。"此是"这个译名也许并不理想，但是在与 Dasein 的对应性上，大体上还是不错的。最关键的是译出这里的"是"。现有中译文将该德文译为"此在""实在"，主要是因为将 Sein 一词译为"存在"，并按照这样的理解采用了"在"一词。关于这个词的翻译，国内曾有一些讨论，但是主要集中在"Da"上，比如认为 Dasein 应该译为"亲在""缘在"等等。我认为，将 Sein 译为"在"乃是错误的，围绕"Da"来考虑 Dasein 的翻译是不得要领的。这里最重要的是翻译出其中的"是"。就理解而言，应该在系词的意义上理解它。而从理解海德格尔的论述角度说，结构性的理解至关重要。系词本身就体现一种结构，因此有助于我们把握和理解海德格尔的相关论述。现有译文是有问题的，造成这些问题的原因很多，其中一条是对海德格尔相关论述中关于结构性的考虑认识不足，比如将"Da-sein"一词译为"在此"，显然是有严重问题的。

也许译者以为，Dasein 与 Da-sein 的意思差不多，海德格尔用后者指前者，只要加注做出说明并字面上译出二者的差异就可以了。我不这样看。这里我不想讨论这个问题，但是一定要指出，"此在"与"在此"的意思也许差不多，但是所含结构性的考虑消失殆尽。这对于理解海德格尔的思想无疑是不利的。

第七章　弗雷格关于概念和对象的论述

弗雷格被称为分析哲学之父，他的理论方法为分析哲学的发展奠定了基础，他的一些著作被视为分析哲学的经典文献，他的一些术语和概念成为分析哲学使用的基本术语和概念。一句话，他对分析哲学的发展做出了巨大的贡献。

弗雷格是现代逻辑的创始人，他在《概念文字》中建立了第一个一阶谓词演算系统，为现代逻辑的发展奠定了基础。与传统逻辑的基本句式"S 是 P"不同，现代逻辑的基本句式是一种函数结构，比如 Φa。该结构由一个谓词和一个个体常元组成，在此基础上可以形成各种不同形式的命题。今天，人们对现代逻辑有一些基本的共识，比如认为它是形式化的，以个体为基础的，二值的等等。弗雷格对自己构造的这种逻辑有着深刻的认识。他说，他一开始也是使用传统逻辑，但是很快就发现它不行，于是他经过深入研究，建立了一种新型逻辑：一种以函数和自变元为基本构造的逻辑。弗雷格的工作是创造性的，揭示了逻辑的许多性质，使逻辑真正成为科学，并且使逻辑真正成为哲学研究中可以使用的有效的理论和方法。

本章将以弗雷格关于函数和自变元的论述为线索，论述他的逻辑和哲学思想。我们要探讨，他关于函数和自变元的思想，在他的哲学中是如何体现的，以及如何产生作用和发挥影响。弗雷格说：

> 【引文 1】我相信，用自变元和函数这两个概念替代主词和谓词这两个概念将能经受住长时间的考验。很容易看出，把内容理解为自变元和函数在概念形成方面是怎样起作用的。[1]

---

[1] 弗雷格:《弗雷格哲学论著选辑》，王路编译，王炳文校，北京：商务印书馆，2021 年，第 5 页。

前一句说明他的逻辑的主要特征：函数和自变元，从而也说明这两个概念的重要性。后一句说明他的逻辑的应用：这种关于函数和自变元的认识有助于我们更好地认识概念的形成。我们就以这两个说明展开讨论，首先讨论逻辑方面的认识。

一、谓词与量词

今天学习逻辑，首先学习一个字母表和形成规则，由此获得逻辑的句子，然后选择一些句子做公理，加上推理规则建立起逻辑系统，然后再进行逻辑系统的原定理证明。所以，逻辑句子是逻辑系统中最基本的东西。一般来说，我们从一个最简单的一阶逻辑系统大致可以获得两类句子：Fa 和 $\forall xFx$。它们的区别主要在于有没有量词（$\forall$）。非常明显的是，它们有一个共同的要素：F，即谓词。它们有一个共同的特征：是二值的，即有真假。可以看出，与 F 相匹配有两类符号，一类是个体常元 a，另一类是个体变元 x。这就表明，$\forall$、a、x 只是某些句子中出现的符号，而谓词 F 是所有句子中出现的符号，因此可以说，谓词是构成句子不可或缺的成分，是句子中最重要的构成部分。

需要指出的是，在弗雷格给出的逻辑概念中，只有 Fa 这样的表达式，没有 Fx 这样的表达式。这样，他的考虑始终是围绕真假进行的，是围绕句子进行的。在弗雷格的逻辑中，也没有"谓词"和"量词"这两个概念，他的相应用语是"函数"和"普遍性"。他称句子中不变的部分为函数，称变化的部分为自变元，由此获得我们今天 Fa 和 $\forall xFx$ 这样的表达式。按照他的说明，Fa 是真的，意思是，a 有性质 F[1]；$\forall xFx$ 是真的，意思是，无论 x 是什么，这个函数都是一个事实[2]。他在基于他的逻辑理论讨论语言表达的时候，除了称谓词为函数外，有时也称谓词为概念词，称谓词的意谓是概念，由此将谓词的句法和语义区别开来。他形象地说，概念是不饱和的，是需要填充的；他明确地说，一个概念是一个其值总是一个真值的函数[3]。

基于关于函数和普遍性的说明，弗雷格对谓词和量词的区别也做出了说明，

---

① 参见弗雷格：《弗雷格哲学论著选辑》，第 25 页。
② 参见弗雷格：《弗雷格哲学论著选辑》，第 26 页。
③ 参见弗雷格：《弗雷格哲学论著选辑》，第 66 页。

他称谓词表达的东西为第一层概念，称量词所表达的东西为第二层概念，有时候他也称这为第一层函数和第二层函数。他还说，第一层函数以对象做自变元，第二层函数以第一层函数做自变元。所以，弗雷格的"函数"和"自变元"这两个概念涵盖了 Fa 和 ∀xFx 这两类句子，反映出他的逻辑理论的精髓。这些内容今天已是常识，为了方便，我们下面以通行方式，结合具体例子来讨论。我们看下面几个句子：

　　1）晨星是行星。

　　2）晨星是金星。

　　3）行星是明亮的。

　　字面上看，这三个句子具有相同的形式"S 是 P"。从语法角度说，这种句子是主系表形式或主谓形式。从传统逻辑的角度说，它们的形式是：主词 + 系词 + 谓词。在弗雷格看来，"是行星"是不变的部分，"晨星"是变化的部分。前者是关于谓词的看法，后者是关于名字的看法。按照弗雷格的观点或者基于现代逻辑的观点来分析语言，人们认为，谓词是句子中去掉名字剩下的部分，比如 1）中的"……是行星"。这样也就可以看出，谓词是带有空位的，所以弗雷格说谓词是不饱和的，是需要补充的。依据这样的观点看以上三个例句，很容易看出 2）和 3）两句中的"……是金星"和"……是明亮的"也是谓词，但是它们却有区别："是金星"中的"金星"也是名字，依然可以去掉，这样就只剩下"……是……"。也就是说，2）中的"是"是谓词，与 1）和 3）中的"是"乃是不同的。用弗雷格的话说，1）和 3）中的"'是'用作系词，用作命题的纯形式词"[①]，而在 2）中，"'是'的应用如同算术中的等号，表示一个等式"，它"显然不是纯粹的系词，从内涵上说它是谓词的一个本质部分"；它所联系的"金星"一词，"实际上绝不能是真正的谓词，尽管它可以构成谓词的一部分"[②]。

　　从弗雷格的论述可以看出几点。其一，"是"一词在语言中是一个系词，起联系主语和谓语的作用，可以看作一个形式词。其二，"是"与它所联系的表语一起构成谓词，谓词起谓述作用，在表述中是有涵义的。这是通常情况。其三，当表语是名字的时候，"是"就不再只是一个简单的系词，而是一个谓词，它本

---

① 弗雷格：《弗雷格哲学论著选辑》，第 81 页。

② 弗雷格：《弗雷格哲学论著选辑》，第 81-82 页。

身就起谓述作用，是有涵义的。其四，"是"一词作谓词时，表示相等。除此之外还可以看出，谓词可以带有一个空位，如 1）和 3），也可以带有两个空位，如 2）。这是一种具有根本性的区别。从逻辑的角度说，一个空位的情况称为一元谓词，表达的是性质和类，两个空位的情况称为二元谓词，表达的是关系。以上是关于"是"的说明，实际上可以推广到关于所有动词的说明，比如所有及物动词都会含两个空位，因而表达关系。

　　弗雷格的分析是出色的，也是有道理的。在我看来，除了以上几点，它还揭示了一个重要的认识。名字不是谓词，不起谓述作用。就是说，名字可以出现在主语、表语、宾语等不同位置。但是，名字只是名字，它可以和动词一起构成谓词表达式，在这种情况下，它可以是谓词的一部分，和谓词一起做出谓述。但是，名字不是谓词最根本的部分，或者说，名字不是谓词，名字本身不起谓述作用。这一认识是深刻的，是一种对语言表达式的全新的认识。它的实质在于将名字和谓词明确区别开来。

　　以上例子表明，"行星"既可以做谓词［1）］，也可以做主词［3）］。弗雷格不这样看。他认为，1）中的"行星"出现在主语位置上，但是在它"不会认不出概念的谓述性质"[①]。也就是说，它尽管在句子中是主语，但同样是谓词。这也是一种对语言表达式的全新认识。它进一步明确说明了名字和谓词的区别。

　　人们通常认为，名字指称事物，对事物的表达方式则是多样的，有关于类的表达，有关于性质的表达等等。按照弗雷格的认识，名字永远是名字，无论出现在句子什么位置上，谓词总是谓词，不管处于谓语还是主语的位置上。二者泾渭分明。确切地说，它们可以在句子中以各种方式出现，但是它们的作用固定不变：名字表示对象，谓词是关于对象的种类、性质、关系等等的表达。

　　直观上可以看出，1）和 2）两句是真的，3）的真假不确定，因为它没有量词。加上量词则可以构成如下句子：

　　4）有些行星是明亮的。

　　5）所有行星是明亮的。

　　很明显，4）是真的，而 5）是假的。这说明，量词是句子和表达中的重要组成部分。弗雷格认为：

――――――――

① 弗雷格:《弗雷格哲学论著选辑》，第 85 页。

【引文2】"所有","每个","没有","有些",这些词位于概念词之间。我们以全称和特称的肯定和否定的句子表达概念之间的关系,并且通过这些词指示这种关系的特殊的种类,因此这些词在逻辑上不应该与其后联结的概念词紧密结合,而应该与整个句子联系在一起。①

字面上看,这段话的用语与传统用语大体上没有什么区别:"全称"和"肯定"等词是关于句子的量和质的说明,借助这些概念对语言中"所有"等量词表达式做出说明。但是,这里的说明与传统认识有两点不同。一点是使用了"概念词",它指谓词,涵盖传统所说的主词和谓词。另一点是关于量词表达式的说明:它不与其后联结的概念词相结合,而与整个句子相结合。结合5)看,"所有"是修饰"行星"的,而不是修饰"明亮的",因而与前者相联系,与后者没有关系。但是弗雷格说不应该这样,而应该是它与整个句子相联系,即"所有"与3)相联系。这一认识是全新的,也是深刻的。它的要点在于表明:量词在语法上可能仅仅表现为说明主语,但是实际上它的说明涵盖主语和谓语,也就是说,它是关于谓词的说明。

归纳以上认识可以看出,弗雷格提供了一种关于语言表达的新的认识。根据这种认识,谓词和名字是表达中的重要因素,谓词带有空位,以名字补充其空位,由此形成句子,并且有真假。将谓词看作函数,将名字看作自变元,这即是一种函数和自变元的关系。量词也是表达中的重要因素,它是关于以谓词组成的句子的说明,因此与后者一起形成句子,并且有真假。将量词看作函数,将组成句子的谓词看作自变元,这也是一种函数和自变元的关系。这样不仅可以看出语言中名字、谓词、量词之间的一种关系,还可以看出语言表达中两种不同的层次。一种层次是谓词与名字的组合,另一种层次是量词与谓词的组合。它们是不同的层次,后者显然是一种更高的层次。按照弗雷格的说明,谓词和概念词表达概念,这样谓词表达的是第一层概念,量词表达的是第二层概念。这一认识可以看作弗雷格所谓用函数和自变元替代传统主词和谓词的第一个成果,简单说,这只是一种句法层面的认识。

---

① 弗雷格:《弗雷格哲学论著选辑》,第85-86页。

二、概念与对象

语言是表达认识的，是有语义的。以上关于专名、谓词和量词的认识只是句法层面的，关于它们所表达的东西，关于它们的语义，弗雷格同样做出明确的说明。最典型的说明可以归结为：句子的涵义是思想，句子的意谓是真值。这一说明非常清楚地区别出三个层次：句子、涵义和意谓。由此也形成了弗雷格非常著名的关于涵义和意谓的论述。专名、谓词和量词都是关于句子结构的说明，因而也是语言层面的。相应地，关于它们也有涵义和意谓层面的说明。

弗雷格在《算术基础》中提出一条著名的方法论原则：要把对象和概念区别开。这一原则及其认识得到广泛的讨论，影响极大。简单说，专名的意谓是对象，谓词或概念词的意谓是概念。该原则字面意思是说，要把专名表达的东西和谓词表达的东西区别开，这显然是基于其函数和自变元理论而说的。由于还会涉及谓词和量词所表达的东西，因此该原则实际上并不是那样简单。

关于专名的意谓是对象，人们的看法似乎比较一致，但是关于谓词的意谓是概念，人们有不同看法。而这也是弗雷格特别强调并进行大量讨论的，因为涉及有关对象和概念的区别这一原则。比如他说：

【引文3】[1] 概念本质上是谓述性的，即使在关于它做出一些表达的地方也是这样。因此它在那里也只能用一个概念替代，而绝不能用一个对象替代。[2] 所以，关于一个概念的表达绝不适合于一个对象。[3] 有概念处于其下的第二层概念与有对象处于其下的第一层概念有本质的不同。对象和它所处于其下的第一层概念之间的关系和与第一层概念和第二层概念之间的关系虽然类似，却不相同。为了能够同时进行这种类似性的区别，我们大概可以说，一个对象处于一个第一层概念之下，一个概念处于一个第二层概念之中。[4] 因而概念和对象的区别泾渭分明。①

[4] 表明，这段话是关于概念和对象的区别的论述。[1] 是关于概念的说明，其中也说到与对象的区别。从句法上看，谓词和专名有鲜明区别，不能混淆，因此作为它们的意谓，概念和对象也会有明确的区别，这是不难理解的。"谓述作用"

---

① 弗雷格：《弗雷格哲学论著选辑》，第88-89页。序号为引者所加，为讨论方便。

在这里没有进一步的解释，显然是当作自明的概念使用的。而按照弗雷格在其他地方的使用说明，它"实际上是语法谓词的意谓"①，即它不是专名的意谓，因而也就与对象形成区别。所以，[1]和[2]的意思是清楚的，关于概念和对象的区别也是清楚的。相比之下，[3]的说明要复杂一些，需要重点讨论一下。

[3]区别出两种概念，即第一层概念和第二层概念。字面上看，对象与第一层概念的说明相关，而与第二层概念的说明无关。因此这两个层次的概念之间的区别非常明确。前一个层次的说明是：一个对象处于一个概念之下。这是容易理解的，它是关于像1）那样含有专名的句子的说明：专名的意谓是对象，谓词的意谓是概念，二者的关系是前者处于后者之下，比如"晨星"意谓的对象处于"是行星"意谓的概念之下。后一个层次的说明是：一个概念处于一个第二层概念之中。这话字面上是清楚的，理解起来却不是那样简单。它是关于像4）和5）那样的含有量词的句子的说明：这样的句子没有专名，只有谓词（"行星"和"明亮的"）和量词。量词是"所有"和"有的"，句法形式是"任一 x，……x……"和"至少有一个 x，……x……"，其带有空位的形式显示出它们可以被看作函数，空位处是要填充的东西，而量词"任一"和"至少有一个"显示出对个体事物范围情况的断定，并通过这种断定对空位处的东西做出说明，因而具有一种概念性的性质。直观上可以看出，量词所带有的空位处要填充的是 F，即谓词，因而量词是对谓词的说明。这样，谓词的说明是概念性的，量词的说明也是概念性的，而后者又是对前者的说明，因而形成区别，一种概念层次的区边。具体结合引文2来看，这种量词是对整个句子"行星是明亮的"的说明，而后者是谓词，是具有谓述性的、概念性的说明，由此可见它们之间的层次区别。现在可以看出，由于量词是对整个句子的说明，而量词是对个体事物范围的断定，因此谓词的表达处于量词的表达之中。所以，谓词的意谓是概念，量词的意谓也是概念。这是两种不同的概念。为了区别，弗雷格称谓词的意谓为第一层概念，称量词的意谓为第二层概念。"处于……之下""处于……之中"的说法是比喻，非常形象地说明了一种区别，就是量词与谓词的区别：它们属于不同层次，量词比谓词高一个层次。

[3]这种区别是重要的，弗雷格在不同场合的说法也不同，比如第一层概念以对象作自变元，第二层概念以第一层概念作自变元，或者说它以带有自变元的

①　弗雷格：《弗雷格哲学论著选辑》，第80页脚注。

函数作自变元。说法不同，意思是一样的，就是要区别两种不同的概念。但是应该看到，这里实际上还涉及两种对象的区别。名字的意谓是对象，量词所断定的是个体事物的范围，因而也是对象。它们的区别主要在于，名字的意谓是一个对象，而量词的意谓不是一个对象，而是处于一个范围中的对象：这个范围中的对象是无穷多的，量词的作用就是对它们做出限定说明。这种关于不同概念层次的区别，关于不同对象范围情况的区别，是弗雷格借助函数和自变元这一认识所获得的又一成果，或者说，人们也可以认为这是与专名、谓词和量词相关联的成果，但是它们是不同方面的成果，是有区别的。关于对象和概念的区别，弗雷格有一个非常经典的说明：

【引文 4】逻辑的基本关系是一个对象处于一个概念之下的关系：概念之间的所有关系都可以划归为这种关系。①

假定关于对象和概念之间的区别和关系、关于概念之间的区别和关系都是清楚的，不必多说什么，那么这里重要的就是弗雷格说的"逻辑的基本关系"。也就是说，关于概念和对象的区别和讨论，并不是单纯的语言方面的问题，也不是简单的一般性问题，而是涉及逻辑基本关系的讨论，因而具有至关重要的意义。以上讨论表明，关于概念和对象的讨论，与句法相关，与语义相关，现在还需要进一步讨论，这样的讨论如何涉及逻辑基本关系。

弗雷格是现代逻辑的创始人，对逻辑的论述很多。除了他说的以函数和自变元这两个概念替代传统的主谓关系外，我认为他关于逻辑的论述可以归结为他说的"'真'这个词为逻辑指引方向"②。"真"是一个语义概念，而且是逻辑语义学的核心概念。因循这一认识可以看出，假如将"函数"和"自变元"看作句法层面的说明，则可以将"真"看作语义层面的说明；同样，如果可以将前面关于专名、谓词和量词的讨论看作是句法层面的，则可以将关于对象和概念的讨论看作是语义层面的，这样，后者就与真处于同一层面。这就说明，关于概念和对象的讨论并非仅仅与它们之间的区别相关，而且应该与真密切联系。在我看来，与真相关实际上是弗雷格探讨概念与对象的一个最主要特征。正由于关于概念和对象的关

---

① 弗雷格：《弗雷格哲学论著选辑》，第 120-121 页。
② 弗雷格：《弗雷格哲学论著选辑》，第 129 页。

系的讨论与真密切相关，弗雷格才会认为它们涉及逻辑基本关系。反过来，一个对象处于一个概念之下会涉及真，会与真假相关，因而弗雷格才会说这是逻辑的基本关系。现在我们可以从与真相关的角度进一步探讨概念和对象，而且可以弗雷格的具体说明为例。

> 【引文5】"奥德赛在沉睡中被放到伊萨卡的岸上"，这个句子显然有涵义，但是由于无法确定这里出现的名字"奥德赛"是否有一个意谓，因此同样无法确定这个句子是否有一个意谓。但是却可以肯定，所有当真认为这个句子为真或为假的人都承认，"奥德赛"这个名字不仅有涵义，而且有一个意谓，因为这里谓词肯定或否定的正是这个名字的意谓。①

在弗雷格的论述中，名字的意谓是对象，概念词或谓词的意谓是概念，句子的意谓是真值，即真和假。引文5明显在论述专名和句子的意谓之间的关系，因而是在论述句子所含对象和句子真假之间的关系。它包含两个论述过程，一个是从专名到句子，另一个是从句子到专名。前者说明，若是无法确定句中的专名是否有一个对象，则无法确定该句子是真的还是假的。后者说明，如果认为该句子是真的或假的，则一定认为句中的专名有一个对象。这两方面的论述相加则说明，一个句子的真假是与该句中名字所表达的对象相关的：其名字所表达的对象若不存在，该句子就不会有真假。

前面我们曾经提到弗雷格关于概念的说明：一个概念就是一个其值总是一个真值的函数。很明显，这一说明与真相关，因此他关于概念的考虑与真联系在一起。引文5谈到句子和专名，因而谈论真值与对象，它没有提及谓词，因而也就没有谈论概念。但是依据前面的说明和弗雷格关于概念的论述，大致可以将"……在沉睡中被放到伊萨卡的岸上"看作谓词，它的意谓是一个概念。省略号表明该谓词的空位，显示出这个概念的函数特征：它要用一个对象来填充，填充之后它与该对象一起就获得一个语义值，即真或假。这就说明，弗雷格关于概念的说明是与句子的真假联系在一起的。

以上是针对引文5进行的讨论。应该看到，弗雷格的理论是具有普遍性的，因此不会局限在这里。若讨论例1），我们则可以说，其中的"晨星"是专名，"……

---

① 弗雷格：《弗雷格哲学论著选辑》，第102页。

是行星"是谓词。1）若有真假，则"晨星"这个名字必须有一个对象，否则，1）就没有真假。"……是行星"这个谓词的意谓是一个概念，是不饱和的，若有一个对象填充它，就会产生真假。这就是弗雷格所说的一个对象处于一个概念之下。基于这个说明还可以更进一步：一个句子中专名所意谓的对象与谓词所意谓的概念相匹配，该句子就是真的，否则就是假的。"晨星"意谓的对象处于"……是行星"意谓的概念之下，所以，1）不仅有真假，而且是真的。

以上是关于引文 5 和 1）的讨论，也可以说是关于含专名的句子的说明。同样的说明也适合于不含专名的句子，比如 4）和 5）。量词是关于对象范围的断定，由此可以看出，量词与专名的区别主要在于，专名的意谓是一个对象，而量词的意谓不是一个对象，而是多个对象。结果，含量词的句子的真假同样会与对象相关，只不过不是与一个对象相关，而是与多个对象相关。也就是说，含量词的句子若有真假，则其量词范围内一定要有对象，否则该句子就不会有真假。同样，该句子的谓词所意谓的概念要与其量词所断定范围中的对象相匹配，该句子才是真的，否则该句子就是假的。所以，表面上含量词的句子显示的是谓词与量词之间的关系，实际上依然还是概念和对象之间的关系，所以弗雷格说，概念之间的所有关系都可以划归为一个对象处于一个概念之下的关系。

综上所述，弗雷格关于函数和自变元的认识是具有突破性的，所突破的即是传统哲学中那种关于"S 是 P"主谓结构的认识。弗雷格关于要区别概念与对象的方法论原则以及所有相关讨论，都涉及句法和语义两个方面，而他也正是从这两个方面来说明问题的。在这一说明过程中，"真"乃是核心概念，所有说明都是围绕这一概念进行的，尽管有时候它字面上并不出现。比如引文 4 说的是对象与概念之间的关系，但是既然谈到这是逻辑的基本关系，就要在逻辑的意义上来理解，因而可以与真联系起来。又比如他说，"最好从逻辑中完全消除'主词'和'谓词'这两个词，因为它们总是一再诱使人们把一个对象处于一个概念之下和一个概念下属于另一个概念这两种根本不同的关系混淆起来"①。这里字面上只是谈论主词和谓词、对象和概念，但是显然可以与引文 4 联系起来，因而可以在逻辑的意义上来理解。一句话，弗雷格关于概念和对象的论述与关于真的考虑和认识乃是紧密联系在一起的。

————————

① 弗雷格：《弗雷格哲学论著选辑》，第 122-123 页。

三、真与思想

如前所述，弗雷格认为，句子的涵义是思想，句子的意谓是真值，这就说明，他区别出涵义和意谓两个层次，因而论及真值与思想之间的区别和关系。引文 5 谈到名字和句子、涵义和意谓，因而涉及这两方面的关系。前面的讨论表明，谓词和量词属于语言层面，概念和对象属于意谓层面，与真相关。它们与涵义不属于同一个层面，也就是说，除了语言和意谓这两个层面，还有一个层面，弗雷格称之为涵义。这样就会看到，除了语言和意谓的关系以外，还会涉及两个关系，一个是语言与涵义的关系，另一个是意谓与涵义的关系。我认为，语言是用来表达认识的，因此它带有自己所表达的东西。假定语言所表达的东西是自明的，既然称它为涵义，那么就可以假定涵义的意思是自明的。因此需要讨论的是意谓与涵义的关系，即真值与思想的关系。真值指真和假这两个值，为了讨论方便，我们以下简单地只谈真。

引文 5 明确谈到涵义，但是谈得很少，只说该句子有涵义，所含名字有涵义，仅此而已。弗雷格主要论述专名和句子的意谓。在谈及谓词或概念词的地方也是如此，比如他认为，"概念词也必须有涵义"[①]，而他的讨论主要集中在概念词的意谓上，他明确指出，"一个概念词意谓一个概念"，概念词"必须有意谓"[②]。弗雷格的论述方式显示出，句子的涵义是思想，句子的意谓是真值，因而句子的组成部分也有涵义，也有意谓，比如专名的意谓是对象，谓词的意谓是概念。但是，他主要讨论的却是意谓，而不是涵义。他认为，"不仅对于专名，而且对于概念词，逻辑必须都有要求；从语词进到涵义，并且从涵义进到意谓，这应该明确得毫无疑问。"[③] 在科学研究中，人们追求的是真；人们不会满足涵义，而总是追求真，"正是对真的追求驱使我们从涵义进到意谓"[④]。在关于意谓的讨论中，最主要的乃是真，也就是说，弗雷格的讨论主要与真相关，所以即便他区别出涵义，他的相关讨论也不多，这从他如下举例说明可以得到充分证实。

---

① 弗雷格：《弗雷格哲学论著选辑》，第 128 页。
② 弗雷格：《弗雷格哲学论著选辑》，第 120、128 页。
③ 弗雷格：《弗雷格哲学论著选辑》，第 128 页。
④ 参见弗雷格：《弗雷格哲学论著选辑》，第 102-102 页。

【引文6】当出现一个像"亚里士多德"这样的真正的专名时，关于涵义的看法当然可能产生分歧，例如有人可能认为它指柏拉图的学生和亚历山大大帝的老师，有人可能认为那位生于斯塔吉拉的、亚历山大大帝的老师是这个专名的涵义，持前一种看法的人就会以一种涵义与"亚里士多德生于斯塔吉拉"这个句子联系起来，而他的这种涵义与持后一种看法的人的涵义不同。只要意谓相同，这些意见分歧就是可以忍受的，即使它们在一个进行证明的科学体系中应该避免，在一种完善的语言中是不允许出现的。[①]

这里不仅谈论专名的意谓，而且明确地说专名有涵义，这与引文5的说法无疑是一致的。对一个句子中的专名人们会有不同理解，所理解的即是专名的涵义。除了引文6中所说的涵义，"亚里士多德"还有更多的涵义，比如《工具论》的作者，形而上学奠基人等等。这些涵义在不同说者和听者或读者那里有可能相同，也可能会是不同的。这就是弗雷格所说的意见分歧。在我看来，除了区别出专名的涵义和意谓以外，引文6最重要的论述在于最后一句"只要意谓相同，这些意见分歧就是可以忍受的"。它的意思似乎是说，在一般情况下，在涵义上可以有些偏差，但是在意谓上不允许出现偏差。字面上看，这里说的是专名，实际上却涉及句子。比如"亚里士多德生于斯塔吉拉"这个句子，由于其中"亚里士多德"这个名字的涵义不同，因此句子的涵义也可能不能。而所谓意谓相同，指的是专名的对象要相同，句子的真值要相同。而之所以要求专名的意谓相同，这是因为它与句子的真值相关。一如引文5所说，一个句子若是真的，则其中名字的对象必须存在，如果该名字不存在，则该句子也就没有真假。归根结底，对象与真相关，而对象的涵义与真不相关。

弗雷格区别出涵义和意谓这两个层次，在与概念和对象的相关讨论中，重点讨论的是意谓，而不是涵义，但是，这并不意味着弗雷格不重视关于涵义的探讨。相反，他认为句子的涵义是思想，还对思想做了深入细致的探讨。他的讨论涉及许多内容，也很出名。在我看来，弗雷格关于思想的论述可以简单归结为两点：其一，思想是客观的；其二，思想是我们借以把握真的东西。我们重点讨论这两点。

自笛卡尔思想产生以来，主客二分的二元论一直是哲学研究中的主流，由此

---

① 弗雷格：《弗雷格哲学论著选辑》，第97页脚注。

产生并形成心理学方面的研究。说法各种各样，比如灵魂不死、精神现象、内心世界、意向和意向行为等等，但是都表明有一个精神的、内在的世界，它与物理的、外部的世界相对应。弗雷格的"思想"破除了这一说法。他认为思想既不属于外部世界，也不属于内心世界，而属于第三领域。思想的主要特征是客观性。一般来说，思想与外部世界中的事物的区别是比较容易的，不太容易的是与内心世界的区别。弗雷格提出了四条原则，用来区别思想与其他两个世界中的东西。他称内心世界的东西为表象，他认为表象需要承载者，一个表象需要一个承载者，而思想不需要承载者，是客观的，是人们可以共同把握的，这样就将思想与表象，从而与内心世界的对象区别开来 ①。我认为，弗雷格的洞见极为出色。一个人内心世界的东西无论多么丰富，不管自觉多么清晰，都是个人的，而不是他人的，他人也无法知道。他人也许可以猜测，也许可以认为理解，但终究仅仅是猜测，充其量只是自以为理解，因而一个人内心的东西只有主观性，缺乏客观性。但是，一个人可以将自己个人的想法、感受表达出来。一旦表达出来，内心世界的东西，该人的想法、感受就变成语言所表达的东西，因而成为客观的。他人也就可以看到或听到，因而可以把握。所以，思想的客观性实际上是语言所表达的东西的客观性。

　　语言表达认识，而认识有真假。人们会认为，一些认识是真的，一些认识是假的，人们通常表达那些自己认为是真的的认识，排斥自己认为是假的的认识。所以，思想有真假，人们追求真思想。真不是空洞的东西，是与思想联系在一起的，离开了思想，无法认识真，无法谈论真。所以，人们需要通过思想来把握真。经过长期的研究，人们已经认识到，思想与真乃是对应的东西，或者更恰当地说，真乃是与思想对应的东西。人们说到真的方式很多，比如：

　　6）雪是白的是真的。

　　7）矛盾律是真的。

　　8）这是真的。

　　9）这是一幅真画。

表面上看，除了6）中的"雪是白的"是句子，其他被真说明的都不是句子。但

---

① 参见弗雷格：《弗雷格哲学论著选辑》，第 140-144 页。我曾详细讨论过这个问题，参见王路：《弗雷格思想研究》，北京：商务印书馆，2008 年，第 195-200 页。

是仔细分析一下就会发现，"矛盾律"乃是"一事物不能既是又不是"的名字，而后者是句子；"这"是指示代词，通常也是指句子所表达的东西；"真画"中的"真（的）"意思是说，这幅画具备它所具有的性质，比如它是署名作者所画，因而其含义也是需要句子来说明的。所以，在通常情况下，真与思想乃是对应的，也就是说，真与句子所表达的东西是对应的。认识到这一点也就可以看出，对于所谓思想是我们借以把握真的东西也许可以有多种认识，但是最基本的认识就在于思想与真的对应性。基于这一认识也就可以看出，弗雷格关于思想的讨论的主要意义在于说明思想的客观性和思想与真的对应性，而由于说明了思想的客观性和思想与真的对应性，因而也就可以说明真之客观性。

基于以上讨论再来看弗雷格关于概念和对象的论述，可以认识到更多的东西。首先，它们都与真相关，而且弗雷格的相关讨论也是围绕着真来讨论的。比如引文 5 和引文 6 都明确论述了名字的对象（意谓）与句子的真（意谓）之间的关系：名字若是没有对象，则句子没有真假，可以允许对名字的涵义有不同理解，但是要求名字的"意谓相同"。这就表明，句子的真依赖于句中名字所指称的对象，对象与真乃是直接相关的。引文 4 字面上没有说及意谓，但是明确说到一个对象处于一个概念之下，并说这是逻辑的基本关系。有了真为逻辑指引方向的认识，就会认识到，这种关于对象和概念之间关系的说明明显是基于真而考虑的。此外还有前面提到的关于概念的说明：概念是一个其值总是一个真值的函数，这显然也是与真相联系的说明。这是因为，概念是不饱和的，需要一个对象来补充，补充之后就成为饱和的，就是句子的意谓，即真值。弗雷格的相关论述很多，但是仅从以上引文和前面的讨论就可以看出，他关于概念和对象的论述始终与真相关，而且联系非常紧密。

其次，思想与真有对应性，而概念和对象与真没有对应性。这就表明，同样与真相关，具体的讨论却有重大区别。句子的涵义是思想，句子的意谓是真值，这说明，思想和真属于不同层次，它们的对应也是因为它们属于句子的不同层次。专名和谓词（概念词）属于句子的构成部分，因而与句子同属于语言层面，因此，句子有涵义和意谓，专名和谓词也应该有涵义和意谓。但是，由于专名和谓词与句子不同，它们不是句子，而只是句子的构成部分，因而它们的涵义和意谓与句子的涵义和意谓也是不同的，只是后者的构成部分。因此，专名和谓词的涵义不是思想，而只是思想的一部分；专名和谓词的意谓不是真值，而只是与真值相关的要素。也就是说，句子的意谓是真值，专名的意谓是对象，而谓词的意谓是概念。所以，概念和对象与真属于同一个层次，即弗雷格称之为意谓的层次，所以我们清楚地看到，关于真的讨论会与对象相关，关于概念和对象的讨论会与真相关。思想与真虽然属于不同层面，但是由于它与真乃是对应的，因而也会联系起来讨论。而专名和谓词的涵义与真既不属于同一层面，也不对应，当然很少看到将它们与真直接联系起来的讨论。引文 6 谈到专名的涵义和意谓，实际上谈的是专名的涵义和对象，由于专名的对象与真相关，因而这里的谈论与真相关。在这样的谈论中，如果说对象与真的关系是直接的，那么专名的涵义与真的关系只是间接的，而且一如弗雷格所说，它可以有不同理解，但是不能影响到对象，即不能影响到真。

第三，弗雷格的讨论涉及的范围很广，内容很多，但是有一点非常明确，这就是都与真相关。除了以上讨论的内容，他还获得许多与真相关的认识，比如他说他从概念文字的判断符号的内容线区别出思想（涵义）和真值（意谓），比如他区别出三个不同层次：思维活动是对思想的把握，判断是对思想的真的肯定，断定是对判断的表达，比如他认为真乃是不可定义的，真没有程度差别，真就在断定句的形式当中，比如他谈论组合原则等等。所有这些论述，如果仔细分析就会看出，要么与思想和真相关，要么与概念和对象相关。我们看两段比较典型的论述：

　　【引文 7】如果一个句子的真值就是它的意谓，那么一方面所有真句子就有相同的意谓，另一方面所有假句子也有相同的意谓。由此我们看出，在句子的意谓上，所有细节都消失了。①

这段话明显是在论述句子的真假。联系上下文，我们会看到关于涵义的论述，当然也就会看到这里关于意谓的论述是与涵义相区别的，也是与涵义相联系的。若是不看上下文，只看这段话，我们可以认为，字面上它只谈及意谓，没有谈及涵义。但是仔细分析则可以看出，这里是有关于涵义的论述的，其中所说的"所有细节"指的就是涵义。在意谓层面的是真假，只有真假，没有涵义。在涵义层

---

① 弗雷格：《弗雷格哲学论著选辑》，第 104 页。

面的是思想。这里是关于意谓的论述，因而只是关于真假的考虑，没有任何关于思想的考虑。所以，真与思想的对应性是明确的，二者属于两个不同的层次也是清楚的，因而可以分别考虑。

【引文8】当我们把一个句子的一个表达式代之以另一个具有相同意谓的表达式时，这个句子的真值保持不变。[①]

这句话是组合原则在自然语言中的经典表述，谈的也是句子和句子的意谓，即真假。句子属于语言层面，真假属于意谓层面，或者，句子说的是语言，意谓说的是真假。所以，这段话中这两个层面的东西区别得非常清楚。句子中的表达式是句子的构成部分，也属于语言层面，它的替代和被替代是语言层面的事情。这里关于替代结果的说明却落实在意谓即真假层面上，这是因为，句子的构成部分也是有意谓的，比如专名的意谓是对象，谓词的意谓是概念。所以，句子部分的替代会影响最终句子的真假。也正因为如此，这里对句子部分的替代提出一个明确的要求："具有相同意谓"。因为只有这样才不会影响整个句子的真值，这也就是引文6所说的 "只要意谓相同"。所以，这里虽然没有谈及专名和谓词，以及它们的涵义和意谓，却暗含着关于它们的考虑和谈论，所谈的东西和结果实际上是与它们相关的，也是与关于它们的考虑相关的。

弗雷格关于涵义与意谓、真与思想、概念与对象的讨论非常出名，引起人们的广泛关注和热烈讨论。他的论述涉及更为广泛的问题，也给人们的理解和讨论带来一些问题。其中一个著名问题就是关于专名的涵义和对象（意谓）的问题，即一个专名有指称的对象，但它是不是也有涵义，与此相关还涉及专名的涵义是什么，专名的作用是什么等等问题。另一个比较著名的问题是关于从句的意谓的问题。关于前一个问题人们讨论的太多了[②]，这里就不讨论了。我们只讨论后一个问题。

在语言表达中，从句是经常使用的。比如下面的句子：

10）刘备知道诸葛亮是栋梁之才。

---

① 弗雷格：《弗雷格哲学论著选辑》，第105页。

② 我也讨论过这个问题，参见王路：《语言与世界》，北京：北京大学出版社，2016年，第24-47页，第174-187页。

"诸葛亮是栋梁之才"自身是一个句子,但是在这个句子中它只是从句,即只是整个句子的一部分。弗雷格的理论非常简单:从句的意谓不是通常的意谓,而是间接意谓,也就是说,从句的意谓不是真值,而是思想。具体到这个句子,该从句的意谓只是它所表达的思想。从弗雷格的论述可以看出,他在关于从句的说明中,既借用了他关于涵义和意谓的区别,又借用了他关于概念和对象的区别。而且,前者是明显可见的,不必多说,我们只讨论后者。在以上例子中,谓词是"知道",它的涵义是句子思想的一部分,它的意谓是概念。"刘备"是专名,它的涵义是句子思想的一部分,它的意谓是它所指称的那个对象。这都是清楚的,也不必多说。需要说明的只是"诸葛亮是栋梁之才"这个从句。10)也可以如下表达:

11)刘备知道:诸葛亮是栋梁之才。

12)刘备知道"诸葛亮是栋梁之才"。

11)和12)比较清楚地表明,"诸葛亮是栋梁之才"是该句整体的一部分。关于这一部分,10)的表达模糊一些,而11)和12)清楚一些。这是因为,后者借助了冒号和引号这样的语法符号,凸显了该从句是一个完整的部分,不能分开。所以,这三个句子只是表达方式上稍有区别,意思是一样的。在不加引号的情况下,德文要加一个 dass(英文加 that)这样一个语法词,以显示该从句是一个整体。弗雷格把这样的句子称为"抽象的名词从句",它"以一个思想作意谓,而不是以真值作意谓"①。这实际上是把该从句整体看作一个名字,即该从句的名字,因此将它的意谓看作它的对象,即这个名字所表达的东西。所以,这个从句的名字的意谓是这个从句本身,即它表达的思想,而不是这个从句的真值。这一点从日常理解方面说也是清楚的:刘备知道的不是"诸葛亮是栋梁之才"这句话的真假,而是诸葛亮是栋梁之才这件事情。

综上所述,弗雷格关于概念和对象的讨论具有至关重要的意义,特别是,他把相关探讨与真紧密联系在一起,从而提出一种全新的视野。他的相关理论和认识不仅限于概念和对象的探讨本身,而且与他关于真与思想的讨论相关,因而有助于他的相关探讨。表面上看,他关于真与思想的探讨和他关于概念和对象的探

---

① 弗雷格:《弗雷格哲学论著选辑》,第 106 页。

讨是完全不同的，没有什么联系，至少字面上没有什么联系。但是实际上正相反，二者的联系非常密切。也就是说，弗雷格关于概念和对象的认识和理论有助于说明他关于真与思想的认识和理论，而他关于真与思想的认识和理论也有助于他关于概念和对象的认识和理论。这是因为，这两个理论都与真相关，但是也有一些区别。所以，在与真相关的意义上，它们是一个完整的理论，或者说它们都与真之理论相关，属于该理论的不同部分。

四、概念和对象的实质

以上我们讨论了弗雷格关于概念和对象的论述，关于与它们相关的涵义和意谓、真和思想的论述。基于以上讨论，我们现在可以对概念和对象做更进一步的思考。

"对象"和"概念"是传统哲学中使用的基本用语，用来说明认识，意思常常似乎是自明的，但是实际上并非如此。对象通常指外界的东西、客观事物，也指被认识的东西、被思考的东西，概念通常指对从事物抽象出来的性质和特征的概括或描述。比如传统逻辑中有概念、判断、推理之说，推理由判断组成，判断由概念组成，因而概念是构成判断乃至推理的基本要素。再比如传统逻辑和哲学中有内涵和外延之说：概念的内涵是事物具有的性质，概念的外延是具有其性质的对象。又比如传统哲学的符合论之说：真乃是认识与对象的符合，这里的"对象"指的大约是外界的东西或被认识的东西。所有这些表明，概念和对象乃是不同的，用来说明认识，而且是两个经常使用的基本概念。

弗雷格的讨论也使用了这两个概念。但是他的用法与传统的用法不同，确切说，他赋予了这两个概念以明确的含义，从而对它们做出明确的区别。最简单地说，概念和对象紧密联系，因为它们与真相关。在我看来，这样的认识基于他关于函数和自变元的认识。这样所揭示的概念和对象之间的关系，不是语言关系，也不是语言所表达的东西的关系，却可以对语言表达方式和语言所表达的东西做出说明。由于它们与真相关，我们可以称它们为语义概念。下面我们借助句子图式①进行探讨。

从句子图式可以看出，"概念"和"对象"与"真"处在同一行，都属于意谓层面，因而与真相关。所以弗雷格在谈论概念和对象时强调，"这里的核心总是包含着真"②。"真"与"句子"相对应，因而谈论真时所考虑的是句子，与句子相关。这也就说明，探讨概念和对象时也要结合句子，不能脱离句子来考虑。"概念"对应的是"谓词"，"对象"对应的是"专名"，这说明，它们分别对应句子的不同构成部分。此外，"对象"还对应"量词"，这一方面说明量词与专名根本不同，但是似乎又有相同之处，另一方面说明，对象与概念的关系是比较复杂的，并非想象的那样简单。这样也就看出，弗雷格所说的要时刻把对象和概念区别开来具有十分深刻的意义。这里我们可以结合传统哲学关于概念内涵和外延的说法来进一步讨论这个问题。

字面上可以看出，传统关于概念的讨论是脱离句子的。假定其讨论预设了概念是判断的构成部分，因而也可以看作是与句子相关的。这样我们就可以结合句子图式来考虑。首先，概念的内涵大概应该属于第二行，因而概念的外延应该属于第三行。那么"概念"本身应该属于第几行？似乎只能属于第一行，否则就与"内涵"和"外延"重合了。但是，如果属于第一行，所谓"概念"就是语言层面的，因而它并不是事物的性质和特征的综合概括，而是关于这种概括的表达。人们批评传统哲学不大区别语言和语言所表达的东西是有道理的。用"概念"一词也许可以表示所说是语言层面的，但是毕竟没有区别清楚。其实，传统哲学家对这里的区别也并非认识，中世纪哲学家就曾对各种各样的词项和概念做出区别说明，

---

① 句子图式是我构造的一种图式，可以用来比较直观地解释哲学研究中的问题（参见王路：《语言与世界》，第16-23页）。比如下面两个图式：

句子图式1：　　　　　　　　　　　句子图式2：

（语言）句子：谓词　　　　／专名　　　（语言）句子：量词　　　　／谓词

（涵义）思想：思想的一部分／思想的一部分　（涵义）思想：思想的一部分／思想的一部分

（意谓）真值：概念　　　　／对象　　　（意谓）真值：对象范围　　／概念

它们分别对应"亚里士多德是哲学家"这样的单称句和"（所）有哲学家是聪明人"这样的量词句。句子图式1表明，一个简单句的真之条件是：其中专名意谓的对象存在，谓词所意谓的概念与该对象相匹配，否则就是假的。句子图式2表明，一个含量词的句子的真之条件是：谓词意谓的概念与对象范围限定的情况相匹配，否则就是假的。

② 弗雷格：《弗雷格哲学论著选辑》，第121页。

比如"人是动物"与"人是两撇"都是关于人的说明，却有根本性的区别，后者是关于"人"这个词的说明，与前者明显不同。就"概念"一词本身而言，我们大概不能说传统哲学家会不认识语言层面和语言所表达的东西的区别，但是其使用方式毕竟没有给出这样的区别。这样也就可以看出，弗雷格特意用"概念词"来表示，我们用"谓词"来表示，就是为了凸显"词"，因而凸显这是一个与概念相关的词，而不是概念本身。假如传统哲学所说的"概念"指语言层面的东西，即相当于"概念词"，那么它与内涵和外延在层次上大致还是可以区别开来的。

其次，概念是谓词的意谓，对象是专名的意谓，因此分别与句子中的谓词和专名相关，对它们的认识也会与句子中的谓词和专名相关。传统哲学中有主词和谓词这两个概念。它们来自"S 是 P"这一基本句式，依其中的不同位置而得名，并形成区别。简单说，主词只是主词，谓词只是谓词，二者相关，主词被谓词表达，谓词是关于主词的表达。句子图式中没有主词，只有谓词，这与传统认识显然不同：它显示出一种结构性的区别。相比而言，依据句子图式说明传统认识中"概念"一词的歧义性似乎是容易的，比如如上增加一个"词"字即可以做出区别。但是依据句子图式来区别主谓结构就不是这样容易了。字面上看，这里涉及关于专名和谓词的认识，实际上却涉及关于语言表达方式的认识。

"S 是 P"是一种关于语言表达方式的说明：S 是关于事物的称谓，P 是关于 S 的表达，"是"一词将这二者联系起来。"谓词／名字"也是一种关于语言表达方式的说明。前面说过，"晨星"可以出现在表语（谓词）的位置上，可以是谓词的一部分，但不是本质部分，因为也可以从谓词分离出去。"行星"也可以出现在主词的位置上，但它不是主词，而是谓词，因为主词的位置掩饰不了它的谓述性质，它本质上是起谓述作用的。这就说明，这种"谓词／名字"的看法并不反对"主谓"之说，但与后者不同，而且一定要说明与后者的不同。这实际上表明，这种"谓词／名字"的看法包含着一种关于语言表达方式的看法，依据这种看法，它把语言表达分为两类，一类是谓词，一类是名字。名字一般是用来称谓、指称事物的，谓词是用来描述和说明名字所称谓和指称的东西的。语言表达有一些习惯的方式、修辞的方式，可以将这两类用语随意使用，形成丰富多彩的表达方式，致使同一个思想可以用不同的方式来表达。比如"在 2020 年美国大选中，拜登击败特朗普"和"在 2020 年美国大选中，特朗普被拜登击败"这两个句子明显不同，它们的主谓表达方式不一样，一个是主动式，另一个是被动式，结果"拜登"分别处于主词和谓词的位置，"特朗普"也是一样。所以，这两句话表达方式不同，意思却是一样的。但是，从语言表达式的用途来看，名字不管出现在什么位置上，意思不会改变，谓词不管以什么方式出现，意思也是不变的。比如"击败"一词的意思并不会因为其用法是主动式还是被动式而被改变。由此可见，"谓词/专名"的看法并不是简单地从语法形式出发的，即不是从语言表达习惯性的方式出发的，而是从语言所表达的东西的角度获得的认识。语言是表达认识的。在表达认识的过程中，人们需要用名字来称谓一些东西，然后用其他表达式将关于名字所称谓的东西的认识表达出来。我们称前者为"专名"，称后者为"谓词"。当然，名字的表达方式可以是多样的，比如专名、摹状词等等，关于它们的说明也可以是多样的，比如弗雷格所说的真正的专名和带定冠词的表达式，比如克里普卡所说的严格指示词和非严格指示词。谓词的表达方式更是多样的，比如可以是动词、名词、形容词等等，关于它们的说明同样是多样的，比如可以是性质，可以是关系，可以是类等等。但是这是两类不同的表达式，它们的区别是可以认识的，这样的区别与我们的常识认识也是一致的。

　　一个对象处于一个概念之下，这是弗雷格关于对象和概念之间关系的经典说明。我们就依据它来论述概念和对象的关系。应该说，"处于……之下"是一个形象的描述，似乎是一种高一级和低一级的关系，似乎是一种隶属关系。我想，这一说法大概是因为概念被看作一个函数，它带有一个空位，是不饱和的，需要填充，而对象被看作是填充前者空位的。这一说法的优点是区别出对象与概念的关系：二者不同，处于不同层次。但是它也有一个缺点，这就是没有提及真，因而字面上与真无关。当然我们可以将它与真联系起来，比如借助句子图式可以看出，概念与对象都是意谓层面，与真相关。我们也可以依据弗雷格所说的真为逻辑指引方向，因此将这一关系与真联系起来，从而认识它们与真的联系，比如引文7和引文8那样的论述，以及引文5那样的讨论。即便如此，"一个对象处于一个对象之下"这一说法也只是一种与真相关的说明，而不是关于真的说明。这是因为，一个对象处于一个概念之下可以有两种情况，一种是真的，一种是假的。比如"亚里士多德是哲学家"这句话是真的，而"曹雪芹是哲学家"这句话是假的，尽管"亚里士多德"和"曹雪芹"所意谓的对象都可以处于"是哲学家"所意谓的概念之下。

　　我认为，我们也可以把弗雷格的这一说法修改一下：一个概念和一个对象相匹配，或者，一个概念适合于一个对象。这个说法消除了"处于……之下"这一说法的形象性，依赖于对"匹配"和"适合"的理解。这一说法的优点有两个，一是它凸显了弗雷格所说的"真"为逻辑指引方向：所谓"匹配"或"适合"指其结果得到"真"。比如，"是行星"意谓的概念与"晨星"意谓的对象相匹配，"晨星是行星"这句话就是真的，否则就是假的。也就是说，这里说的"匹配"和"适合"与真相关，是基于真来考虑的。二是它与弗雷格说的"逻辑的基本关系"的意义相一致：逻辑与真假相关，假即是不真。逻辑有真假二值，但是逻辑最终要考虑的还是真。所以，逻辑考虑的真值条件，借助句子图式可以看出，逻辑的意谓是真值，即真和假。但是在关于句子所表达的东西的说明中，基于关于句子真值的认识，我们也可以提供关于句子真之条件的说明，而其最基本的说明就是：谓词意谓的概念与专名意谓的对象相匹配。简单说，一个句子是真的，其基本要求是：概念与对象相匹配。明确了这一点对以下讨论也是便利的。我们既可以谈论一个对象处于一个概念之下，也可以谈论概念与对象相匹配，还可以将它们交互谈论，不加区别。这两种说法一种与句子的真值相关，一种与句子的真相关，说法不同，也有区别，但实质是一样的。

　　直观上说，一个对象处于一个概念之下这一说法非常形象，容易理解。需要说明的是，为什么概念之间的关系也可以划归为这样的关系。借助句子图式 1 和句子图式 2 直接可以看出一个区别，同样与真相关，匹配情况却不相同：一个是与对象匹配，一个是与对象范围匹配。这里的区别在于，前者的对象是一个，后者的对象不是一个，而是多个，具体多少个取决于量词的限定。如果是"所有"这样的全称量词，则要与所有对象相匹配，也就是说，没有一个对象可以例外。如果是"有些"这样的存在量词，那么只要与一个对象相匹配即可。所以，两个句子图式显示出对象情况的不同，因而概念与对象的匹配情况也不相同。

　　两个图式还隐含着另一个区别：同样是"谓词"，图式 2 的比图式 1 的会复杂一些，比如 1）的谓词是"……是行星"，4）和 5）的谓词是由"x 是行星"和"x 是明亮的"组合起来形成的谓词，而且组合形式不同：一个是"x 是行星并且 x 是明亮的"，另一个是"如果 x 是行星，那么 x 是明亮的"。这样的谓词本身包含着两个谓词之间的一种联系，因而它意谓的概念不仅包含着那两个谓词意谓的概念，还包含着它们之间联系所意谓的概念，因而比 1）那样的谓词复杂得多，意谓的概念也就很不相同。除此之外，量词对于对象范围限定不同，取值范围也不同，所以，同样是概念与对象的匹配，4）和 5）的情况就要复杂许多，这是因为概念复杂了，对象也不确定。正因为如此，依据不同量词，所含概念之间的联系方式也就根本不同，不能混淆。

以上只是一元谓词的情况，若涉及二元谓词，情况还要复杂。比如下面这个句子：

13）《红楼梦》的作者是曹雪芹。

它的谓词是"是"，其意谓是"相等"。它连接一个名字和一个摹状词，将后者看作名字，这个句子的情况与 2）相似。但是，摹状词与名字毕竟是不同的，按照罗素的看法，可以将"《红楼梦》的作者"看作是这样的：

有一 x，x 写了《红楼梦》，并且任一 y，如果 y 写了《红楼梦》，那么 x=y。这里将"……的作者"处理为"写了……"，显然是谓词。表面上看，它与"……是行星"相似，其概念带有空位，因而涉及与一个对象相匹配的情况。这里的关键是表达唯一性：恰好有一个人写了《红楼梦》。名字意谓的对象是唯一的，量词意谓的对象不是唯一的，而是一个范围内的。所以，该谓词意谓的概念与两个不同对象范围中的对象相匹配，并借助对后者的比较来说明唯一性。也就是说，两个不同范围的对象是有区别的，但是它们又有相同之处：与同一个概念相匹配。这样，通过说明这两个对象是同一的而最终说明：这个概念只与唯一一个对象相匹配。

以上分析显示出概念与对象的关系：借助了一个概念与两个不同对象范围的关系。但是摹状词相当于名字，所以以上实际上是对名字的分析，充其量只是借助概念与对象的关系。应该看到，即使只是概念之间的关系，也会涉及概念与对象相匹配的问题，一如弗雷格所说，可以划归为一个对象处于一个概念之下的关系。比如下面的句子：

14）英雄爱骏马。

这个句子只有谓词，没有名字。字面上看，"英雄""骏马"和"爱"都是谓词，因此这个句子的意谓层面说的是：处于"英雄"所意谓的概念之下的对象与处于"骏马"所意谓的概念之下的对象与"爱"所意谓的概念相匹配，即有爱的关系。由于这句话没有量词，对处于"英雄"和"骏马"之下的概念没有限定，因此无法确定这句话的真假。假如加上"所有"和"有的"这样的量词，就可以确定相应句子是真的还是假的，或者确定相应句子的真之条件。

综上所述，概念和对象相互区别，而且其区别是根本性的。概念以两种方式与对象发生关系，一种是与一个对象相匹配，另一种是与一定对象范围中的对象相匹配，前一种情况的对象是由专名的涵义确定的，后一种情况的对象是由量词的范围确定的，匹配的结果是真，否则就是假。这只是对这两种情况最简单的说明，它们各自还有比较复杂的情况，比如前者可以有两个和多个对象的情况，后者可以涉及两个或多个概念的情况，可以涉及两个对象范围的情况。由此可见，关于概念和对象的说明乃是与真相关的。

真与句子对应，关于概念和对象的说明与真相关，因而也是与句子相关的。明确了这一点，就很容易看出一些讨论和争论的问题所在。比如，在关于弗雷格的讨论中，有一种批评观点认为，说专名的指称是对象，这是对的，但是，说句子的指称也是对象，则是不对的，因为这样就混淆了专名和句子，而它们的表达和作用都是不同的。在我看来，字面上看，这样的说法是有道理的，但是作为对弗雷格的批评，却是有问题的。一个主要原因在于，它忽略了弗雷格关于句子和专名的意谓的论述并不是分开单独进行的，而是与概念结合在一起。概念是函数，而对象和真值不是函数。概念带有空位，是不饱和的，需要填充，而对象是饱和的，其作用是填充概念，真也是饱和的，没有空位。所以弗雷格的相关说明完全是从语义的角度说的，是有道理的。概念是一个其值总是一个真值的函数，这是弗雷格的话，它比较典型地说明了概念与对象和真之间的关系和区别，同时也说明了对象和真之间的区别。借助句子图式可以看得非常清楚，句子和专名在语言层面是有区别的，在语义层面也是有区别的。但是在语义层面，它们也有相似之处，这就是饱和性，就是说，真与对象都是饱和的，这与概念的不饱和性形成鲜明对照。所以，谈论真与对象恰恰是在语义层面说的，而且是与概念对照着说的。即使字面上没有提及，也暗含着与概念相关的说明。

又比如关于专名的涵义和指称有许多争论，其中一个比较主要的观点认为，专名没有涵义，只有指称。有人还依据这种观点批评弗雷格的论述，称后者的观点是专名的涵义决定其指称，而这是错误的。在我看来，单纯谈论专名是不是有涵义和指称乃是可以的。但是应该看到，弗雷格的论述总是在句子的上下文中进行的，总是围绕真假来谈论的。借助句子图式可以看出，专名是句子的构成部分，它当然有涵义，一如句子有涵义。否则句子就不会有涵义，或者至少不会有完整的涵义。所以弗雷格说，专名有涵义，也有意谓，它也可以有涵义而没有意谓，但是在这种情况下，句子也就没有意谓。简单说，如果专名没有对象，句子就没有真假。如果句子有真假，其中的专名就一定要有对象。更进一步，如果句子是真的，则其中专名的对象要处于谓词的概念之下。简单说，句子的真之条件在于概念与对象相匹配。

再比如传统哲学中一直有关于内涵和外延的说明，以此来谈论专名的内涵和外延、概念的内涵和外延。前面我们讨论过传统关于概念的内涵和外延的说法，指出它没有区别语言和语言所表达东西。这里我们要说的是，传统关于内涵和外延的讨论，无论是专名的还是概念（词）的，都是在脱离句子的情况下进行的。正由于没有结合句子来考虑，因而传统相关讨论没有与真相结合。借助句子图式可以看出，谓词的涵义是思想的一部分，这属于语言表达的东西。专名的涵义也是思想的一部分，也属于语言表达的东西。它们一起构成句子的涵义，即思想。谓词的意谓是概念，专名的意谓是对象，它们一起形成了句子的意谓，即真假。它们之间的匹配形成了句子的真。所以，概念和对象是不同的，都与真相关。这是因为这种认识的基础是句子，是围绕句子来进行的。这一认识不仅在于说明句子的真值，而且还要说明句子的真。

综上所述，弗雷格关于概念和对象的考虑是紧紧围绕句子进行的，特别是围绕真而进行的。这与相关讨论中的一些看法，无论是传统的还是现代的看法形成根本性的区别。这是因为，不能说后者讨论时没有关于句子的考虑，但是我们至少可以说，它们关于句子的考虑是不明确的，因而是远远不够的。一个直观的问题是，不结合句子考虑就不行吗？或者，为什么要结合句子来考虑呢？这样考虑究竟有什么好处？

我认为，结合句子来考虑是重要的。这是因为，句子是表达认识的基本单位。结合句子考虑就把关于认识的考虑落实在了实处。句子的涵义是思想，句子的意谓是真值，这一认识区别了语言和语言所表达的东西，区别了句法和语义，并且在这样区别的基础之上把它们联系和结合在一起，提供了关于语言的认识，提供了关于语言表达认识过程中的基本单位的认识。最重要的是，这样的认识与真紧密结合，从而为关于句子的真值、关于句子的真之条件提供了说明。它表明，概念和对象与真属于同一层次，因而直接联系在一起。这样也就可以看出，传统的相关讨论和认识，现代的一些讨论和认识，在这一点上是有缺陷的：它们也讨论概念和对象，也讨论真，二者却是脱节的。弗雷格的讨论不同。他始终把真放在首位，他的一切讨论都是围绕着真进行的，尽管这样的意图有时明显，有时不明显，但是只要认真分析，这样一条思路就是清晰可见的。我认为，句子图式有助于我们更好地认识弗雷格关于概念和对象的认识和论述。

我们的认识是通过语言来表达的。句子是表达认识的基本单位。句子的涵义是思想，思想是有益的。但是，思想是经验层面的东西，我们所追求的乃是关于认识本身的认识，乃是先验的东西，一如弗雷格所说，在科学研究中，我们并不满足于思想，而是要追求真。在这样的追求中，概念和对象的作用和意义就凸显出来，关于它们的认识的意义就凸显出来。

第八章　是与真

以上论述了亚里士多德、康德、黑格尔、胡塞尔、海德格尔和弗雷格等人的理论。哲学史上还有一些哲学家也对形而上学的发展做出了贡献，本书并未提及。这是因为，本书不是一本哲学史著作，而是一本研究形而上学的著作。形而上学的思想不是凭空产生的。研究历史上对形而上学做出重要贡献的哲学家的思想，有助于我们获得关于形而上学的洞见，从而更好地研究形而上学，推动形而上学的研究和发展。在我看来，本书论及的这些人在哲学史上具有举足轻重的地位，具有代表性。尽管我们从每个人的著作中只选择了一个理论或者一个概念进行研究，但是从中依然可以看出他们的基本思想倾向、研究方式，以及他们的理论的主要性质和特征。现在我们可以基于前面的研究，从整体上进一步阐述我们关于形而上学的认识。

具体而论，从亚里士多德到弗雷格，他们的理论是不同的。我们下面要做的工作不是分析他们理论的不同之处，而是探讨他们理论的共同之处，然后从这些共同之处出发来进一步探讨形而上学，从而更好地说明形而上学的性质和特征，为形而上学的研究提供帮助。在我看来，以上理论各有不同，但是至少有两点是相同的。一点是关于语言的考虑，一点是关于逻辑的考虑。而且在他们的论述中，语言和逻辑的考虑常常是联系在一起的。因此值得思考，为什么形而上学的研究会与语言相关？为什么形而上学的研究会与逻辑相关？为什么在形而上学的研究中，语言和逻辑会相互联系？它们的相互联系说明了什么？下面我们沿着这一思路展开讨论。

一、语言与逻辑

应该看到，在前面的讨论中，关于语言的考虑是明显的。亚里士多德的范畴理论显然是关于谓词 P 的论述，他的举例，比如"是人""是白的""是三肘长"等等，显然也是借助语言的表述来说明谓述方式的。康德的范畴表显然包含着关于像"所有""有的""如果，那么""要么、要么"这样的语言表达方式的考虑。黑格尔的"是"和"不"明显就是关于语言的考虑，更何况他还有关于"词"的说明。胡塞尔的明证性显然与"S 是 P"这种表达方式相关，与"是"和"不是"相关。海德格尔的"此是"更是如此，其中所说的"是"无疑是语言中的系词，这从他的说明和举例，比如"天是蓝色的"，可以看得清清楚楚。至于弗雷格的论述即更明确了，"专名""谓词"和"句子"显然是关于语言方面的论述，"对象""概念"和"真值"尽管不是语言层面的东西，但是与语言层面的东西相关，是它们的意谓，因而还是与语言相关的。而所谓句子的涵义是思想，句子的意谓是真值，则明确是围绕句子做出的区分，即从语言考虑出发的。

在前面的讨论中，关于逻辑的考虑也是清晰可见的。其中最典型的是康德和黑格尔的理论。康德的范畴表中的四类范畴来自四类判断，后者是依据逻辑理论阐述的。其中量和质的分类分别对应的是传统逻辑中的全称和特称、肯定和否定，当然，为了分类结果，康德增加了单称和无限（不定）。黑格尔明确说要从逻辑寻找初始概念，并由此得到"是"和"不者"，这即是传统逻辑围绕"S 是 P"这一基本句式所说的"是"和"不是"，即康德所说的"肯定"和"否定"。至于亚里士多德和弗雷格，就更不用说了。他们一个是逻辑的创始人，一个是现代逻辑的创始人，应用逻辑的理论和方法在他们的著作中是贯穿始终的。胡塞尔的著作有些就命名为逻辑，如《逻辑研究》和《形式逻辑和先验逻辑》，因而本身包含着许多关于逻辑的探讨。与这些哲学家相比，海德格尔关于逻辑的考虑明显少些，但是也依然会有。这里不必考虑他提及"逻辑"时会有关于逻辑的考虑，只考虑本书曾论及的东西。前面提到海德格尔谈到"是"的三种传统看法，其中之一即它不能定义。应该看到，这一认识本身来自一条逻辑原则：定义项中不能以直接或间接的方式包含着被定义项。所谓对"是"不能定义，指的是：当说"'是'乃是如此这般的"时，就陷入了循环定义，因为在"是如此这般的"这一说明中使用了"是"一词。所以海德格尔也说，当我们问"'是'是什么？"的时候，我们就栖身于对"是"的理解之中，这是因为，该问句中的"是什么？"这一表达使用了"是"一词。既然使用它，就说明对它有了理解。可是这里又在问它是什么，好像不知道它是什么意思，因而形成矛盾，产生问题。海德格尔的这些论述与逻辑理论或明或暗、或多或少总是有一些联系的。

还应该看到，在前面的讨论中，关于语言和逻辑的考虑常常是联系在一起的。亚里士多德的一些论述非常典型而清晰地体现了这一点。比如他在区别出定义、固有属性、属和偶性这四种谓词之后，立即谈论是什么、质、量等十种范畴（第二章引文4）。这里显然不仅有关于逻辑的考虑，也有关于语言的考虑。不仅如此，字面上即可以看出，这里关于逻辑和语言的考虑是紧密联系在一起的。康德的论述也体现出这一点。他的范畴表显然来自判断的分类，而后者是逻辑理论提供的。即便不考虑逻辑与语言的联系，他在范畴表中保留了"此是-不是"这一对范畴（第三章引文），因而保留了"是"和"不是"这两个词。如前所述，虽然这样做会给他的范畴区分带来一些问题，但是字面上保留了这两个词，也就可以使这两个词成为他探讨先验哲学的基本用语，这样既可以借助语言方面的考虑，也可以借助相关的逻辑理论，从而使他的讨论涵盖传统哲学的相关讨论。

在我看来，在形而上学研究中，哲学家既有关于语言方面的考虑，也有关于逻辑方面的考虑，并且二者是有联系的，这是一个基本事实。传统哲学讨论中由于不太注意区别语言和语言所表达的东西，因而他们关于语言的考虑显得不是那样清楚，这也是一个事实。由于哲学家对逻辑的认识和把握不同，因而即便同样重视逻辑，在研究中关于逻辑的考虑也是不同的，关于逻辑理论的应用也是不同的，这同样是一个事实。尽管如此，站在今天的角度，借助今天的知识结构，认识传统哲学中关于语言的考虑、关于逻辑的考虑，以及关于二者之间联系的考虑，终究还是可以做到的。所以，这些情况不是我们现在要考虑的重点。我要考虑的情况是，同样是与语言相关，同样是借助逻辑的理论和方法，为什么分析哲学和传统哲学会形成巨大反差，形成完全不同的理论，从而提出完全不同的认识。

传统哲学的核心概念乃是"是"，一切理论都是围绕它进行的。这主要是因为，传统哲学是关于认识本身的认识，而"是什么"则是认识的最核心的表达，既是提问的方式，也是回答的方式，一如亚里士多德所说，我们只有认识一事物是什么，才能最充分地认识一事物。传统逻辑是围绕"S 是 P"这一基本句式建立起来的理论，结果把"是什么"这一表达认识的方式确定化、精确化，其最典型的成果是 AEIO 这四种命题。所以，一方面，传统逻辑和传统哲学在"是"这一点上达成统一，也就是说，它们字面上就是相通的，都考虑日常表达中的"是"一词，并围绕这一词建立起相应的理论。另一方面，同样与语言相关，同样与"是"相关，传统哲学和传统逻辑所探讨的东西不同，形成的理论也不相同，比如亚里士多德的范畴理论和他的四谓词理论就是不同的。

　　以上只是一个大致的说明，这里还可以做出更进一步的说明。"S 是 P"是语言的基本句式，也是亚里士多德给出的。这个句式的一个显著特征在于使用了符号表达："S"和"P"不是日常语言，而是符号。"是"显然不是符号，而是日常语言表达式，它与那两个符号形成鲜明对照。这样，该句式使"是"一词凸显出来。它是句子的核心要素，联系两个词项。若是再进一步，则会形成关于量和质的考虑，比如全称量词和特称量词，肯定和否定。即使不做这样的考虑，也会看到"是"本身所带来的认识，比如它与句子相关，与句子的表达相关，比如它与主语相关，与谓语相关等等。如果不区别语言和语言所表达的东西，则会认为，"是"与认识相关，与事物相关，与对象相关，与概念相关，与事物的性质相关等等。所以，传统逻辑与自然语言密切结合，通过对自然语言的表达方式的研究而产生并形成。它借助了一些超出自然语言的方式，比如使用 S 和 P 这样的符号，但是也保留了自然语言的形式。特别重要的是，它通过符号的使用凸显了自然语言中的逻辑要素。以逻辑用语说，在传统逻辑中，非逻辑常项是以符号来表达的，而逻辑常项是以自然语言表达的。所以，传统逻辑中的表示逻辑要素的用语，如"是""不（是）""所有""有的"等等都是自然语言用语。这样，传统逻辑保留了自然语言的特征，从而也使应用该理论时逻辑语言和自然语言融为一体。若是不区别语言和语言所表达的东西，则还会将逻辑与语言所表达的东西混淆起来。正因为如此，这样的逻辑应用到哲学研究之中时，也会出现同样的情况。尽管人们谈论的东西可能不太一样，比如亚里士多德谈的是范畴，主要考虑的是谓述方式，康德谈的是范畴表，主要考虑的是逻辑常项及其相关的句子结构，黑格尔直接谈论"是"和"不者"，主要考虑的是句子的形成和演变，胡塞尔谈论的是明证性，考虑的则是"S 是 P"这一句式及其相关问题，海德格尔谈论"此是"，主要考虑的则是"是"

以及它对世界做出的表述，但是经过分析依然可以看出，谈论的核心乃是"是"，思考的主线乃是"S 是 P"，而这样的探讨也就自然而然地与语言联系在一起，与逻辑联系在一起，与语言和逻辑的结合联系在一起了。

现代逻辑的情况不同，逻辑常项也是以符号表达的，这样，它的语言是形式化的，与自然语言形成区别。首先，现代逻辑的句法不是基于"S 是 P"这一句式，而是借用了数学的函数方式，因而也表现为一种函数结构，比如 Fa。因此，同样是逻辑理论，现代逻辑与传统逻辑有了一种根本性的区别。其次，借助现代逻辑的理论去分析自然语言，相当于说借助 Fa 这样的函数结构去分析"S 是 P"这样的句式。因此，同样是分析自然语言，应用现代逻辑进行分析与应用传统逻辑进行分析是完全不同的。第三，由于理论的不同，分析方法的不同，导致的结果也是完全不同的。由此可见，同样是与语言和逻辑相关，同样是应用逻辑来分析语言，却会形成完全不同的结果。因此，分析哲学和传统哲学形成了重大区别，至少在哲学形态上发生了根本性的变化。简单说，传统哲学的核心概念乃是"是"，而分析哲学的核心概念乃是"真"。在我看来，哲学研究中也许变化很多，但是最引人注意、最值得注意的就是这种从"是"到"真"的变化。前面的讨论表明，弗雷格的论述显示出这一点，引申一步，基于他的理论形成的分析哲学也会显示出这一点，即使仅限于本书的探讨，我构造的句子图式不仅显示出这一点，并且以图式的方式将这一点更加直观地、明确而清晰地显示出来。

应该看到，分析哲学中的核心概念是"真"，并不意味着它丝毫不涉及"是"。前面关于"晨星是行星"和"晨星是金星"的讨论显然与"是"相关，无疑就是关于"是"的讨论。但是仔细分析还可以看出，这一讨论与"是"相关，主要因为举例中含有"是"这个词，因而涉及关于它的分析。实际上，这一讨论是关于谓词和谓述方式的。举例是自然语言的表达，理论是现代逻辑。由于逻辑中的核心概念是函数和自变元，并没有"是"这个词，因而从理论层面说，分析的结果也只能是谓词和专名，而不会有"是"这个词。这里的举例表明，"……是行星"和"……是金星"的语法形式是一样的，因而都是谓词：两例中的"是"没有什么区别。但是依据谓词和专名的认识，后例中的"金星"依然可以去掉，因而剩下"……是……"，这个谓词与"……是金星"这个谓词显然是不同的，它的意思是相等。这样也就看出，在后例中，"是"才是真正的谓词。所以，现代逻辑理论中没有"是"这个词，并不意味着就不可以讨论自然语言中的相关表达。同样，现代逻辑关于自然语言的分析会涉及"是"这个词，并提供关于它的认识，这并不意味着"是"乃是它的核心概念。举这个例子只是为了说明，现代逻辑有助于我们可以更好地分析语言，从而更好地获得关于语言的认识。

还应该看到，传统哲学的核心概念乃是"是"，并不意味着它根本不考虑"真"。前面曾经说过，康德有关于认识的普遍的真之标准的探讨，黑格尔在关于"是"与"不者"的说明中使用了"真"这一概念，并将"真"与"是"对应着进行说明。胡塞尔明确地说，在知识中我们拥有真，并将真与"是"、真与明证性结合起来论述。如果更为宽泛一些，则还可以看到，亚里士多德有许多与真相关的探讨，他不仅说哲学要研究是本身，他还说可以将哲学称为关于真的学问，海德格尔在探讨"是"的过程中有专门关于"真"的论述，包括探讨真之概念的起源。看到这些现象就会问，既然如此，为什么"真"这一概念在传统哲学中没有成为核心概念？为什么"真"这一概念在分析哲学中会成为核心概念呢？

如同"是"一样，"真"也是日常语言表达的常用词。"是真的"乃是经常性的断定，"是不是真的？"则是经常性的询问。不仅如此，是与真几乎是对应的，所以亚里士多德会说，说是者是，就是真的，说是者不是，就是假的，所以黑格尔会将感觉确定性归结为"它是"，并认为这包含着"真"。这只是一些笼统的认识的说法。我们也可以做一些细致的说明。

首先，日常语言表达中有"是"与"真"这两个词。前者是系词，来自"S 是 P"这样的句式，后者是形容词，来自"是真的"。

哲学是关于认识本身的认识，因而探讨"S 是 P"及其相关表达，探讨"是真的"及其相关认识。在这一探讨过程中，人们将这两个词作为谈论的对象，将它们对象化，使它们在自然语言中的表达方式发生变化，由系词和形容词形式变为名词，因而有了"是"之说，有了"真"之说。

逻辑是与认识本身相关的认识，是关于有效推理的认识，也是在哲学讨论中产生并形成的理论。因此逻辑理论会与"是"相关，会与"真"相关。具体而言，逻辑理论有句法和语义两个方面，围绕"是"形成的理论是句法方面的，围绕"真"形成的理论是语义方面的。传统逻辑有十分清楚的句法方面的理论，包括 AEIO 四种命题形式，对当方阵和三段论。但是在语义方面并没有成熟的理论，关于真的认识乃是不充分的。它关于对当方阵有一些说明，如 A 命题若是真的，则 O 命题就是假的，关于三段论也有一些说明，包括从真的前提得到真的结论。但是整体而言，并没有提供与真相关的完整理论，因而没有提供与真相关的充分认识。

传统逻辑是如此，它在哲学中的应用也会如此。哲学家在讨论中会有明确的关于是的讨论，关于主项和谓项的讨论，关于它们所表达、体现的东西的讨论，但是关于真的讨论依然是常识性的，而且是与真的对应性并不是那样充分，也没有贯彻始终。如前所述，亚里士多德的范畴理论就没有涉及真，康德的范畴表中也没有真这一概念。所以，在传统哲学中，逻辑的应用贯彻始终，关于"是"的考虑贯彻始终，这是因为其关于句法方面的认识和理论是清晰而完整的。相比之下，传统哲学中关于"真"的考虑似乎没有贯彻始终，而是时隐时现，在此人这里多些，在彼人那里少些，这是因为其所应用的逻辑理论没有提供清晰而充分的认识。依靠理论提供的认识来探讨问题与依靠常识和直觉来探讨问题无疑是不同的，讨论的结果也会有根本性的区别。

现代逻辑不是这样的。它在形式化的过程中，对语义做出了十分明确的说明。由于"真"乃是逻辑语义的核心概念，因而在形式化的过程中，在逻辑的发展过程中，真这一概念得到了清晰的说明。我强调过程，并非是说弗雷格尚无一个充分的语义理论，因而尚无与真相关的充分的语义理论，是塔尔斯基的工作才使我们获得了逻辑语义学，从而获得关于真的充分认识，一如波普尔所说，是塔尔斯基的工作，使我们敢说真了。我想说的是，弗雷格在创建现代逻辑的过程中，对句法和语义的认识也是有区别的。一开始，他主要考虑的也是句法方面的东西多些，而对语义方面的东西考虑少些。比如在《概念文字》中，他引入的第一个符号是"├──"，用来表示判断，比如"├──A"。按照他的说法，这个符号表达的是："是一个事实"[1]，那时他尚未区别出思想和真值，后者是他多年以后才区别出来的[2]。这个符号与其他几个符号明显不同，它显然不是一个句法符号，而其他几个符号都是句法符号。但是弗雷格称它为"谓词"。在我看来，它应该是一个语义符号，假如我的看法是正确的，则可以看出，弗雷格这里的说明不是用"真"这个概念，

---

[1]　弗雷格:《弗雷格哲学论著选辑》，王路编译，王炳文校，北京：商务印书馆，2021 年，第 9 页。

[2]　参见弗雷格:《弗雷格哲学论著选辑》，第 85 页。

而是用"事实"这一概念。这表明，在构造概念文字最开始的时候，弗雷格有了明确的句法层面的说明，但是在语义层面，他尚未明确使用"真"这一概念。

仔细分析则可以看出，没有使用"真"这一概念做说明，并不意味着弗雷格就没有关于真假方面的考虑。比如他称该符号中的横线为水平线或内容线，也称其中的竖杠为判断杠。他说，若是没有这个小竖杠，则对其后的东西"并未表达出是否判定它是真的"[①]。也就是说，"┠─"所表示的既可以是"是一个事实"，也可以是"是真的"，只不过弗雷格的说明是前者，而他的说明中隐含着后者。在我看来，这样的说明方式表明，弗雷格一开始主要考虑的问题还是在句法层面，而在语义层面，只要给出恰当的说明即可。"事实"似乎是一个常识性概念，"是一个事实"似乎可以看作一个自明的说法，不会有理解的问题。这似乎还表明，在最初建立逻辑系统的时候，主要困难还是在句法方面，一如弗雷格并没有称他的系统为一阶谓词演算系统，而称之为"概念文字"。所以，函数和自变元的构想是有创造性的，是考虑的重点，而对相应的语义说明弗雷格并不是那样在意。

但是，在建立起逻辑系统之后，句法和语义的问题，包括它们自身的问题以及它们之间相互关系的问题，自然会得到继续深入的思考，"真"这一概念，包括其作用和意义自然也会凸显出来。比如大约在 1897 年写下的遗著《逻辑》中，弗雷格说：

【引文 1】"真"这个词说明目的。逻辑以特殊的方式研究"真"这一谓词，"真"一词表明逻辑。[②]

这一论述似乎没有什么特别之处，无非就是指出"真"一词与逻辑的关系。但是，这里明确地将"真"称为谓词，而《概念文字》不是将"┠─"称为谓词吗？这说明二者是一致的。这样也就可以看出，《概念文字》中"这是一个事实"的说明大致也可以改为"这是真的"，或者表明判断它是不是真的。在我看来，这一变化只是表述的变化，而不是认识上的变化，因为在《概念文字》中，弗雷格已经谈到了关于"是真的"的考虑，只不过在说明中没有使用它。

假如认为这种表述上的变化体现了认识上的变化，那么在我看来，弗雷格的

---

① 弗雷格:《弗雷格哲学论著选辑》，第 7 页。
② 弗雷格:《弗雷格哲学论著选辑》，第 199 页。

这一变化是自然的，因为在他的说明中本来就含有关于真的认识。也就是说，他的逻辑含有句法和语义两个方面，其语义方面的核心概念乃是"真"。即便最初没有明确谈论真，也不意味着不可以谈论真，而一旦谈论真，这是很容易的事情。因为"真"本来就是他的逻辑系统所具有的东西，所包含的东西。谈论真，并不需要改变他关于逻辑的认识，所改变的只是一些说法。比如在稍晚些的《逻辑导论》中，弗雷格关于蕴涵式的表达如下：

第一个思想是真的，第二个思想也是真的；

第一个思想是真的，第二个思想是假的；

第一个思想是假的，第二个思想是真的；

两个思想都是假的。①

而在《概念文字》中，同样是关于蕴涵式的表达，用语就不是"真"和"假"，而是"肯定"和"否定"，比如与第二句相应的表述是"肯定 A 并且否定 B"②。真假显然是语义说明，肯定和否定则不是那样明确，似乎可以看作句法说明，也可以看作语义说明。所以这两种用语是不同的。这里的变化显然是用"真"和"假"替代了"肯定"和"否定"。不能说"肯定"和"否定"的说明中没有包含着关于"真"和"假"的考虑，但是毕竟没有做出明确的说明。因此可以认为，在谈论肯定和否定的相关说明中，主要考虑的是句法层面。但是有了明确的关于真假的说明，也就表明有了明确的语义说明。不仅如此，这样的说明还表明，弗雷格不仅有了这样的认识，而且还认识到，要以这样的明确说明来阐述自己的认识。这样，"真"一词的语义作用以及它的意义就凸显出来。

真是语义概念，它对应的是句子和句子所表达的东西。句子是有结构的，因而有构成部分。所以，真也会与句子构成部分的语义相关。借助句子图式可以看出，真与对象和概念的匹配相关，与概念和所限定范围的对象的匹配相关。句法与语言相关，语义是关于句法的解释，因而与关于语言的解释相关。逻辑研究包含句法和语义两个方面，提供相关的认识。"是"乃是表达认识的基本用语，"是真的"则是关于认识的断定，二者都是语言中的用语。逻辑提供了关于它们的认识。依据逻辑的理论，"是"属于句法，因而是语言层面的。"真"属于语义，与"是"

---

① 弗雷格：《弗雷格哲学论著选辑》，第 235 页。
② 参见弗雷格：《弗雷格哲学论著选辑》，第 10 页。

属于不同层面，具有根本性的区别。哲学研究认识本身，因而会涉及"是"与"真"。谈论是与真，可以不借助逻辑的理论和方法，也可以借助逻辑的理论和方法，区别在于所得结果是不同的。由于传统逻辑和现代逻辑具有重大区别，因而同样是借助逻辑的理论和方法，所得结果也是不同的。所以，"是"乃是传统哲学的核心问题，却在分析哲学中消失了。"真"在传统哲学中的地位不是那样显赫，讨论也不是非常清楚，但是在分析哲学中却凸显出来，成为核心问题。但是一定要看到，传统哲学中也有与真相关的思考和讨论，分析哲学也可以探讨与是相关的问题。由此也就说明，哲学研究与语言相关，与逻辑相关，但是最重要的还是与逻辑相关。

二、经验与先验

哲学研究认识本身，而认识是通过语言来表达的，所以哲学会与语言相关。传统认为语言与思维紧密联系，实际上也是认为语言和认识密切相关。所以，哲学研究与语言相关似乎是非常自然的事情。

认识有多种方式。最简单说，一种方式是认识世界，包括外部世界和内心世界，另一种方式是对认识做出解释。所谓语言表达认识就是将这两种活动的结果表述出来，也就是说，无论什么样的认识，总是需要通过语言表达出来。

认识的方式不同，语言表达的方式也不同。关于世界的认识一般是通过句子来表达的，比如"雪是白的"。对认识的解释要复杂得多，通常需要两个或更多句子的组合，比如对"雪是白的"做出解释："因为雪的冰晶结构对颜色的反光系数几乎相同，形成七种颜色以外的颜色，所以雪是白色的。"解释不是唯一的，而是多样的，因此也可以有其他不同的解释。但无论什么样的解释，总需要使用"因为，所以""如果，那么""假如，就"等等这样的用语。这些用语不是句子，它们只起联结句子的作用，由此组成新的具有复合结构的句子。基于以上例子可以简单说，关于世界的认识是以简单句表达的，关于认识的解释是以复合句表达的。这两种语言表达形式显然是不同的，所以它们表达的认识也是不同的。按照习惯说法，"雪是白的"是关于事实的陈述，对它的解释则是关于原因的说明，我们可以简单说，一种认识是关于事实的，一种认识是关于解释的。它们是不同的认识，它们的表达方式也不相同。

哲学研究认识本身，而认识是与逻辑相关的，所以哲学会与逻辑相关。传统认为逻辑研究概念、判断和推理，其核心概念乃是"是"。现代认为逻辑研究有效推理，所谓有效推理指从真的前提得到真的结论，因而其核心概念乃是真。从现代逻辑出发可以看出，从有效性的角度看，逻辑属于关于认识的解释方面，因为从真的前提得到真的结论涉及前提的组合。而从真的角度看，逻辑也可以与事实相关，因为事实有真假。或者从句子图式看，与事实相关的是句子及其表达的东西，即思想，而思想有真假。所以我们可以认为，推理属于解释的范围，逻辑与推理相关，因而逻辑与解释相关。应该看到，推理的有效性涉及前提和结论的关系，因而也会涉及对前提和结论的结构的认识和说明。无论前提还是结论，都是用句子来表达的，因而逻辑提供关于从前提到结论的认识，实际上是提供一种关于句子组合的认识，一种关于复合句的认识。不仅如此，逻辑在提供这种认识的同时，也会提供关于简单句的认识。所以，哲学研究认识本身，而逻辑本身就是关于认识的解释，因此哲学研究借助逻辑提供的理论和方法，这实在是一件实实在在的事情。

认识到这一点也就可以看出，前面的讨论主要集中在句子上。从句子图式来说，我们讨论了句子和句子所表达的东西，讨论了句子的真之条件。但是我们没有讨论与推理相关的东西。这显示出，我们只是借助了很小一部分逻辑理论在讨论。即便如此，我们的讨论也已经涵盖了从亚里士多德到康德到弗雷格等许多重要哲学家。即使只限于句子，我们的讨论依然涉及比较复杂的情况，比如"所有行星是明亮的"显然不是一个简单句，而是一个表达普遍性的句子。与"晨星是行星"相比，它的真之条件要复杂得多。这就充分说明，逻辑的理论和方法在哲学中是起作用的，它的应用是有意义的。

从以上讨论还可以看出，哲学研究与语言和逻辑相关，其相关性却是根本不同的。分析哲学与传统哲学的形态有很大的不同，这种不同却不是由于语言不同造成的。它们借用和分析的语言都是一样的，都是日常语言表达的句子，都是自明的。分析哲学与传统哲学的不同主要在于它们使用的逻辑理论和方法不一样。传统哲学使用传统逻辑，依赖于围绕"S 是 P"这一基本句式形成的理论，因而凸显"是"一词，使它成为讨论的核心概念。分析哲学使用现代逻辑，依赖于一种函数结构，结果使"真"这一概念凸显出来，使真与语义相结合，成为讨论的核心概念。这就表明，对于哲学研究而言，虽然语言和逻辑都是需要考虑的东西，似乎都很重要，但实际上却是不同的，而且具有根本的不同。

　　二十世纪分析哲学有一句响亮的口号："哲学的根本任务就是对语言进行逻辑分析。"这个口号字面上即显示出哲学与语言和逻辑相关，分析一下则还可以看出语言和逻辑对于哲学的不同作用。一层意义是"对语言进行分析"，这说明一种哲学的方式，即要借助语言来从事哲学研究。另一层意义是对语言进行"逻辑分析"，即这种分析不是随意的，而是依据逻辑的理论和方法。所以在哲学研究中要对语言进行分析，因而与语言相关；要依据逻辑的理论和方法来进行分析，因而与逻辑相关。直观上这里有两个问题：哲学研究为什么会与语言相关？哲学研究为什么会与逻辑相关？若是加上我自己的看法：这里最核心的东西是依据逻辑的理论和方法，则还有第三个问题：对于哲学研究而言，为什么逻辑是更重要的东西？前两个问题大概谁都承认，后一个问题属于见仁见智。但是在我看来，这三个问题可以归结为一点，它们与哲学的本质相关，因而值得我们深入探讨。

　　从哲学史的研究可以看出，哲学研究的历史比逻辑更长，逻辑是在哲学研究的发展过程中产生的。比如在柏拉图的对话中，我们可以看到关于语言的考虑，关于"x 是什么？"的思考方式，关于"是"与"真"的思考和认识，甚至可以看到亚里士多德后来举的"是人""是白的"这样的例子。但是人们都认为，柏拉图这里并没有建立起逻辑，逻辑是在亚里士多德那里建立起来的。用我的话说，柏拉图那里没有逻辑，但是有通向逻辑的思考，有向着建立逻辑方向的努力[①]。这样的认识表明，在柏拉图那里就已经有关于语言的考虑，有借助语言的考虑，但是由于没有形成逻辑理论，因而也就没有能够借助逻辑的理论和方法来进行考虑。由此可见，哲学研究为什么会与语言相关这一问题本身确实是有意义的。

　　我认为，语言是经验的，哲学是关于认识本身的认识，是先验的。哲学研究与语言相关，实际上是借助经验的东西来研究先验的东西。这里有两个原因，其一，在哲学研究的最初阶段，或者说在逻辑产生之前，人们研究认识，对研究认识本身的认识这一点并不是特别清楚，因而关于认识的研究是一种笼统的、模糊的研究。其二，语言是表达认识的，人们对此有许多认识，比如认为语言与思维

_____

① 参见王路：《逻辑的起源》，北京：商务印书馆，2019 年，关于柏拉图的详细讨论见第三、
　四、五章。

相关，语言表达思维活动。关于语言与认识之间关系的论述无论是不是清楚，至少关于语言与认识相关、语言表达认识这样的认识总还是有的，而且有些论述还是比较明确的。比如很早人们就认识到，句子是由名词和动词组成的，仅有名词不能组成句子，仅有动词也不能组成句子，而表达认识的工作是由句子做的。所以人们会借助语言、借助句子来对认识做出说明，人们会借助举例来说明认识，比如柏拉图说，一阵风吹来，人们会根据对它的感觉做出表达，有人说"风是冷的"，有人说"风不是冷的"。这两句话明白无误，但显然是举例说明。它们并不是要探讨的东西，只是在探讨过程中被借用的东西。它们不过是例子，不用它们，换其他例子也是可以的，所说的东西不变。那么，为什么要举例说明呢？这是因为，例子是日常用语，表达了认识。比如这两个例子对同一件事情表达了"是"与"不是"，表达了两种不同的认识，涉及真假。这里所说的认识，包括"是"与"不是"，"真"和"假"，以及它们之间的关系，它们与认识的关系，才是讨论的对象，才是讨论的实质性的东西。在日常交流中，我们说出和听到的是例子这样的话，它们并不显示"认识"，也不带有"真"和"假"。但是我们说它们是认识，它们表达认识，它们有真假，它们涉及真假。也就是说，人们想探讨认识、真假，而这些在日常表达中是没有的，是隐含着的东西，它们并不是经验性的东西。但是我们可以借助日常表达，借助经验性的东西对它们做出说明。无论我们是不是知道认识是什么，是什么样的，日常表达总是清楚的，对它们的断定也是清楚的。比如，如果"风是冷的"是真的，"风不是冷的"就不是真的，而是假的。但是该如何探讨它们呢？以此不是正好可以对认识做出说明吗？所以，哲学与语言相关，乃是自始至终的，因为可以借助语言表达来获得关于认识本身的认识。在逻辑产生之前是这样，在逻辑产生之后也是这样；在借助传统逻辑进行研究时是如此，在依据现代逻辑进行研究时也是如此。因为借助逻辑的理论和方法进行研究并不妨碍依然可以借助语言来做出说明，依据不同的逻辑来进行研究并不妨碍同样也可以借助语言来做出说明。所以，对语言进行分析这是哲学研究的一个显著特征。它的目的不是把语言作为研究的对象，而只是借助语言，也就是说，哲学研究是理论的，但是可以借助我们关于语言的经验和把握来获得关于认识本身的认识。也就是说，借助经验的东西来认识先验的东西。

我认为，逻辑是先验的，在先验性这一点上，它与语言形成根本性的区别。

同时，恰恰在先验性这一点上，逻辑与哲学相一致。因此，同样地与哲学相关，逻辑与语言是根本不同的。借助句子图式可以很好地说明这一点。句子图式的第一行是关于句子的句法形式的说明，第二行是关于句子所表达的东西的说明。一个句子总是表现为某种物理形式，说出时是声波形式，写下时是文字形式。句子是有涵义的，即有它所表达的东西。说出一个句子，就是借助说出它的形式来传达它所表达的东西。接受一个句子，就是通过听见或看见其物理形式而把握它所表达的东西。所以，句子图式第一行和第二行可以说是关于语言的经验性的说明，它们表明，语言是经验性的。

句子图式的第三行是关于语义的说明，是一种逻辑的说明。它的核心概念是"真"，与句子和句子所表达的东西相对应，与句子构成部分的语义相关，即与概念和对象相关。这一行东西不是语言表达出来的，也许可以借助维特根斯坦的话说，是语言显示出来的。用我的话说，它们是语言和语言所表达的东西自身带有的。人们在日常表达中，注意的只是前两行，而不会考虑第三行。比如"是真的"是一个日常表达，它是关于第一行或第二行或一、二两行的结合物的说明，比如，"'雪是白的'是真的"，我们断定并强调雪是白的。或者，我们说"雪是白的"，因为我们认为这是真的。所以在日常表达中，"是真的"是一个经验性的表达，是关于经验认识的断定和说明，直接与人们的经验和认识相关。但是一个句子的真之条件，即在什么情况下是真的，却不是日常交流中表达的东西，也不是交流者所考虑的东西。比如，一个句子的真依赖于句子中专名意谓的对象存在，还依赖于句子中谓词意谓的概念与该对象相匹配，这与句子所表达的东西，与我们的日常经验，是没有任何关系的。所以，一个句子是不是真的，这是经验的，而一个句子在什么条件下是真的，这是先验的。知道一个句子是不是真的，这是一回事，而知道一个句子的真之条件，这是另一回事。

我们可以以矛盾律为例来说明这个问题。在西方哲学史上，矛盾律大概是谈论最多的话题之一。一事物既是如此又不是如此，这是矛盾。矛盾律说的是不能有矛盾，因此对该矛盾加上否定：一事物不能既是（如此）又不是（如此）。前面曾谈及康德讨论认识的普遍的真之标准，他认为形式方面有这样的标准，而他举的例子就有矛盾律。与矛盾律相关，古希腊也有许多讨论。提倡辩证法的人看重矛盾，强调事物的运动性和两面性，主张一事物既是又不是。比如"人不能两次踏进同一条河"：因为河水的流动，人所踏进的既是这一条河，又不是这一条河。比如"人是万物的尺度"：既是那是的事物是的尺度，又是那不是的事物不是的尺度。亚里士多德则提倡逻辑和矛盾律，认为矛盾律是一切证明的出发点；违反矛盾律则可以导致"人是万物的尺度"，而从"人是万物的尺度"出发也会导致违反矛盾律。这些都是哲学史上的常识，不必多说。这里要考虑的是，人们为什么要讨论矛盾律？

前面论述康德关于形式与内容的讨论时曾提及矛盾律，曾将矛盾律与"雪是白的"对照着进行讨论，并且指出，"雪是白的"是经验的，是关于一种事物状况的认识，矛盾律不是经验的，而是先验的，它不是关于事物状况的认识，而是关于一类认识表达方式的认识，也可以说是关于一类认识方式的认识。借助这一说明则可以看出，在与矛盾律相关的论述中，许多论述本身也是经验的，区别只是其经验性的论述有的多些，有的少些。比如"人不能两次踏进同一条河"和"人是万物的尺度"都是经验的或具有经验性的论述，区别不过在于前者经验性的成分多些，后者经验性的成分少些。所以，从这样的论述过渡到矛盾律，通过这样的探讨最终形成关于矛盾律的认识，乃是认识上的进步。康德所说的认识在形式上有普遍的真之标准，而在内容上没有普遍的真之标准，并以矛盾律为前者做出说明，即体现了这样的认识。哲学家关于矛盾律的讨论表明，他们所要讨论的认识与真相关。真与经验的认识相关，也与先验的认识相关。哲学家讨论认识，讨论与真相关的情况，绝不会仅仅满足于经验层面，一定还要考虑先验的层面。甚至可以认为，有一类哲学家，如亚里士多德和康德，他们更关注的是先验层面的考虑。

认识到这一点也就可以看出，为什么关于真之符合论会有那么多不同看法。传统的说法通常是，"真乃是认识与对象的符合"。在主客二分的二元论观点下，这里的"对象"无疑会使人联想到外部世界，因而会与经验相联系。这样的说法无法令人满意，因为人们会觉得真这一概念还可以与先验的东西相关，还可以与矛盾律那样的东西相关，而这一说明显然不能满足这样的认识。今天关于符合论的表述一般是，"真乃是命题与事实的符合"。在区别语言和世界的认识下，这里的"事实"也会使人联想到世界，从而也会暗含着与经验相关。所以人们质疑，命题这样的实体是什么，事实这样的实体又是什么，它们若是不清楚，对真的说明也是不清楚的。人们承认，"是真的"可以对于经验的东西做出说明，因而真会与经验相关，人们甚至相信，我们做出的大部分表述都是真的，因而有所谓宽容原则之说。但是人们还认为，我们还可以对真本身发问，即问"真是什么？"，这样就把真作为思考的对象，但是当我们对真做出说明的时候，可能会陷入无穷倒退，因为对真的发问同样也可以用在对真做出的说明上。所以，人们直观上即会觉得，与认识相关，与真相关，一定有一些先验的东西。它们是我们可以探寻的东西，也是值得我们探寻的东西。一如弗雷格所说，在科学研究的领域，我们不满足于涵义，而是要追寻真。

所以，人们在谈论认识的时候要讨论矛盾律，因为矛盾律是真的，而且它的真与"雪是白的"这样的句子所表达的真是不一样的，它表达的是一类认识方式的真，是一类认识方式以语言表达呈现出来以后的真，它是恒真的。也就是说，矛盾律不是关于事物情况的表达，而是关于认识本身的表达。矛盾律表达了我们的认识，但是，它不是关于经验认识的表达，而是关于先验认识的表达。我们在获得了矛盾律这样的认识之后，它可以成为我们的经验认识，尽管它本身是先验的。我们可以用它来做事情，比如像亚里士多德和康德那样讨论问题和分析问题。但是，关于矛盾律的认识之所以能够成为我们的经验认识，乃是因为我们通过逻辑的学习和把握，通过对它本身的认识和把握。若不是这样，我们就不会知道矛盾律，也不会知道如何运用矛盾律来做事情。但是，认识了矛盾律，并不意味着在我们的思维活动中就不会有违背矛盾律的情况，不认识矛盾律，也不意味着在我们的思维活动中一定会违背矛盾律。先验的东西和经验的东西是有区别的，这一区别是认识层面的，而且仅仅是认识层面的。

罗素说，逻辑是哲学的本质，他认为，所有真正的哲学问题都可以划归为逻辑问题。这话说得有些绝对，却不是没有道理的。如果认为哲学是关于认识本身的认识，因而是先验的，那么它与逻辑的联系就极其密切，比如关于矛盾律的讨论，这样罗素说的划归就是有道理的。借助句子图式来看，第三行关于真之条件的说明，无疑是借助逻辑的理论来完成的。它表明，传统哲学中讨论概念和对象，其实也是努力对认识本身做出说明，但是由于没有与真相结合，而且还常常与真相分离，再由于没有很好地区别语言和语言所表达的东西，因而未能获得关于认识本身的说明。在我看来，如果认为罗素的说法过强，则可以改为：哲学的本质是逻辑。我的解释是：所有重大哲学问题都是要借助逻辑的理论和方法来研究的。这样也就更加看出，句子图式对于哲学讨论是有作用的，也是有意义的。

三、本体论、认识论与分析哲学

人们通常认为，哲学发展大体上经历了本体论、认识论和分析哲学这样三个阶段。古希腊时期和那以后的哲学主要研究本体论，自笛卡尔以后，哲学研究进入认识论阶段，今天主要是分析哲学，与分析哲学并列的欧陆哲学则主要是现象学。在我看来，这三个阶段的说明大致不错。从它则可以看出，这说的主要是形而上学：非常明显，人们也可以说，形而上学大体上经历了本体论、认识论和分析哲学这样三个不同的发展阶段。按照本书的讨论，这样三个阶段的发展则应该体现两点，一点是体现关于认识本身的认识，另一点是体现从"是"到"真"的变化。也就是说，所谓本体论、认识论和分析哲学，不过是对形而上学在不同时期研究的不同方式和结果的称谓，其实质是一样的。所以，依循"是"与"真"这一思路，我们可以获得关于形而上学的实质的认识，也可以获得关于形而上学的发展的认识。

在这三个名称中，"认识论"似乎最容易理解，因为它字面上就与认识相关，因而符合关于认识本身的认识的说明。相比之下，其他两个名称似乎不是那样容易理解，至少没有这样直接的联系。这些名称还涉及翻译问题，我们就从它们开始讨论。

"本体论"的英文是 ontology，该词词根 on 乃是希腊文 einai 一词的分词形式，也是亚里士多德谈论"是本身"（to on hei on）时的用语。所以，ontology 意味着与"是"相关的学说。认识到这一点也就可以看出，本体论与"S 是 P"相关，与其中的"是"相关。正因为如此，本体论研究会与语言相关，会与逻辑相关，而且非常主要而直接地会与语言和逻辑相关。

"认识论"的英文是 epistemology，该词来自希腊文，字面的意思是认识。亚里士多德说"有一门科学，它研究是本身"，其中"科学"一词的希腊文即是episteme。该词的英译文 science 来自拉丁文 scire，后者的字面意思是认识，该词的德文是 Wissenschaft，其词根 wissen 的意思即是认识、知道。所以，"认识论"一词的字面意思也是与认识相关的。而从亚里士多德的使用方式可以看出，它与

"是本身"乃是直接相关的。所以，认识论研究会与语言相关，也会与逻辑相关。

认识论无疑是自笛卡尔以后形成的理论，这在很大程度上是由于引入了"我思"而带来的结果。但是应该看到，笛卡尔的名言"我思故我是"表明，所谓"我思"建立在"我是"基础上，与"我是"相关，因而并不是另起炉灶，而是与传统的本体论相关的，所以依然会与语言相关，会与逻辑相关。本书谈到德国哲学，而没有提及英国哲学。表面上看，从康德到黑格尔的德国哲学被称为唯心主义哲学，从洛克到休谟的英国哲学被称为经验主义哲学，二者是有根本区别的。但是如果看其具体论述仍然会发现，英国经验主义哲学同样讨论矛盾律、同一律那样的认识，将它们称为"先天原理"，谈起与其相关的"先天概念"，并且在讨论中也谈及"是"与"真"，同样与语言相关，与逻辑相关。

"分析哲学"凸显出"分析"，但是如前所述，它说的是"对语言进行逻辑分析"。因此分析哲学凸显了一种哲学方式，这种方式与语言相关，因为要通过对语言的分析来说明关于世界的认识。这种方式与逻辑相关，因为要借助逻辑的理论和方法来进行分析。特别是在分析哲学的早期，逻辑的理论和方法还不是那样普及，因此非常强调逻辑，会有罗素的逻辑是哲学的本质之说。随着分析哲学的发展和逻辑的理论和方法的普遍使用，这一口号简化为"对语言进行分析"，似乎只强调对语言的分析，突出与语言的关系，以致使语言成为哲学研究的对象。但是就分析哲学本身而言，逻辑分析始终是其最核心的哲学方式。

所以，本体论、认识论和分析哲学虽然名称不同，实际上都与认识相关，以不同的方式表现出与认识相关，都是关于认识本身的研究。它们是不同时期形而上学的不同形态，也是不同时期哲学的不同形态。这也表明，哲学就是形而上学。以上研究表明，哲学研究与语言相关，与逻辑相关，"是"与"真"体现了其最主要的特征，从"是"到"真"的变化体现了哲学研究的发展。以上讨论这一特征和变化主要是逻辑的角度：依据传统逻辑和现代逻辑的区别将哲学简单分为传统哲学和现代哲学。现在则可以从本体论、认识论和分析哲学这三种形态的角度，即从哲学自身发展的角度来进一步思考，为什么说"是"与"真"是哲学的主要的特征，为什么从"是"到"真"体现了哲学研究的主要发展。

哲学是关于认识本身的认识，认识是以语言表达的，因而哲学研究会考虑语言。在关于认识的表述中，句子是表达认识的基本单位，比如"S 是 P"，而句子所体现出来的一种最基本的方式是谓述方式，其中的 P 被称为谓词，它与"是"相联系，由"是"一词导出，因而与"是"一道对主词 S 做出说明。在"S 是 P"这种基本句式中，所谓谓述方式即是以这种句式和基于这种句式所体现出来的说明方式。在这一表述中，只有"是"是恒定的、不变的，其他都是变化的。所以，谈论"是"可以有多重含义，比如可以考虑句子及其表达的东西，可以考虑谓词及其表达的东西，可以考虑谓词与主词的关系以及它们所表达的东西之间的关系等等。特别是，传统逻辑明确了"S 是 P"这一句式，并将它理论化。这样，"是"一词不仅是（西方）日常语言中不可或缺的用语，而且成为逻辑常项，从而为谓述方式的讨论提供了理论依据。这样，在传统哲学讨论中，既然是考虑谓述方式，那么无论是从语言出发还是从逻辑出发，都会考虑"是"，并且将它放在一个突出的位置。

现代逻辑产生之后，语言没有变，表达认识的基本单位和句式没有变，谓述方式没有变，因而哲学研究的主要对象也没有变，变化的只是逻辑。但是，正是由于逻辑发生变化，因而提供给研究谓述方式的理论发生变化，从而使关于谓述的认识也发生变化。在一阶逻辑中，与谓述直接相关的用语是"谓词"，这就表明，一阶逻辑是与谓述相关。一阶逻辑也叫一阶谓词逻辑，最初它的部分也叫一阶谓词演算。所以从一阶谓词逻辑这个名称上看，从一阶逻辑的语言含"谓词"这一点看，可以认为"谓词"是一阶逻辑中的一个重要概念。这里可以结合一阶逻辑稍微多说几句。

今天，一阶逻辑也叫量词逻辑，"量词"的重要性凸显出来，"谓词"的重要性似乎弱化了。在我看来，这主要是因为，从一阶逻辑的角度看，"谓词"不是逻辑常项，而是非逻辑常项，而量词和命题联结词是逻辑常项。逻辑常项是体现逻辑要素的东西，因而是十分重要的。相比之下，非逻辑常项就不是那样重要，至少其重要性要差一些。如果换一种思考方式，就会发现情况是另外一个样子。

从句法的角度说，一阶语言大致有三类表达式：Fx、Fa 和 $\forall$xFx，它们都含有谓词符号"F"。这就表明，谓词在逻辑系统中是不可或缺的，因而是至关重要的。

从语义的角度看，谓词被解释为个体域上的关系，依据个体常项和变项的区别、个体元数的差异、取值范围的不同，做出不同的赋值说明。比如依据语义解释，$\forall$xFx 是真的，意思是说，个体域中取任一个体，Fx 的值都是真的。由此可见，个体域是关于量词的说明。但是，即便是关于量词的说明，也会涉及谓词。所以，谓词在关于量词的语义说明中也是不可或缺的，因而也是重要的。

对照句法和语义，可以看到在谓词上有一个重大区别。句法上，三类表达式都有谓词符号，因而谓词不可或缺，至关重要。而从语义上看，有对谓词本身的说明，比如将它解释为性质和关系，这时它没有真假。只有在关于 Fa 和 ∀xFx 的赋值说明中，谓词才与真假相关。由此可见，谓词在一阶逻辑中不被看作逻辑常项，显得不是那样重要，这主要是由于一阶逻辑的建构方式决定的：它区别句法和语义，而在句法中有谓词表达式，比如 Fx。对照弗雷格的逻辑则可以看出，那里只有 Fa 这样的表达式，没有 Fx 这样的表达式。这样，他的考虑始终是围绕真假进行的，是围绕句子进行的。同样，在弗雷格的逻辑中也没有谓词和量词这两个概念，他的相应用语是函数和普遍性。这样，谓词就是重要的，因为它产生真假，与真假相关，并且与普遍性相关。所以，谓词在一阶逻辑中是重要的，因为它与真相关。至于它被看作非逻辑常项，Fx 被看作开语句，只不过是一阶逻辑的句法规则造成的，并不影响它在句子中的作用，特别是与真相关的作用。

基于以上情况就可以认识到，以谓词方式看待句子的表达，会认为通常的谓语表达方式是谓词，一些主语也是谓词，比如"凡人皆有死"中的"人"和"有死"都是谓词，它们的意谓是概念。所以弗雷格说概念是一个其值总是一个真值的函数。这样关于谓词的看法无疑是与句子相联系的，因而与真相联系。此外，这样关于谓词的看法明显是从语义的角度提供了一种关于语言的新的看法，其特点是围绕真进行说明，结果突破了传统关于句子语法形式的看法。也就是说，这种关于谓词的看法体现了一种新的关于谓述方式的看法。

这种关于谓述方式的看法是有益的。它有助于人们更好地认识谓述方式，即便仅从谓语这一谓述方式看，它也提供了一些新的认识。比如今天我们认识到，除了通常的谓词外，还有一些特殊的谓词，比如"是真的"。从表达方式看，它显然是谓词。加上主语，就构成句子，比如"矛盾律是真的"。"矛盾律"是专名，这个句子大致相当于前文中的例 1），似乎可以借助句子图式 1 来分析。不过，这只是字面的情况，实际上却不是这样。"矛盾律"是专名不假，它所表达的是一条逻辑规律，即一事物不能同时既是又不是。这样也就可以看出，"是真的"表面上是一个谓词，是对一个名字的断定，实际上却是对一个句子的断定。由于它所断定的句子中也有谓词，这样，"是真的"这个谓词就不是一个一般性的谓词，而是一个更高层次的谓词。正是由于它这种特殊的性质，人们用它来工作，比如解释句子的涵义，一如众所周知的真语句：x 是真的当且仅当 p。由此产生出一系列真之理论研究。

"是必然的"也是谓词，它与"是真的"有相似之处，即加名字可以组成句子，比如"矛盾律是必然的"。其中"矛盾律"是一个专名，"是必然的"乃是谓词。同样，它也可以对例 1）、2）和 3）做出断定，即做这几个句子的谓词。有了前面的说明，现在很容易看出它作为谓词的特殊性：它不是动词、名词，也不是形容词，因而与通常的谓词不同。它是对一个句子的断定。由于句子本身含有谓词，因而"是必然的"乃是一个不同层次的谓词。同样，这种不同层次的断定会改变一个句子的语境，使一个外延语句变为一个内涵语句，因而在真假方面会出现问题。需要指出的是，"是必然的"还有一种特殊性，即它是一类谓词，还有一些与它相似的谓词，比如"是可能的"。这类谓词与"是真的"有一点不同，它们是关于一个句子的可能性的表达，可以说是对一个句子所表达的东西的程度的断定。"是必然的"是一个认识的强化表达，而"是可能的"是对一个认识的弱化表达。

"是好的"也是谓词。在哲学讨论中，人们认为，"好"体现的是一种价值观，因而"是好的"所表现的是一种价值判断。这里我们不对这个问题做进一步的探讨，仅仅指出，这个谓词的特殊性在于，它可以是通常的谓词，一如通常的形容词，比如"这本书是好的"，也可以是特殊的谓词，比如"矛盾律是好的"，这样它就处于与"是真的"和"是必然的"这两类谓词相同的层次。

谓述方式是表达认识的基本方式，与句子相关，与真相关。从本体论到分析哲学，不同时期体现的形式可能有所不同，甚至表现出从"是"到"真"的变化，但是，谓述方式始终是哲学研究最主要的内容。这是因为，谓述方式是表达认识的最主要的方式，是表达认识的方式中主要的部分。句子中与谓述方式相关的是谓词，谓词的表达多种多样，因而表达认识的谓述方式多种多样。在哲学研究中，人们努力试图获得关于它的理论上的认识，相关认识除了来自对语言的常识性使用和认识，最主要的就是来自逻辑提供的理论和方法。所以，逻辑理论不同，导致关于谓述方式的认识也不一样，所形成的哲学认识也不一样。

纵观从本体论到分析哲学的发展，可以看出一种关于认识本身的思考方式的发展变化。若是将本体论的研究向前延伸，则可以追溯到柏拉图。在他的对话中可以看到反复提问"是什么？"，试图对它做出回答，并进行反复探讨。由此可以看出柏拉图在讨论中与语言相关的考虑，因而可以看出与"是"的联系，还可以看出一条发展途径：在逻辑尚未产生的时候，向着逻辑的方向的思考和努力。由此可见，在哲学研究中，从一开始就有关于语言的考虑。这是因为人们研究的是认识本身，这是一种先验的东西，无论人们是不是认识到这一点，借助经验的东西来研究都是自然的，也是便利的，因为语言是与认识相关的，是表达认识的。但是关于逻辑的考虑却有一个发展过程，从向着逻辑的方向努力，到建立起逻辑的理论，然后再应用这种理论和方法来思考认识本身，这是一个巨大的进步。它的实质是使哲学研究脱离经验的层面和水准，进入理论性的思考。这并不是说以后不再借用语言，而是说，无论怎样思考，都会借用逻辑提供的理论，这样就使哲学研究至少不是仅仅借助语言，不是仅仅在经验层面在思考。至于说现代逻辑理论的产生，这是逻辑理论本身的进步，它带来的研究结果是不同的，但是就借用逻辑的理论和方法而言，实际上是一样的。

这里需要说一说的是认识论。我说的不是这个词的意思与本体论是不是一致，是不是有区别，有些什么样的区别。我想说的是与它相关的"我思"。表面上看，认识论的产生得益于笛卡尔引入"思（考）"，因而改变了或者说扩充了本体论的思考方式，但是在我看来，"我思"的提出固然引入了认识的要素，因而可以认为由此形成了认识论的研究，但是一定要看到，"我思"后面还有一个"我是"，前者是对后者的解释。这至少说明，关于"思"的考虑一定要与"是"相联系，相结合。这样也就说明，关于认识的考虑依然与"是"相关。所以在这一点上，认识论与本体论的研究是一致的。自笛卡尔提出"我思故我是"以来，"我思"成为哲学必须讨论的内容。特别是传统哲学中，无论是康德、黑格尔，还是胡塞尔、海德格尔，都有大量关于"我思"的讨论。但是如前所述，在他们的相关讨论中，最主要谈论的，依然还是"是"，依然与"是"相关。比如康德的范畴表中含有"此是-不是"，黑格尔的逻辑初始概念包含"是"，他把感觉确定性归结为"它是"，他的"规定性"与谓述方式相关，胡塞尔的明证性与"S 是 P"相关，海德格尔的"此是"与谓述方式相关。人们在关于认识的讨论中会有发展，会考虑更多的东西，但是总体来说，人们考虑最多的，最主要的还是谓述方式。这一点，到了分析哲学得到了充分的体现。将谓述的东西看作句子所表达的东西，看作意义的体现，将真与意义对应起来，从而把真这一概念凸显出来，放到首位。或者说，通过使真与意义直接联系起来，因而形成关于真之理论的研究，并由此形成各种各样的意义理论。

分析哲学经过一百多年的发展，已经成为一种比较成熟的哲学形态，它的分析的方法也被广泛采用。分析哲学的发展也影响了哲学领域的工作，导致分析哲学的方法的普遍应用，产生诸多哲学方式，比如科学哲学、心灵哲学、认知哲学等等。分析哲学的产生和发展改变了人们关于传统哲学的认识，也给哲学带来了超出分析哲学领域的发展变化，这些发展变化反过来也影响着人们对分析哲学的认识，从而影响着人们对哲学的认识。但是无论如何发展，不管怎样看，至少有一点是要承认的，这就是：本体论、认识论和分析哲学是哲学发展的三种不同形态，或者是三种最主要的形态。谈论哲学史，不谈这三种形态是不行的，考虑哲学，不考虑这三种形态也是不行的。

四、"存在"的误区

哲学引入我国近二百年，哲学研究在我国也获得了长足的发展和进步。由于哲学是从西方引进的，因此哲学研究从一开始就带有一个问题，这就是对哲学用语的翻译和理解的问题。如上所述，ontology 一词字面上意味着与"是"相关的学说或学问，体现了与语言和逻辑的联系，体现了与认识相关的因素。中译名"本体论"中的"体"字将该词物化，使其带有强烈而浓重的物化色彩，似乎字面上与"认识论"形成区别，似乎二者带有主客二分对立的含义。但是很明显，该词失去了原文中 on 的意思，因而字面上失去了与语言和逻辑可能会具有的联系。"形而上"之说来自《易经》，因而"形而上学"似乎是中国自古有之的东西，但是实际上，它是 metaphysics 的翻译，它没有体现出原文中"物理学"的意思，也没有体现出与物理学相区别的、不同的意思。因而它体现出上下之分，但是没有体现出科学的意思，没有体现出与科学相区别的意思。

在哲学研究中，我有时候会讨论"形而上学"和"本体论"的意思，但是从不讨论它们的翻译是不是有问题。在过去这些年，我一直在讨论"是"与"真"的问题。我认为，在西方哲学研究中，把 being 译为"存在"乃是错误的，把

truth 译为"真理"也是错误的，应该将它们译为"是"与"真"，应该在系词的意义上理解 being，应该在"是真的"的意义上理解 truth。这是因为，"形而上学"和"本体论"只是两个名称，是对一些讨论的称谓，但是并不涉及具体的讨论。"是"与"真"则不同，它们是具体讨论中的用语，涉及具体讨论的内容。确切地说，"形而上学"和"本体论"等用语可以用来称谓有关"是"与"真"的讨论，但是却不能代替后者的讨论。也就是说，前者可以看作仅仅是名称的问题，而后者却不是名称的问题，而是实实在在的问题，具有实质性的问题。若是觉得名称有问题，换一个也是可以的。若是明确了所讨论的内容，名称则可以成为相对次要的问题。"是"与"真"则不同，它们直接与哲学内容相关，直接与哲学认识的表达相关。特别是，如果认为哲学就是形而上学的话，那么"是"与"真"就是哲学的核心问题。因此，它们就不仅仅是个名称的问题，而且绝不是名称的问题。

关于"是"与"真"，以前我已做出许多研究和讨论。本书通过从对亚里士多德和弗雷格的讨论而明确说明形而上学的核心问题：他们的研究与语言相关，与逻辑相关，也与经验相关，更与先验相关，体现了本体论研究的不同形态的发展和变化。现在我们要基于这些认识进一步讨论，为什么将 being 译为"存在"是错误的，为什么将 truth 译为"真理"是错误的。在我看来，简单说，"存在"与"真理"字面上消除了与语言的联系，混淆了与逻辑的联系，这样也就消除或模糊了哲学研究的先验性。字面上看，"是"乃是系词，"存在"不是系词，因此谈论系词的时候，明显可以看出是关于"是"的考虑，而不是关于"存在"的考虑。"存在"和"真理"体现了对西方哲学最核心问题的误解，从而也误导了对西方哲学的理解。结合前面的一些讨论，我们可以对这些问题做出更明确的说明。

最简单地说，"是"乃是系词，字面上就与语言有联系，同时也与逻辑相联系，尤其是人们谈论系词的时候，明显是在考虑语言或在考虑逻辑，或者可以看出，这是在借助关于语言的考虑或借助逻辑的理论和方法在进行探讨。相比之下，"存在"不是系词，因此字面上消除了与语言的联系，也消除了与（传统）逻辑的联系。因此谈论系词的时候，明显可以看出关于"是"的考虑，而不是关于"存在"的考虑，而在这样的语境下，将 being 译为"存在"，显然会造成误解，并由此造成误导。

应该看到，"系词"这一术语并不是一开始就出现的，它是随着关于 being 的研究的发展和深入而出现的。因而早在它出现之前，关于系词的考虑就已经出现，只不过相关考虑没有使用"系词"这个术语。在我看来，举例说明很好地体现了这一点，也可以说明这一点。举例具有"S 是 P"这一句式，因而可以使人认识语言中的系词用法和含义。所以举例说明通常是关于系词的说明。认识到这一点也就可以看出，在西方哲学讨论中，"系词"的使用并不是贯彻始终的，而是理论发展的结果，但是关于系词的考虑却由来已久。举例则是说明系词特征的一种方式，简单易行：在"系词"一词出现之前是如此，在它出现之后依然是如此。所以，应该重视关于举例说明的考虑。它明显表明这样的考虑是与语言相关的，有时候甚至是与逻辑相关的。在这样的情况下，也就是说，在涉及举例说明的情况下，"存在"翻译是错误的，而且表现得非常明显。比如亚里士多德说的有一门科学，它研究"是本身"，字面上总是可以同语言相联系的，但是翻译为它研究"作为存在的存在"，无论如何理解，至少字面上失去了与语言的联系，因而失去了与语言相关的考虑。这样就给理解亚里士多德的形而上学制造了障碍。比如前面在论述亚里士多德的思想时提到《形而上学》的一段话，它的现有中译文如下：

> 【引文 2】正如前面我们在区别多种意义时所说，存在有多种意义，它或者表示是什么和这个，或者表示质，或者表示量，或者表示这些范畴中的任何一个。尽管存在的意义有这样多，但"是什么"还是首要的，因为它表示实体。当我们说这个东西的性质是什么时，或者说是善，或者说是恶，而不说三肘长或是人；而我们说它是什么时，就不说是白净的、是热的、是三肘长，而说是人，是神。其他东西被称为存在，或由于它们是这种存在的质，或者由于是它的数量和性质，以及其他类似的东西。①

这段话问题很多。首先，第一句中的"存在有多种意义"很难理解，"存在"一词的意思很明确，表示有，因此不可能有多种意义。其次，第二句中的它"表示是什么""表示质""表示量"等等也无法理解，"存在"显然不表达这些意思，也无法表达这些意思。最后，最难理解的问题是"是人""是白的"这些举例说明：不明白它们与"存在"的意义有什么关系。很明显，这里举了许多例子，它们似乎都是为了说明"存在"的多种意义。但是字面上看，它们与"存在"显然没有

---

① 苗力田主编：《亚里士多德全集》，北京：中国人民大学出版社，1993 年，第Ⅶ卷，第 152 页。参见本书第二章引文 5，那里是本书提供的译文。

任何关系。在这种情况下，它们如何能够说明"存在"的意义呢？又怎么能够说明"存在"有多种意义呢？

对照前面的译文可以看出，以上问题都是翻译造成的："存在"的翻译使得 being（亚里士多德所说的 on）失去了它是语言中使用的词的意思，因而失去了语言层面的含义，这样也就失去了至少可以在语言层面，联系语言的使用方式来思考它的可能性。结果那些本来是为了说明它的例子却失去了说明的作用，因为和被说明的东西对不上号。这样一来，举例说明似乎失去了作用，反而成为说明的障碍。

可以看出，"是人""是白的"这些例子都是日常语言中通俗的、自明的表达，这就说明，举例的目的并不是要人们将思考集中在这些例子上，而是借助这些例子来思考被它们所说明的东西。这里所说明的是 on，on 是亚里士多德要说明和探讨的东西，举例就是为了说明和探讨它，二者是对应的。字面上可以看出，"是人""是白的"的表述不同，但是有一点是共同的，即都含有"是"。也就是说，它们以共同的一个"是"表达了不同的意思，所以亚里士多德说，"是"（on）有不同含义。即使认为"是本身"关于语言的考虑似乎并不是那样明显，通过这里众多举例说明，通过举出含"是"一词与不同表语的例子，也可以看出，这是关于"是"的说明，因而是关于"是本身"的说明。但是所有这些对应性、联系和说明都被"存在"一词破坏了。

又比如前面曾提到海德格尔将关于 being 的传统认识归为三类，其中一类认为"是"乃是自明的概念。他的相关说明的现有中译文如下：

【引文3】"存在［是］"是自明的概念。在一切认识中、一切命题中，在对存在者的一切关联行止中，在对自己本身的一切关联行止中，都用得着"存在［是］"。而且这种说法"无需深究"，谁都懂得。谁都懂得"天**是**蓝的"、"我**是**快活的"等等。然而这种通常的可理解不过表明了不可理解而已——它挑明了：在对存在者之为存在者的任何行止中，在对存在者之为存在者的任何存在中，都先天地有个谜。我们向来已生活在一种存在之领会之中，而同时，存在的意义却隐藏在晦暗中，这就证明了重提存在的意义问题是完全必要的。[1]

---

[1] 海德格尔：《存在与时间》（修订译本），陈嘉映、王庆节译，熊伟校，陈嘉映修订，北京：生活·读书·新知三联书店，2006年，第5-6页。

非常明显，这段话也有举例说明："天是蓝的"和"我是快活的"。可以看出，它们是最普通的日常表达，意思是自明的。它们都含有"是"一词，不仅如此，海德格尔还加重点符予以强调。这就表明，他要我们考虑的不是这两句话的意思，而是这两句话的表达方式：都含有"是"，后者起着一种共同的作用，而两句话的意思却不相同。

这段话的问题也同样明显：所要说明的乃是"存在"，举例却与"存在"没有任何关系。也就是说，本来是想借助自然语言的日常表达来说明问题，结果却南辕北辙。

除了这种字面上的问题，即所要说明的是"存在"，而举例与"存在"没有任何关系，仔细分析还可以看出，举例与一些具体的理论性说明也是没有关系的。比如在开始时说，"在一切命题中……都用得着'存在〔是〕'"，但是举的两个例子却偏偏没有"存在"，这又如何能够说明"一切命题"呢？又比如后来说，我们"在一种存在之领会之中"，而用"天是蓝的"这样的例子如何能够说明我们总是处于对"存在"的理解之中呢？

联系引文 2 可以看出，引文的说明方式是相同的，都借用举例说明。译文的问题也是相同的，举例与所说明的问题不一致，起不到说明作用。特别是，所举例子都是日常语言中最普遍的表达，没有任何理解的问题，用它们做说明本来不应该有任何问题，现在恰恰出现了问题。而问题主要就在于将 being 译为"存在"，从而使举例说明失效。这就表明，"存在"一词的翻译是有问题的，而其问题主要就在于它没有 being 一词本身字面上的那些意思，因而借助该词的使用无法对它做出说明。假如可以将亚里士多德和海德格尔这两段话看作西方哲学从古至今的论述，则可以看出，西方哲学家探讨 being 都会借助举例来说明。因为 being 是日常表达中的用语，可以通过举例做出说明，而且这样的说明直观，容易理解，即使理论上的说明和理解有难度，日常语言中也没有问题，因而可以借助日常语言的表达来说明和理解。但是"存在"的翻译消除了 being 一词的字面含义，因而消解了它与语言的联系，结果给我们理解西方哲学造成问题。如果将 being 译为"是"，则不会有这样的问题，比如将引文 3 修正如下：

【引文 3*】"是"乃是自明的概念。在一切认识中、一切命题中，在对是者的一切关联行止中，在对自己本身的一切关联行止中，都用得着"是"。

而且这种说法"无需深究"，谁都懂得。谁都懂得"天**是**蓝的"、"我**是**快活的"等等。然而这种通常的可理解不过表明了不可理解而已——它挑明了：在对是者之为是者的任何行止中，在对是者之为是者的任何是中，都先天地有个谜。我们向来已经生活在一种对是的领会之中，而同时，是的意义却隐藏在晦暗中，这就证明了重提是的意义问题是完全必要的。[①]

说明和探讨的乃是"是"，举的例子含"是"，因而举例和所说明的东西乃是对应的。举例表明，"是"乃是日常不可或缺的用语：在一切命题中都要用这个"是"。正因为它的这种使用方式，人们的表达离不开它，所以说我们总是处于对它的领会之中。无论这样是否做出对"是"的明确说明，不管这种关于"是"的论述是不是清楚，至少有一点是显然的："是"是语言中的词，与语言相关，可以借助语言表达方式来说明它，当然也就可以借助语言表达方式获得关于它的认识。而"存在"一词恰恰使所有这些与语言相关的考虑消失殆尽。

在西方哲学讨论中，举例的情况比较容易说明与语言相关的考虑。相比之下，关于逻辑的考虑有时候不是那样清楚，因为"S 是 P"不仅是语言的基本句式，也是逻辑的基本句式。基于这一句式来考虑问题，比如可以谈论主语、谓语和系词，可以谈论肯定和否定，还可以谈论它们所表达的东西，比如对象和概念、事实和认识等等。笼统地谈论这样的考虑与逻辑相关是容易的，若真正说清楚哪些考虑与逻辑相关，为什么，则不是那样容易。但是，这并不意味着我们就无法认识，也无法说清西方哲学家关于逻辑的认识和与逻辑相关的考虑。

关于应该将 being 译为"是"，而不是译为"存在"，应该在系词的意义上理解 being，并且应该将这样的理解贯彻始终，我已经说过很多了。人们称我的观点为一"是"到底论。我认为这样说也可以，但是一定要看到，我在讨论时还有一句话：这不是简单的翻译问题，而是如何理解西方哲学的问题。最简单地说，这个问题与语言相关，与逻辑相关，与逻辑与哲学的密切关系相关。仅从引文 3 即可以看出，人们在谈论 being 的时候会有举例，会通过举例做出相关说明。比如这里说它是"自明的概念"，它"在一切认识中、在一切命题中""都用得着"。这样我们就会清楚地认识到，应该通过那些例子来认识 being，应该通过那些结合

① 参见 Heidegger: *Sein und Zeit*, Max Niemeyer Verlag Tübingen 1986, S. 4。

例子的说明来理解 being。这样我们就可以看到，而且是非常清楚地看到，它们所说的乃是"是"，而不是"存在"。

引申一步，举例从古至今，贯彻始终，基本都具有"S 是 P"这样的句式，所说明的则是该句式所表达的东西，目的也是为了说明"是"，一如引文 3* 开宗明义："'是'乃是自明的概念"。但是关于"是"的说明却各不相同。还是以人是万物的尺度和矛盾律为例。如前所述，它们是两种完全不同的说明，体现了关于"是"的两种不同的认识。简单说，"尺度"含有标准的意思，因而暗含着关于真假的考虑，而矛盾律则本身就是真的。也就是说，它们字面上都是关于"是"的说明，实际上则含有关于真的说明，因此它们以其各自的说明方式使"是"与"真"联系起来。应该看到，从人是万物的尺度到矛盾律是一个进步，这是因为，矛盾律是逻辑的认识，它使人们将关于是的认识脱离了常识，上升为科学。不仅如此，矛盾律后来也常常被用作举例。矛盾律与一般例子的共同之处在于，它们都是关于认识的说明，都是关于"是"的说明。不同之处在于，一般例子，比如天是蓝的，是常识性的，属于经验性的认识。而矛盾律，即一事物不能既是又不是，则是逻辑规律，是科学，它适用于像"天是蓝的"那样的经验认识，是关于认识本身的，是具有普遍性的。

综上所述，应该将 being 译为"是"，而不是译为"存在"。最简单而直白地说，"是"可以体现哲学讨论中所有与语言和逻辑相关的认识，至少可以保留其相关认识的可能性。"存在"一词则消除了关于语言及其表达方式的考虑，消除了关于逻辑的考虑，因而消除了逻辑与哲学密切联系的考虑。正因为如此，"存在"一词消除了关于认识本身的考虑，最保守地说，它至少极大地削弱了关于认识本身的考虑。

第九章 超越语言与文化

哲学引入我国近二百年，哲学研究在我国也获得了长足的发展和进步。随着哲学在我国的发展，形成了一些独具特色的哲学形态，比如中国哲学、马克思主义哲学，它们成为国内哲学的主流。人们在研究中感到，它们与形而上学是不一样的。比如，它们不谈"是"与"真"，至少可以不谈"是"与"真"，或者，即便谈论，"是"与"真"也不是核心的东西。人们习惯于认为，哲学是时代精神的精华，哲学要为时代服务，要解决时代所提出的现实问题，一如马克思所说，问题在于改变世界。从这样的观点出发，人们认为形而上学是有缺陷和问题的。有人甚至认为，西方哲学没落了，中国哲学应该登场，中国哲学代表了未来的哲学。尽管相关讨论中也会有不同看法，比如人们讨论中国哲学的合法性问题，讨论使用西方哲学概念是不是有助于表述中国哲学思想的问题。本书不讨论这些问题，只想基于前面的研究明确指出一点，中国哲学和马克思主义哲学都是加字哲学，与形而上学具有根本性的区别。

应该看到，中国的思想文化对中国哲学和马克思主义哲学的产生和发展具有巨大而深刻的影响，对我国形而上学的研究也产生了巨大影响。还应该看到，由于形而上学研究与翻译相关，因而受到汉语的影响。所以，在我国形而上学研究受到了中国的语言和文化的双重影响。由于形而上学是从西方引进的，因此形而上学研究从一开始就带有一个问题，这就是对其用语的理解和翻译的问题。人们依据对形而上学的理解进行翻译，反过来，业已形成的翻译又促进和发展了对形而上学的理解。比如，"形而上"之说来自《易经》，以它来翻译 metaphysics，就有了"形而上学"之说，人们似乎会觉得，这是中国自古有之的东西。但是实际上，它是译文，没有体现出原文中"物理学"的意思，也没有体现出与物理学相区别的、不同的意思。因而它体现出"上""下"之分，但是没有体现出科学的意思，没有体现出与科学相区别的意思。又比如，ontology 一词的字面上意味着与 on 相关的学说或学问，体现了与语言和逻辑的联系，体现了与认识相关的因素。中译名"本体论"中的"体"字将该词物化，使其带有强烈而浓重的物化色彩，似乎字面上与"认识论"形成区别，似乎二者带有主客二分对立的含义。但是很明显，该词失去了原文中 on 的意思，因而字面上失去了与语言和逻辑可能会具有的联系。

我可以承认，我在哲学讨论中也会涉及"形而上学"和"本体论"，但是我通常不讨论它们的翻译是不是有问题。在过去这些年，我一直在讨论"是"与"真"的问题。我认为，"形而上学"和"本体论"只是两个名称，是对一些讨论的称谓，并不涉及具体的讨论。"是"与"真"则不同，它们是具体讨论中的用语，涉及具体讨论的内容。确切地说，"形而上学"和"本体论"等用语可以用来称谓有关"是"与"真"的讨论，但是却不能代替后者的讨论。也就是说，前者可以看作仅仅是名称的问题，而后者却不是名称的问题，而是实实在在的问题，具有实质性的问题。若是觉得名称有问题，换一个也是可以的。若是明确了所讨论的内容，名称则可以成为相对次要的问题。"是"与"真"则不同，它们直接与哲学内容相关，直接与哲学认识的表达相关。特别是，如果认为哲学就是形而上学的话，那么"是"与"真"就是哲学的核心问题。因此，它们就不仅仅是名称的问题，而且绝不是名称的问题。

中国哲学家区别"照着讲"和"接着讲"，提倡并强调要"接着讲"。马克思主义哲学家主张要有创新意识，强调要发现新问题，解决新问题。今天一些哲学家更是指出和强调，我们的哲学研究不要总是解释别人的东西，而是一定要有问题意识，要讲我们自己的东西。我认为，正面地、积极地理解所有这些看法并将它们应用于形而上学研究，则可以归结为一句话，这就是超越中国的语言和文化。这是因为，形而上学研究与语言相关，涉及对 being 和 truth 这两个核心概念的翻译和理解。我们可以简单将这归结为语言方面。形而上学研究与逻辑相关，涉及对逻辑的理论和方法的认识、把握和应用。我们可以简单将这归结为文化方面。形而上学的讨论可以非常具体，比如像前面那样的文本分析，具体到某一个人的某一个理论，某一本著作的某一章、某一节，甚至某一段文字，某一句话；也可能会比较抽象，一如人们常常讨论的中文是否有一个词与 being 一词相对应，中国有逻辑还是没有逻辑等等。无论抽象还是具体，形而上学的讨论总离不开关于 being 和 truth 这两个概念的讨论，离不开对两个概念的翻译和理解，这就不可避免会涉及语言方面的问题，特别是涉及汉语的表达和使用的问题。而关于这两个概念的翻译和理解、表达和使用是不是与逻辑相关，是不是一定要与逻辑相关，则涉及对形而上学的认识，涉及对逻辑与形而上学的认识，这就不仅仅是语言层面的问题。至于说逻辑是什么，应该如何认识、把握和应用逻辑，是不是一定要用逻辑的理论和方法来研究形而上学，显然也不是语言方面的问题。我采用一个比较宽泛的说法，将这说成是文化方面的问题。毫无疑问，汉语与西方语言是不同的，中国的思想文化与西方思想文化也是不同的。我认为，哲学就是形而上学，因此借助康德的提问方式可以问，哲学是不是中国思想文化的一部分，哲学是不是可以成为中国思想文化的一部分？我区别形而上学与加字哲学，则可以问：形而上学是不是中国思想文化的一部分，是不是可以成为中国思想文化的一部分？所以，在一般的意义上讨论哲学，或者明确地说讨论形而上学，而不是讨论加字哲学，比如中国哲学、马克思主义哲学，就有一个超越语言和文化的问题。因为我们要在一般的意义上探讨与 being 和 truth 相关的问题，而且我们的探讨会与逻辑相关，会涉及逻辑的理论和方法的应用，会涉及对逻辑的把握和认识。

一、关于语言的考虑

人们一般认为，being 一词有多种含义，一种是系词含义，一种是存在含义。国内学界关于 being 大致有两种观点，一种认为应该以"是"来翻译，一种认为应该以"存在"来翻译，理由各不相同。我一直认为，在哲学研究中，应该在系词的意义上理解 being，并且应该将这样的理解贯彻始终，我还指出，这不是简单的翻译问题，而是如何理解西方哲学的问题。我的这种观点被称为"一'是'到底论"。为了讨论方便，我也采用这一说法，同时我将主张"存在"译法的观点称之为"存在论"。

存在论者关于主张和采用"存在"这一译语做出许多辩护，大致可以分为两类。一类是阐述 being 一词有存在含义，另一类是论证"是"一词不能或不适合用来翻译 being。这两类论述常常交织在一起。在我看来，存在论者的后一类论证虽然不能说与理解西方哲学完全没有关系，但主要还是从汉语角度出发的。这样的论证有时候是明显的，有时候则不是那样明显。为了便于讨论，我们将它们作为一类论证区别出来，集中讨论，这样可以更好地说明语言对哲学研究的影响。我们看下面的论述：

【引文1】按说，大写的 Sein 既然从小写的 sein 而来，通常应当译作"是"。所谓本体论那些深不可测的问题，在很大程度上，就从西语系词的种种意味生出来，若不把 das Sein 译作"是"，本体论讨论就会走样。[1] 然而，中文里没有手段把"是"这样的词变成一个抽象名词，硬用"是"来翻译 das Sein，字面上先堵住了。……[2] 本来，像 sein 这样的词，不可能有唯一的译法，只能说译作什么比较好些。[3] 即使译作"是"，义理也不能全保……[4] 现在，单说技术性的困难，就会迫使我们退而求其次，选用"存在"来翻译名词性的 Sein。即使退了这一大步，译文也不好读，但好歹能读。①

这段话论述 Sein 一词的翻译，中心思想是说明，不能把 Sein 译为"是"，而要译为"存在"。[1] 之前的话谈及 Sein 一词的本体论含义，之后省略号处是举例说明，涉及对 Sein 一词的理解，我们可以暂且不予考虑，直接看加序号的表述②。[2] 和 [3] 所谈的"译法"和"义理"虽然与翻译相关，但是也不能说与对该词的理解毫无关系。尽管如此，我们依然可以看出，这段话有非常明显的关于汉语方面的考虑。

[1] 说"是"一词不能变为抽象名词③，这显然是关于"是"这个词的论述。这意味着"是"一词不是抽象名词，这显然也是关于"是"这个词的论述。这就表明，"是"一词不是抽象名词，也没有办法变为抽象名词，而 Sein 是名词（[4]），

---

① 海德格尔：《存在与时间》（修订译本），陈嘉映、王庆节译，熊伟校，陈嘉映修订，北京：生活·读书·新知三联书店，2006 年，第 495-496 页。序号为引者所加，为讨论方便。
② 我曾对这一整段论述做过详细讨论，指出其理解上和论证方面的问题，这里不再重复。参见王路：《解读〈存在与时间〉》，第 206-214 页。
③ 类似的观点很多，比如，"是"一词"现在主要作为系词使用，将之名词化有违日常的汉语语言习惯，这会带来翻译上的诸多不便和理解上的困难"（海德格尔：《形而上学导论》（新译本），王庆节译，北京：商务印书馆，2015 年，"译者后记"，第 243 页）。"单字难以成词，现代汉语已经形成了以双音节的语言习惯"，所以要采用"存在"这个译语（需补充文献信息）。它们说明，"是"不能做名词使用，甚至不能是一个词，当然也就不能用来翻译名词性使用的 being。我认为这些理由都是站不住脚的。

因此不能用"是"来翻译 Sein。[1]中还出现"硬用"一词①，该词含有贬义，暗指不讲道理。意思是说，"是"不是名词，也不能成为名词，因而不能用来翻译以名词形式出现的 Sein，如果这样做，就是不讲道理。这无疑也是从汉语字面上考虑的。这样的考虑与语义没有关系，大概相当于[4]中所说的"技术性"方面的考虑。

与[1]相呼应，[4]说采用"存在"这一译语乃是"退而求其次"，意思似乎是说，由于不能用"是"来翻译，因此只能凑合使用"存在"一词。"好歹能读"意味着若将 Sein 译为"是"，就根本不能读。这似乎又是从中文字面上说的。联系起来看，"是"不是名词，无法做名词，因此翻译为名词就是没有道理的，因而也是不能懂的。"存在"是名词，尽管也有问题，却总还是可以读的。这里从"读"的角度说的，指的是读中译文，因而从文字的角度说，这里的意思大概是说，"是"不是名词，无法做名词，若是一意孤行译为名词，字面上就是行不通的，而"存在"一词是行得通的。特别是这些论述被明确说成是"技术性"方面的考虑，这就明显表明同样是从汉语层面考虑的。

综上所述，[1]至[4]非常明显地体现出关于汉语层面的考虑，尤其是[1]和[4]，似乎专门只是关于汉语层面的考虑。这样的考虑是不是有道理姑且不论，我们至少可以看出，它们所起的作用就在于说明，不能把 Sein 译为"是"，而只能译为"存在"。以上是关于汉语"是"一词的说明，下面我们看一段结合举例的说明：

【引文2】像"狗是在花园里"——德语原文为 Der Hund ist im Garten——这样的译文，就不是正常的翻译。在日常的（正常的）语境里，我们总是会问"狗在哪儿？"——答曰"狗在花园里"，而不至于问"狗是在哪儿？"——答曰"狗是在花园里呀"。……我们认为，学术文本的翻译，尊重母语语感的恰当性和表达的自然性应该是一项基本的要求。②

---

① 类似说法不少，比如"强行翻译"，意思也是一样的（参见邓晓芒：《Being 的双重含义探源》，载宋继杰编：《Being 与西方哲学传统》上卷，保定：河北大学出版社，2002 年，第 287 页）。

② 孙周兴：《存在与超越：西方哲学汉译的困境及其语言哲学意蕴》，《中国社会科学》，2012 年第 9 期，第 33 页。

　　这段话是关于翻译原则的讨论，意思是要尊重汉语的语感，并通过"狗在花园里"这个例子说明，没有"是"一词符合汉语语感，而有"是"一词就不符合汉语语感，因此不能将德文句中的 ist 翻译为"是"。谈论汉语语感，谈论表达的恰当性和自然性，甚至直接讨论汉语例句，这无疑也是关于语言层面的考虑。关于汉语语言的考虑还有许多，兹不一一列举，我认为，以上两段引文既有关于"是"一词的讨论，也有举例说明，而且比较有代表性。它们不仅典型地体现了国内学界关于一"是"到底论的看法，而且大致相当于西方哲学关于 being 的讨论：既有理论层面的说明，也有举例说明。让我们基于它们展开讨论。

　　我在关于 being 的讨论中一直强调，这不是简单的翻译问题，而是如何理解西方哲学的问题。讨论 being 问题确实会涉及翻译，因而涉及汉语，包括选词和表述，但基础是理解：既有对西方哲学的理解，也有对汉语的理解，而且首先是对西方哲学的理解。认识到这一点也就可以看出，在关于 being 的问题上，单纯的汉语讨论是没有的，也是不得要领的。即使前面两段引文也是如此。

　　如前所述，引文 1 的 [2] 和 [3] 涉及理解，而 [1] 和 [4] 似乎是专门关于语言层面的考虑。仔细分析则可以看出，实际情况并非如此。[4] 谈及"不好读"和"能读"。读的是文字，所谓"不好读"大致指不通顺，不符合语法，结果是读不懂，因而依然涉及理解。所谓"好歹能读"大致指不管怎样不通顺、不符合语法，结果还是可以读懂的。因而关于"读"的论述最终还是与理解相关。

　　可以承认，引文 1 中的 [1] 是关于"是"一词本身的讨论，与理解无关。持这种观点的人不少，类似方式的讨论的还有一些，比如有人认为，将"是"一词"名词化有违日常的汉语语言习惯，这会带来翻译上的诸多不便和理解上的困难"[①]；有人甚至认为，"单字难以成词，现代汉语已经形成了以双音节词的语言习惯"[②]，等等。这些说法是不是有道理姑且不论，显然都是从汉语层面说的，都是为了说明，中文中的"是"乃是字，而不是词，它尤其不是名词，而 being 一词是名词，所以不能将 being 译为"是"。我认为，[1] 虽然与其他这些论述不同，但实质一样，可以代表它们，因此我们只讨论 [1]。

---

① 　海德格尔：《形而上学导论》（新译本），王庆节译，北京：商务印书馆，2015 年，"译者后记"，第 243 页。

② 　基尔克、拉文、斯科菲尔德：《前苏格拉底哲学家》，聂敏里译，上海：华东师范大学出版社，2014 年，第 368 页脚注。

应该看到，[1]是接着前面的话说的，是与前面的论述相关的。而前面明确说到"系词"，说到系词的"种种意味"，还说到本体论的问题是与它们相关的。这显然说明，Sein一词的翻译涉及理解。特别是"若不把 das Sein 译作'是'，本体论讨论就会走样"一句，更是与理解相关，因为涉及本体论的讨论。这就相当于告诉我们，由于"是"不是也不能成为名词，因而不能用来翻译 Sein，因而采用"存在"一词来翻译，这样做的结果就是造成了本体论讨论的走样[1]。由此可见，这里的讨论旨在为"存在"一词的翻译辩护，讨论的方式是对"是"一词的翻译提出批评，批评的依据来自对汉语语言本身的考虑。这样关于汉语层面的考虑是不是有道理姑且不论，难道不是相当于在为一种错误的翻译辩护吗？也就是说，假如只考虑汉语，似乎大致还是可以谈论一下的，比如"是"是不是名词，是不是可以成为名词，但是从翻译的角度出发就一定会涉及理解，涉及一如这里所说的对本体论的含义的理解，一旦涉及理解，翻译的对错就显示出来。所以，即便可以考虑语言，也一定是与语言相关的。

至于引文2，问题就更简单了。不是说不可以讨论什么样的翻译正常，什么样的翻译不正常，什么样的翻译尊重汉语的语感，表达得恰当和自然，什么样的翻译不尊重汉语语感，表达得不恰当和不自然，问题是它提到的 Der Hund ist im Garten 这个德文例句不是孤立的话，也不是出现在文学作品中。它出自海德格尔给出的14个例子之中，都含有 ist 一词，而这14个例子都是被用来说明 Sein 的：它是"简单""通常""随意"地"以一种词的形式说出来"的[2]。这些例子之所以能够说明 Sein，乃是因为它们都含有 ist，而这个 ist 与 Sein 乃是对应的。所以，14个例子一起要说明 Sein 一词的上述性质，单独一个例子也要说明 Sein 一词的上述性质。认识到这一点也就可以看出，"狗在花园里"的翻译是有问题的，它没有翻译出句子中的那个 ist，不含与所谈论的名词 Sein 相对应的东西，没有起到举例的说明作用。而"狗是在花园里"的翻译是正确的，它翻译出德文句子中的

---

① 引文1只引了明显与语言相关的论述。这段话引自《存在与时间》的译后记，那里关于 Sein 一词的翻译问题有一段完整的论述，我曾就这整段论述做出详细讨论，参见王路：《解读〈存在与时间〉》，第205-214页。

② 我曾多次从多方面讨论过海德格尔含有这14个例子的论述，这里不再重复，参见王路：《读不懂的西方哲学》，清华大学出版社，2022年，第182-185页、第205-206页；《一"是"到底论》，清华大学出版社，2017年，第262-263页、第275-278页、第296-302页。

那个动词 ist，从而使其与讨论的那个名词 Sein 相对应，体现了它被说出的词的形式，因而起到举例说明的作用。

所以，在涉及 being 的讨论中，谈论汉语"是"一词，包括它的语法形式和在句子中的使用方式，乃是自然的，也是应该的。但是企图脱离对西方哲学的理解，单纯考虑"是"一词，并以此来说明哲学讨论中翻译的对错，注定是不行的。讨论 being 问题，肯定会涉及翻译，会涉及关于汉语用词的考虑，无论用"是"还是用"存在"，所以这里有一个与语言的考虑相结合的问题，但是又不能只考虑一种语言，因而非常直观地说，这同时就有一个超越语言的问题。

二、关于逻辑的考虑

存在论者批评一"是"到底论，为"存在"辩护，一个非常重要的理由是要区别逻辑与形而上学。他们认为，"是"的翻译和理解是逻辑的，而"存在"的翻译和理解是哲学的，仅有逻辑的理解是不够的，而且逻辑的理解会带来很大问题。比如有人认为，"是"这个译名很容易"把形而上学的思辨理解为纯逻辑的分析"，"是"的解释"有过于浓重的逻辑学倾向，而我们显然不能把哲学仅仅归结为逻辑学或语言学"[1]；"是"的这种译法隐藏着一种倾向，这就是把"existence"（存在）从"being"（是）彻底割裂出去，从而完全从知识论甚或逻辑学的角度去理解哲学[2]。还有人认为，一"是"到底论的思考方式是逻辑主义的，即单纯从逻辑学出发来理解西方哲学的基本问题，这样来解释有关 being 的问题，"难免会犯下以偏概全，乃至舍本求末的错误"[3]。除了这些一般性论述，也有具体化的，比如有人认为，"将海德格尔的 Sein 问题归结为语言学的系词问题以及由此而来的逻辑学的判断问题，不仅不是海德格尔发问 Sein 问题的初衷，而且可能误解和曲解海德格尔的全部问题意识"[4]。这方面的论述很多，不必一一列举，以上表述是

---

[1] 周迈："论亚里士多德哲学中的存在(是)'on'"，载宋继杰编：《Being 与西方哲学传统》，第 809-810 页。

[2] 参见宋继杰编：《Being 与西方哲学传统》下卷，保定：河北大学出版社，2002 年，第 1172 页。

[3] 倪梁康：《回应王路》，载倪梁康主编：《胡塞尔与意识现象学》，上海：上海译文出版社，2009 年，第 329-330 页。

[4] 海德格尔：《形而上学导论》(新译本)，王庆节译，"译者后记"，第 243 页。

清楚的，它们显示出一种认识和态度，这就是对逻辑的批评和拒斥。

应该认识到，"S 是 P"是表达认识的基本句式，也是传统逻辑的基本句式。在这种句式中，"是"一词的地位和重要性凸显出来，由此也显示出它的性质：它的语法作用是系词，它的含义是系词含义。正因为如此，人们也认为它自身没有含义，而是与谓词或表语一起才有意义，这就是谓词和谓述性质。在哲学讨论中，人们依据经验获得对这种句式的认识，借助逻辑将这种认识上升到理论，从而有了系词概念，有了围绕系词的讨论，有了关于"是"之方式、"是"之模式以及与它们相关问题的研究和讨论。

还应该认识到，在哲学讨论中，逻辑的理论方法并不是从一开始就出现的，但是自它出现以来，它就成为哲学讨论的工具，哲学家就使用它来讨论哲学问题，所以逻辑在哲学中的作用始终存在。区别只是，在有些人那里多些，比如本书所讨论的那些哲学家，在有些人那里少些；在有些著作中明显些，比如本书所讨论的著作，在有些著作中不是那样明显。所以，关于 being 的讨论总是与逻辑联系在一起的，无论是显然的还是隐含的，联系总是实实在在的。不是不可以区别逻辑与形而上学，但是在我看来，区别的目的不是为了排斥逻辑，而是为了更好地认识逻辑与哲学的关系，更好地认识逻辑的理论方法在哲学中的应用，从而有助于我们更好地研究哲学。这里我们可以以矛盾律为例来讨论这个问题。矛盾律可以有如下两个译法：

【译法 1】"一事物不能同时既存在又不存在"。

【译法 2】"一事物不能同时既是又不是"。

译法 1 是现有译著中的通行翻译，译法 2 是我的修正翻译。二者明显不同，区别就在于其中的 being 前者译为"存在"，后者译为"是"。这样的译文产生完全不同的结果。

第一，"存在"一词有确切的含义，因而"一事物存在"是一个句子，有确定的含义：它是关于一事物的具体说明，这个句子表示有一事物。所以，译法 1 也是一个句子，也有确定的含义，也是关于一事物的说明。它表示不能有如下情况：既有一事物又没有一事物，或者，一事物既是存在的又不是存在的。

第二，"存在"是关于事物的具体说明，因而不是关于语言的说明，不是关于语言表达情况的说明，不是关于语言所表达的认识的说明。所以，译法 1 没有关于语言的考虑，没有关于语言表达方式的考虑，没有关于语言所体现的认识方式的考虑。

前面我们说过，译法 2 是"一事物不能既是如此又不是如此"的简略表达。这是因为，"是"乃是系词，联系主谓，或联系主语和表语。这里的"如此"实际上相当于泛指代词，表示谓语或表语的空位或表达，因而这里的"一事物"也相当于一个泛指代词，表示任一东西。所以，矛盾律不是关于事物的表述，而是对关于事物的表述的表述。在这一表述中，它含有关于语言的考虑，含有关于语言表达方式的考虑，因而含有关于语言所体现的认识方式的考虑。对照关于矛盾律的这种认识则还可以进一步看出一些问题。

第三，译法 1 是关于事物的表述，而不是对关于事物的表述的表述。以它来翻译矛盾律，就使矛盾律中本来所具备的一些性质消失了。比如它消除了这句话字面上与语言的联系，也消除了这句话与语言相关的考虑，使一个与语言表达方式相关的句子变为关于事物的具体表达，使一个本来与语言相关、与语言表达方式密切相关的句子变得与语言及其表达方式没有丝毫关系。

第四，矛盾律是一条逻辑规律。语言表达方式只是它字面上考虑的东西，是它借用的东西。它实际上要表达的则是一种认识方式，即一种借助语言所呈现出来的认识方式。由于"存在"的翻译消除了关于语言的考虑，因而也就消除了关于语言所呈现的认识方式的考虑，这样，"一事物不能同时既存在又不存在"就不是一条关于认识的规律。人们也许可以认为它是符合矛盾律的，但它不是矛盾律。也就是说，即使它是符合逻辑的，它也不是一条逻辑规律。这样，它也就没有了矛盾律所具有的普遍性，没有了一条逻辑规律所具有的普遍性。

结合前面的讨论可以看出，矛盾律的表述是一个句子或者说是一个命题，它在哲学讨论中可能是常识性的，但它显然不是一个日常表达，因而不是常识性的表达。亚里士多德说它是一切证明的出发点，这就说明，它是关于证明的，是证明所依据的。海德格尔在谈及"此是"与"真"的时候谈到它，这就说明，它与"是"的表达方式相关，与真相关。亚里士多德在论述"是"的多义性的举例中，海德格尔在说明"是"的自明性的举例中，都没有以矛盾律为例，而是以日常表达为例，比如"是人""是白的""天是蓝的"等等。它们不是矛盾律，但是会涉及矛盾律，会有一个是不是符合矛盾律的问题，比如是不是可以说"天是蓝的又不是蓝的"。

所举的这些例子可能是真的，也可能是假的。但是，矛盾律是真的。所以，矛盾律是规律，那些例子不是规律。矛盾律是真理，那些例子不是真理。所以，举的例子含有"是"，因而可以用来说明"是"的含义。矛盾律也含有"是"，因而也可以用来说明"是"，但不是用来说明"是"的含义，而是用来说明"是"的使用方式，用来说明以"是"的使用方式所体现的认识方式。

与矛盾律相关，哲学史上的讨论很多。比如人是万物的尺度，它指既是（那）是的事物是的尺度，也是（那）不是的事物不是的尺度。这样的表述出现在关于矛盾律的认识之前，所以，亚里士多德说它是违反矛盾律的。因为从它可以得出矛盾，即人既是（那）是的尺度，又是（那）不是的尺度，因而人们可以认为，是的事物既是又不是。或者，从矛盾也可以得出它，因为从"是的事物既是又不是"既可以得出"是的事物是"，也可以得出"是的事物不是"。亚里士多德认为，要遵守矛盾律，即一事物不能既是又不是；亚里士多德指出，说是者是，就是真的，说是者不是，就是假的。无论如何，这样的表述与矛盾律相关，反映出在逻辑产生之前人们的相关认识。最重要的是，"是"的表达体现了"……是……"这种表达方式，因而反映出关于语言及其表达方式的考虑，并且反映出一种借助语言来考虑认识的方式。但是，所有这些认识在"存在"的翻译下就都走样了：人是万物的尺度被译为"既是事物存在的尺度，又是事物不存在的尺度"。字面上关于语言及其表达方式的考虑看不到了，因而关于其相应的认识方式的考虑也看不到了。

矛盾律是如此，那么其他讨论呢，比如海德格尔所说的"此是"？"此是"的目的在于说明"是"。"此是"只是一个词，而不是一个句子，也无法表达为一个句子，因此不会有矛盾律那样明确的含义，更不能说它是与逻辑相关的表述。海德格尔确实想用它表达各种各样的东西，但是无论如何至少有一点非常明显，这就是他的相关论述含有一种关于结构的考虑，比如"此 - 是"。这种加横线的做法无疑是为了区别"此"和"是"，由此显示出一种结构性的特征。而由此谈及的"在 - 世界 - 中 - 是"和"在 - 之中 - 是"，更显示出做法相同，目的则是区别出"在 - 世界 - 中"和"在 - 之中"，从而区别"在 - 世界 - 中"和"是"，区别"在 - 之中"和"是"。"在 - 世界 - 中 - 是"与具体的东西相关，因而不具有普遍性。但是其结构性显然与"S 是 P"相一致，因此可以认为这是借助了逻辑理论所提供的认识做出的说明。

也许海德格尔认为这是具有普遍性的，我们却不会赞同。但是，如果海德格尔认为这是基于逻辑提供的认识做出的说明，我们还是可以赞同的，只是我们会认为，这不是逻辑的说明，因而不是关于认识方式的具有普遍性的说明。

矛盾律是逻辑规律，关于矛盾律的探讨注定与逻辑相关，因而比较容易与逻辑联系起来。"此是"不是逻辑规律，不是逻辑用语，因此与逻辑的联系不是那样紧密，至少不是那样直接。但是由于有黑格尔关于"此"一词空间含义的解释，有海德格尔关于"此"和"是"的区别说明，其间还是可以看出与逻辑的联系的。此外，黑格尔的《逻辑学》和《逻辑研究》本身就是逻辑著作，其中谈论的"是"比较容易与逻辑联系起来，他们在其他著作中的论述会脱离逻辑的语境，但是借鉴逻辑著作中的论述，我们也可以获得相关论述的认识。也就是说，在比较明确的谈论逻辑和与逻辑相关的论述中，联系逻辑的理论和方法是比较容易的，不太容易的是那些似乎与逻辑完全没有关系的论述，比如下面这段话：

【引文3】只要问之所问是存在，而存在又总意味着存在者的存在，那么，在存在问题中，被问及的东西恰就是存在者本身。不妨说，就是要从存在者身上来逼问出它的存在来。但若要使存在者能够不经歪曲地给出它的存在性质，就须如存在者本身所是的那样通达它。从被问及的东西着眼来考虑，就会发现存在问题要求我们赢得并事先确保通达存在者的正确方式。不过我们用"存在着"（seiend）一词可称谓很多东西，而且是在种种不同的意义上来称谓的。我们所说的东西，我们意指的东西，我们这样那样对之有所关联行止的东西，这一切都是存在着的。我们自己的所是以及我们如何所是，这些也都存在着。在其存在与如是而存在中，在实在、现成性、持存、有效性、此在中，在"有"（es gibt）中，都有着存在。[①]

这是一段关于Sein的论述，其论述方式是借助关于Seiend的考虑，后者是前者的分词形式的名词。译文中括号里的德文表明，说明中直接使用了后者的分词形式，相当于称谓其动词形式。字面上可以看出，这里显然没有关于逻辑的考虑，似乎也完全没有关于语言的考虑。而按照现有中译文，这里谈论的是存在和存在者，即存在的东西。因此这里没有也不会有关于逻辑和语言的考虑。但是实

———————

① 海德格尔：《存在与时间》（修订译本），第8页。

际情况并非如此。

在前面关于海德格尔的论述中，我们曾讨论过这段话（第六章引文 8）。参考那里的修正译文，明显可以看到许多与语言相关的考虑。德文中 Dass-sein 和 So-sein 这样的表述，显然是与语言及其表达方式相关的。引文 3 中的翻译"存在"和"如是而存在"使这样的联系消失了，而第六章引文 8 那里的修正译文"这 - 是"和"如此 - 是"使它们显示出来。

这是本书唯一一处涉及比较现有译文和修正译文之处。所以这里多说几句。以前讨论过的东西不再重复，这里只考虑如下两点。一点是比较引文 3 中"这一切都是存在着的"这一句翻译与"是乃是一切"这一句修正译文。它们的德文是 Seiend ist alles。这两句译文表达的顺序相反。确切地说，它们主谓结构相反，因此意思完全不同。前者用"存在着"说明"这一切"，而后者用"一切"说明"是"。即使抛开说明的关系也可以看出，"一切"一词在这里至关重要，因为它与对 seiend 的说明直接相关。海德格尔在谈及"是"的自明性时使用过这--说明：在一切认识中、一切命题中，在对是者的一切关联行止中，在对自己本身的一切关联行止中，都用得着"是"。对照一下可以看出，这些说明和引文 3 关于"一切"的使用方式几乎是一样的，区别仅仅在于，前者在说明 Sein，而这里在说明 seiend。也就是说，一个是关于名词的说明，一个是关于动词的说明。认识到这一点也就可以看出，前者所说的"一切命题"，无疑带有关于语言的考虑，而随后举例说明给出的"天是蓝的"则直接显示出关于语言的考虑。引文 3 虽然没有举例说明，因而没有"天是蓝的"这样的例子，但是在关于"一切"的说明中，同样谈到"我们所说的东西"，这难道不是指"在一切命题中"吗？即使不是严格地指后者，难道会与它丝毫没有关系吗？

另一点是这一句之前关于"seiend 一词"的说明。这显然是与语言相关的考虑。说明有两点，一是说它可称谓许多东西，二是说含义不同。这无疑涉及 seiend 一词的用法。字面上可以看出，这与其后的说明大致是对应的："许多东西"与"一切"相对应，"不同的意义"与补出说明的那些情况相对应。由此可以看出，这里所说的 seiend 乃是"是"，而不是"存在"。因为"是"一词才具备这样的特征，而"存在"一词不具备这样的特征。这样的说明与海德格尔关于"是"的自明性的说明是一致的：在一切命题中都要用这个"是"，比如"天是蓝的"和"我是高兴的"，但是做出的说明如"蓝的"和"高兴"的意义却不相同，所说明的"天"和"我"也是不同的东西。若是再引申一步则还可以看出，这与亚里士多德的说明也是一致的：人们在不同的意义上说一事物是，有"是什么"意义上的，也有质、量等意义上的，比如"是人"和"是白的"乃是不同的说明。

有人可能会认为，以上论述充其量只能说明，引文3有关于语言的考虑，而不能说有关于逻辑的考虑。在我看来，承认这里有关于语言的考虑乃是必须的。但是还应该看到，"S是P"不仅是语言表达的基本句式，也是传统逻辑的基本句式。不仅如此，逻辑理论还为许多与这种句式相关的表达方式提供了更加明确的认识。所以，同样是关于语言的考虑，同样是关于语言表达方式的考虑，背后同时也会有基于逻辑的思考，关于逻辑的思考，以及与逻辑相关的思考。也就是说，尽管字面上显示的只是与语言相关的考虑，实际上却包含着与逻辑相关的考虑和认识。

所以，在哲学研究中，关于逻辑的考虑总会以这样那样的方式显示出来。有些考虑表现得比较明显，有些考虑表现得不是那样明显。在关于being的探讨中也是如此。但是在后一种情况，我们可以仔细分析那些关于语言的考虑，从中发现并认识与逻辑相关的思考和认识。这是因为，传统逻辑的基本句式和自然语言的基本句式是一样的。所有关于"是"的考虑，所有与"是"相关的考虑，都会与语言相关，也会与逻辑相关，只不过在有些时候，字面上只是显示出与语言相关的考虑，而关于逻辑的考虑不是那样明显罢了。

三、为什么要考虑逻辑？

"哲学"一词的希腊文是philosophia。它由philo（爱）和sophia（智慧）组合而成，字面的意思是"爱智慧"。人们称历史上第一位哲学家是泰勒斯，提出世界的本源是水，对天文学和数学做出贡献。关于他的传说有两个，一个是他仰望星空，跌入坑中，一个是他预见翌年橄榄丰收，提前租下榨油机，结果发了大财。从现有的记载和传说来看，与其说他是个哲学家，不如说他是个天文学家。这也说明，那时学科还没有分类，"哲学"是一个非常宽泛的概念。

柏拉图是古希腊著名哲学家。众所周知，他创立的学园门口的牌子上写着：不懂几何学不要进来。这说明在他那里已经有了学科分类。他留下大量对话，包含丰富的内容，但是没有学科分类，比如著名的《理想国》，今天既是哲学研究

的文本，也是文学研究的文本，还是政治学研究的文本。真正意义上的学科分类
是在亚里士多德那里形成的。或者保守一些说，在柏拉图那里已经有了学科分类，
而到了亚里士多德那里，学科分类被确定下来：亚里士多德留下来的著作充分显
示了这一点。

学科分类是学术思想史上的大事，形而上学是学科分类的产物。"形而
上学"是后人编辑亚里士多德著作时使用的名字，这个故事被人们口口相传。
Metaphysics 这个名称含有"在物理学之后"之义，因而含有"物理学"和"与物
理学不同的东西"之义，所以含有学科分类的意思。最重要的是，这不仅仅是后
人的工作，而且是亚里士多德本人的工作，因为在他的著作中就有这样的分类。
比如他将知识分成理论的、实践的和生产的。他明确地说，伦理学附属于政治学，
他称他的形而上学研究为第一哲学。事实上，亚里士多德提供了各种不同学科意
义上的研究，后人只是将它们编纂起来，起了名字。所以，重要的是亚里士多德
的工作，是他在学科分类意义上的工作。没有他的工作，后人也是无法命名的。
事实上，《形而上学》是亚里士多德留下来的唯一一部哲学著作，或者至少是他
最重要的哲学著作。所以，要充分认识亚里士多德学科分类工作的意义，并由此
认识形而上学的性质和意义。

前面指出，形而上学研究与语言相关，形而上学与逻辑相关，现在我们可以
结合对亚里士多德学科分类工作的意义的认识，进一步探讨形而上学的性质。

一个基本的事实是，柏拉图那里还没有建立起逻辑这门学科，因而他有关于
哲学的探讨，也有类乎逻辑的思考，有向着逻辑发展方向的探讨。他的问题意识，
即"x 是什么？"，已经显示出关于"是"的考虑，不仅如此，他还有许多关于"是"
的考虑，也有不少关于"真"的考虑，这些探讨构成了他的哲学认识，也可以说
是他的形而上学认识。所以，从柏拉图到亚里士多德，可以看出哲学发展的一个
显著特征，这就是关于"是"与"真"的考虑，关于逻辑的思考。绝对地说，柏
拉图没有建立起逻辑，因而没有逻辑的思考；宽容一些说，柏拉图有向着逻辑方
面的努力，有类乎逻辑的思考。但是无论如何，他有关于"是"与"真"的考虑，
却不是明确地依据逻辑的理论和方法来考虑它们。亚里士多德则完全不同，他把
关于逻辑的思考明确和确定下来，建立起逻辑这门学科，他明确提出要研究"是
本身"，并且将"是"凸显出来，不仅如此，他把逻辑的理论和方法应用到关于

是本身的研究之中，所以他的形而上学体现出逻辑的理论和认识。

另一个基本事实是，柏拉图在哲学研究中借助了关于语言的考虑，他的问题方式体现了关于语言的考虑，他关于"是"的论述体现了关于语言的考虑，他还有许多举例说明，通过举例来说明他所论述的那个"是"，这同样体现了关于语言的考虑。亚里士多德也有许多关于语言的考虑，不仅有直接关于语言和句子方式的论述，也有举例说明，而且还有关于"是"一词在句子中的作用方式的论述。这些关于语言的考虑，尤其与"是"一词相关的考虑，显示出亚里士多德与柏拉图相一致的地方，他们的一些举例甚至都是一样的，同时也显示出他们一个根本性区别，这就是关于逻辑的思考。亚里士多德关于"是"的考虑明确地依据了逻辑的理论和方法。柏拉图不是这样：他没有建立起逻辑，因而他在讨论中无法明确地使用逻辑的理论和方法。

所以，关于逻辑的考虑是形而上学研究中的一个重要进步。借助语言来研究乃是依赖于经验，而借助逻辑来研究则是依赖于科学和理论。这一进步表明，形而上学的研究从经验的方式上升到了借助科学和理论的方式。哲学在出现了这一进步之后，依然还会借助语言，因而还会有借助经验的考虑，但是，即便这样，也与以前的考虑不同，这是因为有了逻辑的理论和方法。同样是举例说明，同样关于"是"的思考，表面上看似乎依然是关于语言的考虑，但是实际上却不是这样，这是因为使用逻辑的理论和方法，借助了逻辑所提供的认识去看待和分析语言中的情况。

所以，逻辑的建立是哲学研究的一个进步，是对借助语言，即借助经验的东西来进行研究的一次超越。它围绕着"S 是 P"这种句式建立起一系列认识，从而使人们可以在理论的意义上凸显"是"并围绕"是"进行研究成为可能。而明确提出研究"是本身"则是哲学研究的又一个进步，是对笼统的关于认识的研究的一次超越。它以"是"为核心概念，区别出哲学与其他科学：一门科学乃是关于是的一部分的认识，而哲学乃是关于是本身的认识。这样的表述对于亚里士多德来说是清楚的，因为他有逻辑理论做支持。但是，"是"乃是希腊语中的用语，字面上可以具有经验的含义，因而这样的表述难免会产生歧义。我将它修正如下：一门科学是关于一类事物的认识，哲学则是关于认识本身的认识。如果说哲学就是形而上学，那么形而上学的产生本身经历了两个超越，一个是对语言的超越，一个是对文化的超越。前者使它从经验性的研究变为依赖于逻辑，从而变为理论性的研究，后者使它变为学科性的研究，变为科学，一种与其他科学不同的科学。这种不同就在于其他科学是经验的，而它是先验的。

逻辑在二十世纪形成了从传统到现代的转变。传统和现代只是两个名称，前者指亚里士多德建立的和基于它而形成的逻辑，后者指弗雷格建立的和基于它而发展形成的逻辑。现代逻辑借助了数学方法，使逻辑成为形式化的。这一变化的结果，一如弗雷格所说，以函数和自变元这两个概念取代了主词和谓词这两个概念。用我的话说，现代逻辑的基本句式是一种函数结构，它取代了传统逻辑的基本句式"S 是 P"。现代逻辑是逻辑领域里的一次革命，是对传统逻辑的一次超越。它在哲学领域中的使用也导致哲学领域的一场革命，产生了著名的语言转向。"哲学的根本任务就是对语言进行逻辑分析"一度成为时髦的哲学口号。这些情况如今已是常识。我想指出的是，在应用现代逻辑进行哲学研究的过程中，同样是考虑语言，考虑的方式却发生根本性的变化。

第一，由于逻辑的基本句式不再是"S 是 P"，"是"也就不再是逻辑常项，不再是逻辑的核心概念。因而在分析哲学中，"是"不再是核心概念。

第二，现代逻辑在发展过程中，形成了完善的语义学，提供了关于"真"这一概念的理论认识。因而在分析哲学中，"真"成为核心概念。所以可以说，从"是"到"真"乃是从传统哲学到现代哲学的一个根本性变化。

第三，现代逻辑的理论和方法的使用，使得对语言的分析发生重大变化。最简单地说，其变化就是不再局限在语言的语法形式，而是以一种新的视角看待语言。比如，将句子看作是由谓词和名字组成，或者是由量词和谓词组成的。无论谓词和名字出现在什么位置，它们的性质和特征不变。也就是说，谓词出现在句子的主语位置上也依然是谓词，名字出现在句子的谓语和表语位置上也依然是名字。量词是对整个句子的限定，而不是仅仅对它在句子中所修饰的主语的限定。

第四，现代逻辑的使用，使得对语言所表达的东西的认识发生了变化。最简单地说，分析哲学依然讨论对象和概念，依然讨论事实、命题和认识，但是所有这些讨论都与真联系起来，因而形成与传统哲学完全不同的认识。

综合以上认识可以看出，应用现代逻辑来分析语言，突破了自然语言用法的束缚。若是对照应用传统逻辑来分析语言，则可以看出，现代逻辑本身脱离了自然语言，因而在分析语言的时候就不会局限在自然语言的语法形式下。在我看来，应用传统逻辑来分析语言，实际上是借助逻辑的理论和方法来分析语言。它以符号的方式将自然语言中含有逻辑因素的成分揭示出来，形成理论，并以此提供一种分析语言的方法，因而形成对语言的超越。应用现代逻辑来分析语言，则再次形成对语言的超越，因为现代逻辑是形式化的。也就是说，应用传统逻辑来分析自然语言，对语言的超越主要体现在逻辑理论方面，而在具体的语言分析中，依然有对语言的依赖，特别是对"是"这个词的依赖，包括它的系词形式、作用和含义，以及与它相关的其他用语的作用和含义。而应用现代逻辑来分析语言，对语言的超越不仅体现在逻辑理论方面，也体现在具体的语言分析中，而且这样的分析不会与某一个具体的词相对应，与一般的语法形式也不是对应的。

认识对语言的超越乃是重要的。基于这一认识则还可以认识到，形而上学的建立和发展还体现了一个超越，这就是对文化的超越。它从提出要研究"是本身"到提出"对语言进行逻辑分析"，经历了漫长的过程，形成了本体论、认识论和分析哲学等不同的哲学形态。但是有一点可以看得非常清楚，这就是它形成了一门学科，并且以一种独立的方式建立起来，不断发展。谈论这门学科有多种方式，限于篇幅，也为了讨论方便，我们可以从一种对它比较普遍的批评来谈论它，这就是：难懂。无论是亚里士多德的《形而上学》，还是康德的《纯粹理性批判》，都被认为是哲学史上最难懂的哲学著作。至于分析哲学，则被普遍地批评说难懂。"难懂"既是一种批评，也是一种评价。在我看来，它表明了形而上学的一种性质，这就是它的学科性、专业性和科学性。这些性质造成了人们对它的印象，也恰恰说明，形而上学是一种学科和科学意义上的东西、一种独立成体系的东西，体现了一种对文化的超越。

形而上学难懂，这是因为它是一种关于认识本身的认识，与所有其他科学形成区别，这意味着它具有明确的研究对象和范围，不能使用其他科学的理论和方法；也因为它借助逻辑的理论进行研究，是与逻辑联系在一起的，这意味着它有一些明确的要求和规矩，使用一些特定的技术和方法；还因为它是一种先验的研究，这意味着它所借鉴和可以借鉴的东西很少。所以罗素说，逻辑是哲学的本质。在他看来，所有真正的哲学问题都可以划归为逻辑问题。借助他的话我则认为，哲学的本质是逻辑。这是因为，所有重大的哲学问题都是需要借助逻辑的理论和方法来处理的。我认为，我的看法与罗素是一致的，至少对逻辑的看法是一致的，这是因为逻辑是先验的，逻辑天然地可以为哲学所用。

现在可以看出，超越语言和文化乃是形而上学自身的发展所体现出来的特征和性质，因而是它自身所带有的问题。因此，我国的形而上学研究自然也同样存在着超越语言和文化的问题。但是应该看到，所谓超越语言和文化，对于我国的形而上学研究却具有双重意义。

一方面，形而上学是从西方引入的，是我国思想文化中以前所没有的，因而在我国形而上学研究中，就有一个翻译、认识和理解的问题。所以，所谓 being 问题就不是简单的翻译问题，而是理解的问题，即如何理解西方哲学的问题。在这种意义上，所谓超越语言，就是应该考虑，汉语中没有这个 being，那么我们能不能谈论它，就是说，我们能不能以汉语来表达和谈论 being？即使认为"是"只是系词，不是名词，我们是不是就不能将它对象化，就不能将它命名，就不能使它成为名词？假如人们过去认为不行，那么是不是今天还是这样认为，以后也依然这样认为？换句话说，汉语是不是就没有能力和办法表达系词和系词意义上的 being？这样的认识难道不是相当于说，汉语的表达是有缺陷的吗？

逻辑也是从西方引入的，是我国思想文化中以前所没有的，鉴于它在形而上学的地位和作用，在我国的形而上学研究中也就有一个如何认识和看待逻辑的问题。所以，所谓系词的翻译，"是"的翻译就不是逻辑的理解和逻辑主义倾向的问题，而是如何认识和理解逻辑在哲学中应用的问题，逻辑在哲学中的作用和地位的问题，逻辑与哲学的关系问题。在这种意义上，所谓超越文化，就是应该考虑，我们是不是对这种学科意义上的逻辑有充分的认识和把握？也就是说，我们是不是对逻辑的理论和方法有充分的认识和把握？假如过去没有，那么我们今天是不是应该改变这种情况？即使今天还没有改变这种情况，那么今后是不是依然还是这样？这里的实质是，逻辑对形而上学是不是必要的？缺乏对逻辑的认识和把握，是不是不会影响形而上学的研究？

另一方面，形而上学始终与语言相关，与逻辑相关。比如它借助语言来说明认识，同时又运用逻辑的理论和方法来分析语言，从而获得关于认识方式的说明。所以，同样是分析语言，由于逻辑的理论和方法不同，做出的分析和形成的结果也不同。比如，它既可以做出与语法相适应的语言分析，获得关于"是"和"S 是 P"

的说明，也可以突破语法的束缚，获得关于语言运作方式的认识，获得关于"真"和真之条件的说明。特别是，这样一种借助语言和逻辑的说明方式是形而上学独有的，并使它成为独立的学科和科学，与其他学科和科学区别开来。这里的实质是，与语言和逻辑相关，超越语言和逻辑，乃是形而上学自身所具备的性质。我们是不是应该认识这样的性质？假如过去缺乏认识或者认识不足，那么经过近几十年的研究和发展，我们今天是不是已经获得了这样的认识？假如今天依然认识不足，那么今后是不是有必要改变这种情况，是不是应该改变这种情况，从而获得这样的认识？

我说我们应该超越语言和逻辑，意思是说，我们应该认识到，being 的基本用法是系词。因此我们应该在系词的意义上理解它，应该把它翻译为系词，并且把这样的理解贯彻始终。汉语中是不是有系词姑且不论，"S 是 P"这种句式总是有的，也是可以理解的，而且被称为系词形式人们也是可以接受的。所以，将being 译为"是"乃是可以做到的。至于说是不是可以将"是"一词当作名词，能不能将它转换为名词，从而使它成为讨论的对象，这也是可以讨论的，至少不是不可以讨论的。而我认为，这是可以做到的。名词是用来称谓事物的。凡是要称谓一个事物的时候，就要使它对象化，令它以名词的形式出现。动词可以名词化，形容词可以名词化，系词也是可以名词化的。西方语言可以通过语法变形的方式来使一个词达到名词化。汉语不是语法语言，但是依然有办法使一个词名词化，而且名词化的方式很多。比如以词序的方式说"是乃是……"显然前一个"是"就是名词，加引号也是一种名词化的方式。特别是要看到，我们不是就汉语本身在讨论，我们是在讨论西方哲学。因为其中有 being 这样一个概念，而且是一个主要而重要的概念，离开它，形而上学许多重要的思想无法呈现出来。所以，这不是汉语的问题，而是西方语言中的问题，我们要超越汉语语言的局限，这样才能真正进入传统哲学的讨论，才能充分认识传统哲学的实质。

我说我们应该超越语言和逻辑，意思是说，我们应该认识到，逻辑与哲学密切相关，正是逻辑理论的应用，使哲学关于"是"的考虑脱离了经验的层面，而上升为理论的层面。也正是由于逻辑理论的发展和变化，哲学研究发生了从"是"到"真"的变化。所以，我们只有认识和把握逻辑的理论和方法，才能真正认识哲学的实质。中国的思想文化中过去没有逻辑，现在有了，这就使我们可以学习和把握逻辑的理论和方法。逻辑研究过去是我们的薄弱环节。我们只有清醒地认识到这一点，才能端正学习逻辑的态度，才能提高我们的逻辑水准，从而提高我们的哲学研究水平，在学科的意义上充分地认识和把握哲学的性质。

四、可以不考虑逻辑吗？

关于语言和逻辑的考虑是重要的。但是就二者而言，重要的还是逻辑。语言是经验的，是借以讨论哲学的东西，而逻辑是理论的，是讨论哲学所依据和使用的。此外，逻辑是先验的，哲学也是先验的，在先验性这一点上，逻辑与哲学是相通的。所以最重要的还是对逻辑的认识和把握。"重要性"属于价值判断，是见仁见智的事情。所以这里应该问，对逻辑的认识和把握是必要的吗？说一事物是必要的，意思是说没有该事物则不行。所以，关于必要性的询问实际上是在问：为什么一定要考虑逻辑？不考虑逻辑就不行吗？我认为，这个问题其实是许多人心里面的问题，是很少明确说出来，甚至从来也没有说出来的问题。可以看到和听到的只是对逻辑的一些批评：逻辑是有局限性的，逻辑解决不了哲学问题，或者，逻辑只管形式，不管内容，而哲学要考虑内容方面的问题。而在具体研究中，无论是中国哲学、马克思主义哲学，还是道德哲学、政治哲学等等，人们研究得好好的，似乎并没有感到逻辑的重要性，更不要说必要性。事实是如此，问题也就是实实在在的了。比如我可以问，事实是如此，为什么人们就不能公开而明确地说逻辑不是必要的呢？人们则可以问，事实是如此，你又凭什么说逻辑是必要的呢？我认为，这两个问题都是有道理的。它们涉及对逻辑和哲学的认识，涉及哲学与加字哲学的区别。

古希腊哲学是爱智慧，包括关于世界本源的认识和与人相关的认识，范围广泛。亚里士多德的哲学著作被后人命名为《形而上学》，因而有了形而上学研究，它体现了对学科分类的认识。我认为哲学就是形而上学，我还认为哲学是关于认识本身的认识，依循的是亚里士多德的认识，还有对哲学史上相关研究的认识。

认识是复杂的。认识与认识的对象相关，会涉及外界的东西、内心世界的东西。认识与思维方式相关，会涉及思维及其相关对象，比如语言和逻辑。认识与认识者相关，会涉及认识者的表达传递和被传达者的理解和接受。认识与认识的方式相关，会涉及表达、论证、解释和说服的方式。所以在哲学史上，围绕认识人们会谈论许多东西，包括物理世界和内心世界，思维和语言，主体和客体，感觉的东西和理解的东西，主词和谓词，对象和概念，命题和事实，事实和真假，意向、意向对象和意向行为等等，而整个哲学史显示了人们在谈论这许多东西时显示出来的不同认识和进步。亚里士多德的《形而上学》是这方面的开创性工作，他使人们认识到，认识是通过语言来表达的，语言表达的基本方式和核心乃是"是什么"，其实质乃是一种谓述方式。这样，他不仅提供了研究的理论，而且提出了一种研究和思考的方式，为相关研究奠定了基础。我说哲学就是形而上学，首先是依据它的来源，包括亚里士多德的著作和理论、基本观点和论述方式。

相比形而上学的来源，哲学史上的情况要复杂得多。哲学的发展是复杂的。假如可以认为哲学的发展即是哲学的进步，那么可以说，哲学的发展是非常复杂的。我认为，宗教神学对哲学的影响比较典型地说明了这一问题。一方面，人们认为宗教神学对哲学的发展带来了负面而有害的影响。自笛卡尔以来，特别是自康德以来，人们试图摆脱宗教神学的影响，为此做出许多努力。另一方面人们又认为，上帝存在的本体论证明是哲学研究中的重大问题，一直是哲学家所关注的，这似乎又意味着宗教神学对哲学的发展是有帮助的。即使在今天，宗教哲学也是一个领域，是许多人关注和研究的东西。

我认为，关于上帝存在的本体论证明是从神学家的信念出发的[①]。它可以说是一个与认识相关的问题，但它不是认识本身的问题。这是因为，"上帝"一词赋予了该证明一个特定的含义，因而相关的研究就具有了特定的认识内容，是与特定认识相关的，而不是关于认识本身的。更进一步说，相关研究可以被称为"宗教哲学"，但是很明显，这是一种加字哲学，所加的"宗教"二字使这样的哲学成为一种关于加字所表达的东西的哲学，因而失去了哲学的普遍性，与哲学形成区别。

加字哲学很多，黑格尔就提出过自然哲学、历史哲学、法哲学。它们与他的精神现象学和逻辑学显然是不同的。它们显然不是形而上学，而后者可以称之为

---

① 关于神学和哲学的关系，参见王路：《哲学与宗教》，《云南大学学报》，2006 年第 5 期。关于上帝证明的讨论同样涉及语言表达形式和逻辑的问题，比如涉及从关于"上帝是"（God is）到关于"上帝存在"（God exists）的讨论的问题，涉及"存在"是不是一个谓词的问题。我曾详细讨论过这些问题，这里从略。参见王路：《"是"与"真"——形而上学的基石》，第 120-145 页；《一"是"到底论》，第 271-278 页。

形而上学。传统的道德哲学、政治哲学、心灵哲学等等一直也是与形而上学相区别的，区别的原因就在于它们研究的是其加字所表达的东西，因而它们也就成为具有特定内容的研究。今天的加字哲学就更多了。别的不说，中国哲学和马克思主义哲学与形而上学显然是不同的，"中国"和"马克思主义"具有特定的含义，因而赋予了它们所说明的哲学以特定的东西。我说哲学就是形而上学，理由之一是基于哲学与加字哲学的区别，也可以说，基于形而上学与加字哲学的区别。

区别哲学与加字哲学是有益的。别的不说，至少可以回答前面所提关于逻辑的必要性的问题。我认为，哲学是形而上学，是关于认识本身的研究，这样的哲学要考虑逻辑，要运用逻辑的理论和方法。所以，逻辑对于哲学来说是必要的，一如罗素说，逻辑是哲学的本质。我还认为，哲学可以加字，加字哲学主要考虑的是加字所显示的东西，因而涉及某一类事物，形成某一种哲学。这样的哲学不是关于认识本身的研究，可以不考虑逻辑。所以，逻辑对于加字哲学来说不是必要的。

基于以上认识，可以借用康德的比喻说，逻辑是哲学的试金石。这是一个比喻，可以不必当真，明白它的意思即可。我们可以认为，哲学家一定认为逻辑是必要的，加字哲学家则可以认为逻辑不是必要的。

逻辑对于哲学来说是必要的，也是本书一直在阐述的问题。这是因为哲学是关于认识本身的认识，逻辑则是关于有效推理的科学。推理是由前提和结论组成的。前提和结论分别是关于认识的表述，组合起来即是关于认识的解释，所以逻辑可以对研究认识提供理论上的帮助。特别是，关于认识本身的研究是先验的，这就意味着哲学研究可以借助经验的东西，比如语言，但是不能完全依赖于经验的东西，不能完全依赖于经验的理论。逻辑是系统化的理论，本身就是先验的，从学科性质上就是与哲学相通的。所以逻辑可以为哲学研究提供理论上的帮助，哲学研究一定要使用逻辑的理论和方法。

逻辑对于加字哲学不是必要的，并不意味着加字哲学就不使用或不可以使用逻辑的方法。比如关于上帝存在的证明很多，包括最著名的本体论证明、宇宙论证明。其历史也很悠久，从中世纪早期开始，到后来，无论是英国的经验哲学还是德国唯理主义哲学都会讨论，甚至在相关讨论中还产生了康德的著名论述"是实际上不是一个实在的谓词"。由于受到神学的影响，上帝存在的证明似乎就是哲学问题，康德也将它与自由意志、灵魂不死列为哲学问题。但是到了分析哲学这里，"上帝存在"成为一个命题，关于它的讨论只是成为讨论"存在"一词的一个例子，甚至也可以得出"存在的工作是量词做的"这样的洞见。这就说明，上帝存在的证明不再是哲学讨论的核心概念。或者，它依然是宗教哲学，即一种加字哲学中的核心问题，却不再是分析哲学的核心问题。它依然可以出现在分析哲学中，但只是人们使用的一个例子，一如"雪是白的"，却不再是人们要讨论的问题。也就是说，人们要讨论的不是上帝，不是某一种认识，而是"存在"这个词及其含义，依然是认识本身。正因为使用了逻辑的理论和方法，才获得如上洞见。

所以，逻辑对于哲学是必要的，因而是重要的。哲学家都认为逻辑重要，但是由于对逻辑的认识和把握不同，因而对逻辑的必要性的认识也会不同。亚里士多德认为逻辑是哲学研究必须具备的修养，康德认为哲学研究要从可靠的科学出发，而数学和逻辑是他眼中可靠的科学，黑格尔要从逻辑出发寻找初始概念，胡塞尔认为逻辑研究是现象学研究的基础。弗雷格则认为"真"为逻辑指引方向，而他在这一论题下所探讨的则是思想，认为思想是我们借以把握真的东西，探讨句子的真之条件，并最终说明，同样是真句子，有些句子会扩大我们的认识。所有这些认识和讨论在罗素那里得到升华：逻辑是哲学的本质。

逻辑对于加字哲学是重要的，却不是必要的。尽管加字哲学与经验相关，因而并不一定借助逻辑的理论和方法，但是一般来说，加字哲学家都会认为逻辑重要。这主要有两个原因，其一，逻辑在加字哲学中也是可以应用的。比如自休谟以来，伦理学就有关于事实判断和价值判断的区别和讨论，而这一讨论的基础即是关于"是"与"应当是"的讨论。这无疑涉及逻辑的理论和认识。胡塞尔曾将这样的区别看作是科学理论与规范理论的区别，因而上升为哲学的讨论。今天基于一阶逻辑的讨论还建立起众多逻辑系统，与"应当"相关则形成了道义逻辑。而这样的逻辑理论可以仅仅是逻辑研究，只属于逻辑，也可以应用到伦理学讨论中。换句话说，伦理学可以应用道义逻辑，也可以不应用道义逻辑。人们可以比较应用道义逻辑和不应用道义逻辑的伦理学研究结果，评价它们的优劣，但是大概不能说，如果不应用道义逻辑就不能进行伦理学研究。这是因为，"应当"显然不是伦理学所研究的唯一对象。即使仅考虑价值判断，它也不是唯一表达，远不能满足伦理学的需求。

其二，人们在意识中认为逻辑是重要的。人是理性动物，理性的标志也许有很多，但是无论如何，似乎逻辑都是重要的，至少不能没有逻辑。所以，人们尽管在研究中不使用逻辑的理论和方法，即使心里不认为逻辑有那么重要，也不会明确地说逻辑不重要，更何况一些应用了逻辑的理论和方法所取得的研究成果是客观存在的，比如今天的伦理学研究。

我认为，以上两个原因是明显的，是可以说清楚的。但是它们还隐含着一个原因，这就是应用逻辑的理论和方法和运用思考能力的区别。人的思维活动中包含着逻辑，因而人的思考能力中含有逻辑能力。这种能力是先天的，是随着成长和认识活动建立起来的，因此它不用专门学习，是与生俱来的。逻辑理论是在对这种逻辑实践的认识和把握的基础上形成的。逻辑理论本身又是可以学习和应用的。经过学习逻辑的理论，人们的思维能力并不会改变，但是人们的知识结构会发生变化，因而在人们思考问题的时候会依据所建立起来的知识结构，依据这种知识结构中逻辑理论所提供的认识来工作。人们这样做出的分析就显示出两种逻辑能力，一种是天生的本能的逻辑能力，另一种是后天的经过学习并能够运用逻辑的理论和方法的逻辑能力。哲学不仅需要前一种逻辑能力，而且更需要后一种逻辑能力，也就是我们所说的逻辑。说一个人懂逻辑，并不是指具备前一种能力，而是指具备后一种能力。而说一个人不懂逻辑，不意味着没有前一种能力，而只是指缺乏后一种能力。加字哲学家无疑具备前一种逻辑能力，需要考虑的是，他们是不是需要和具备后一种逻辑能力。

从加字哲学的实际情况看，加字哲学似乎越来越多：文化哲学、教育哲学、儿童哲学、工程哲学、艺术哲学、动物哲学等等。至少这些名称都是可见的，都曾出现在文章、会议的题目中，有的甚至被一些高校称为学科发展方向和特色。从加字哲学的发展趋势看，"加字"似乎成为哲学的一种能力，好像任何东西都可以称为哲学考虑的对象。在我看来，这样的哲学可以被称为创新，而且似乎很容易，只要加字就可以了。但是，它们是与经验相关的，它们所需要的只是围绕加字所表达的东西来考虑，当然是不需要逻辑的。它们甚至不需要考虑语言，不需要借助语言分析来获得认识。即便哲学可以加字，我仍然认为，加字是应该有标准的。

　　我不研究加字哲学，所以，我不会考虑加字哲学。但是我要区别哲学与加字哲学。我认为，哲学就是形而上学。以定义的方式说，哲学是关于认识本身的认识（研究），或者通俗地说，哲学是那种需要借助逻辑的理论和方法来进行研究的东西。这种看法不论是不是有道理，我认为，它至少有一个优点，这就是为形而上学的研究和讨论提供了一种可能。这样的讨论和认识，可以超越中国的语言和文化，可以成为学科和科学意义上的，实际上，它本身就是学科和科学意义上的，因而是具有普遍性的。

参考文献
（以下仅列出本书引用的主要文献）

中文：

弗雷格：《弗雷格哲学论著选辑》，王路编译，王炳文校，北京：商务印书馆，2021 年。

海德格尔：《存在与时间》（修订译本），陈嘉映、王庆节译，熊伟校，陈嘉映修订，北京：生活·读书·新知三联书店，2006 年。

海德格尔：《形而上学导论》（新译本），王庆节译，北京：商务印书馆，2015 年。

贺来，刘李：《"后形而上学"视域与辩证法的批判本性》，《吉林大学社会科学学报》，2007 年第 2 期。

贺来：《"形而上学终结"之后的哲学主题》，《天津社会科学》，2011 年第 1 期。

贺来：《"后形而上学"与哲学的合理存在方式》，《社会科学战线》，2013 年第 5 期。

黑格尔：《逻辑学》上、下卷，杨一之译，北京：商务印书馆，2017 年。

胡塞尔：《逻辑研究》，倪梁康译，上海：上海译文出版社，1993 年，第一卷。

胡塞尔：《逻辑研究》，倪梁康译，上海：上海译文出版社，1998 年，第二卷。

胡塞尔：《纯粹现象学通论》，李幼蒸译，北京：中国人民大学出版社，2014 年。

胡塞尔：《经验与判断》，邓晓芒、张廷国译，北京：生活·读书·新知三联书店，1999 年。

胡塞尔：《形式逻辑和先验逻辑》，李幼蒸译，北京：中国人民大学出版社，2019 年。

康德：《纯粹理性批判》，李秋零译，北京：中国人民大学出版社，2004 年。

康德：《逻辑学讲义》，许景行译，杨一之校，北京：商务印书馆，2018 年。

李秋零主编：《康德著作全集》，北京：中国人民大学出版社，2010 年，第 9 卷。

刘福森：《马克思哲学的历史转向与西方形而上学的终结》，北京：北京师范大学出版社，2017 年。

苗力田主编：《亚里士多德全集》，北京：中国人民大学出版社，1993 年，第 7 卷。

孙正聿：《哲学通论》（修订版），上海：复旦大学出版社，2017 年。

王路：《"是"与"真"——形而上学的基石》，北京：人民出版社，2003 年。

王路：《弗雷格思想研究》，北京：商务印书馆，2008 年。

王路：《解读〈存在与时间〉》，北京：北京大学出版社，2012 年。

王路：《语言与世界》，北京：北京大学出版社，2016 年。

王路：《逻辑与哲学》，北京：清华大学出版社，2017 年。

王路：《一"是"到底论》，北京：清华大学出版社，2017 年。

王路：《逻辑的起源》，北京：商务印书馆，2019 年。

王路：《读不懂的西方哲学》，北京：清华大学出版社，2022 年。

王路：《"是"与"不者"——黑格尔逻辑学的核心概念》（上、下），载《清华西
    方哲学研究》，2020 年夏季卷。

王路：《胡塞尔论真与真理》，《武汉大学学报》（哲学社会科学版），2021 年第 5 期。

王路：《海德格尔论真之概念的起源》，《北京大学学报》（哲学社会科学版），2021
    年第 2 期。

吴晓明：《形而上学的没落——马克思与费尔巴哈的关系的当代解读》，北京：人
    民出版社，2006 年。

肖前主编，黄枬森、陈晏清副主编：《马克思主义哲学原理》，北京：中国人民大
    学出版社，1994 年。

外文：

Ackrill, J.L.: *Categories and De Interpretione*, Oxford, 1963.

Aristotle: *The Organon*（Ⅰ）, William Heinemann LTD, Harvard University Press, 1934.

Aristoteles: *Kategorien/Lehre vom Satz*, Felix Meiner Verlag, Hamburg, 1974.

Aristotle: *The Organon*（Ⅰ）, William Heinemann LTD, Harvard University Press, 1934.

Aristotle: *The Organon*（Ⅱ）, William Heinemann LTD, Harvard University Press, 1960.

Aristotle: *The Works of Aristotle*, vol.I, ed. by Ross, W.D., Oxford, University Press,
    1971.

Aristotle: *Aristotle' Metaphysics*, translated with notes by Kirwen, Ch., Oxford, 1971.

Aristoteles: *Kategorien/Lehre vom Satz*, Felix Meiner Verlag, Hamburg, 1974.

Aristoteles' Metaphysik, Bücher Ⅶ-ⅩⅣ; griech.-dt., in d. übers. von Bonitz, H.; Neu
bearb., mit Einl. u. Kommentar hrsg. von Seidl, H. ,Felix Meiner Verlag, 1982.

Aristotle: *Metaphysics*, *The Works of Aristotle*, vol. Ⅷ, by Ross,W.D., Oxford, 1954.

Bostock,D.: *Aristotle's Metaphysics*, Books Z and H, translated and with a commentary,
Oxford University Press, 1994.

Ebert, T.: Gattungen der Prädikate und Gattungen des Seienden bei Aristoteles, in *Archiv
für Geschichte der Philosophie*, no.2, 1985.

Frede, M.: Categories in Aristotle, in *Studies in Aristotle*, ed. by Dominic J. O'Meara,
The Catholic University of America Press, 1981.

Frede, M./ Patzig, G., C.H., *Aristoteles'Metaphysik Z'*, Text, Übers. u. Kommentar,
Beck'sche Verlagsbuchhandlung, München, 1988, Band Ⅰ.

Hegel, G.W.F.: *Wissenschaft der Logik*, Suhrkamp Taschenbuch Verlag, 1993.

Hegel,G.W.F.: *Wissenschaft der Logik*, Band Ⅰ, Surekamp Verlag Frankfurt am Main,
1969.

Hegel,G.W.F.: *Wissenschaft der Logik*, Band Ⅱ, Surekamp Verlag Frankfurt am Main,
1969.

Hegel, G.W.F.: *The Science of Logic*, translated and edited by Giovanni, G.D.,Cambridge
University Press, 2010.

Heidegger : *Sein und Zeit,* Max Niemeyer Verlag Tübingen, 1986.

Heidegger, M.: *Being and Time*, tran. by Macquarrie J. / Robinson E., 中国社会科学出
版社 , 1999 年 .

Husserl, E. : *Logical Investigation*, trans. by Findly J.N., Routledge, 2021.

Husserl, E.: *Logische Untersuchungen*, Max Niemeyer Verlag Tübingen,1980, Band Ⅰ,
Band Ⅱ/1, Band Ⅱ/2.

Husserl, E.: *Ideen Zu Einer Reinen Phänomenologie und Phänomenologischen
Philosophie*, The Hague, Netherlands, 1976.

Husserl, E.: *Formale und Transzendentale Logik*, Den Haag, Martinus Nijhoff, 1974.

Husserl, E.: *Erfahrung und Urteil*, Felix Mainer Verlag, Hamburg, 1999.

Kant: *Logik*, Ein Handbuch zu Vorlesungen, herausgegeben von Jäsche, G.B., Erich Koschny (L.Heimann's Verlag), Leipzig, 1876.

Kant: *Kant's gesammelte Schriften*, Band XXIV, erste hälfte, Walter de Gruyter & Co., Berlin, 1966.

Kant: *Kritik der reinen Vernunft*, Band I, Suhrkamp Verlag, 1984.

Oehler, K.: *Aristoteles: Kategorien*, Darmstadt, 1984.

Ströker, E.: Husserls Evidenzprinzip. Sinn und Grenzen einer methodischen Norm der Phänomenologie als Wissenschaft. Für Ludwig Landgrebe zum 75. Geburtstag, *Zeitschrift für philosophische Forschung* , Jan. - Mar., 1978, Bd. 32, H. 1.